SOLID 어법 기본

DARAKWON

저자 소개

신문섭
- 혜화여자고등학교 교사
- 서울대학교 사범대학 영어교육과 졸업, EBS 교재 집필 위원

안세정
- 중경고등학교 교사
- 서울대학교 사범대학 영어교육과 졸업, EBS 교재 집필 위원

김효신
- 서울국제고등학교 교사
- 서울대학교 사범대학 영어교육과 졸업, EBS 교재 집필 위원

지은이 신문섭, 안세정, 김효신
펴낸이 정규도
펴낸곳 (주)다락원

초판 1쇄 인쇄 2023년 6월 30일
초판 1쇄 발행 2023년 7월 17일

편집 정연순, 안혜원, 김남연
디자인 박보희, 포레스트
영문 감수 Ted Gray

다락원 경기도 파주시 문발로 211
내용문의 (02)736-2031 내선 501
구입문의 (02)736-2031 내선 250~252
Fax (02)732-2037
출판등록 1977년 9월 16일 제406-2008-000007호

ISBN 978-89-277-0473-7 54740
      978-89-277-0471-3 54740 (set)

http://www.darakwon.co.kr
다락원 홈페이지를 방문하시면 상세한 출판정보와 함께 동영상 강좌, MP3자료 등의 다양한 어학 정보를 얻으실 수 있습니다.

SOLID

Structures & Features | 구성과 특징

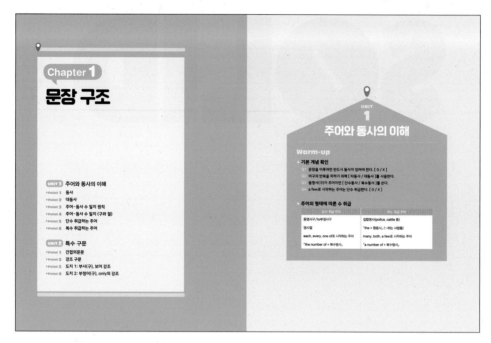

◎ Warm-up

어법 포인트 학습 전에 간단한 확인 문제를 통해 기본 개념을 점검하고 기본적으로 알아야 할 문법 사항을 표로 제시했습니다.

◎ 중요 어법 포인트

내신 및 수능 대비를 위해 필요한 핵심 어법 포인트로 구성했습니다.

어법 판단 및 서술형 유형으로 구성된 연습문제

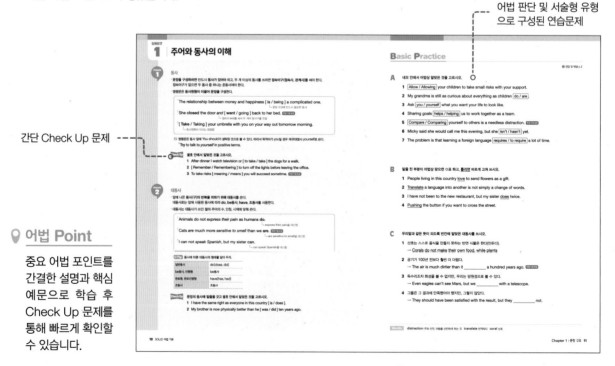

간단 Check Up 문제

◎ 어법 Point

중요 어법 포인트를 간결한 설명과 핵심 예문으로 학습 후 Check Up 문제를 통해 빠르게 확인할 수 있습니다.

◎ Basic Practice

다양한 유형으로 구성된 연습문제를 통해 어법 개념을 제대로 이해했는지 확인할 수 있습니다.

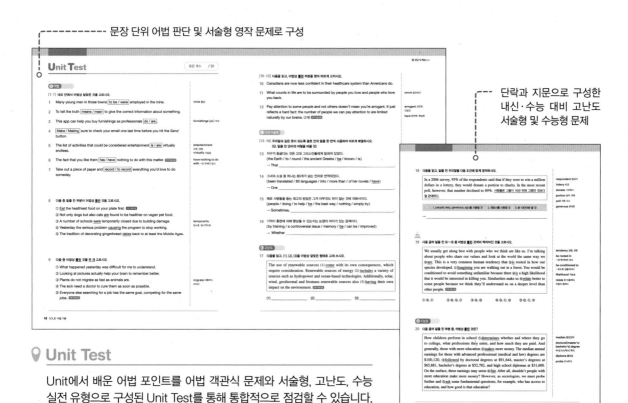

Unit Test

Unit에서 배운 어법 포인트를 어법 객관식 문제와 서술형, 고난도, 수능 실전 유형으로 구성된 Unit Test를 통해 통합적으로 점검할 수 있습니다.

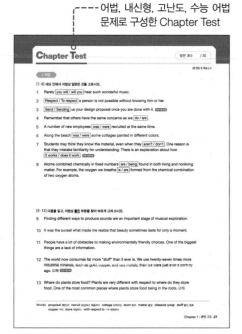

Chapter Test

Chapter Test를 통해 중요 어법 사항을 확실히 이해했는지 통합적으로 점검할 수 있습니다.

📖 온라인 부가자료 | www.darakwon.co.kr

다락원 홈페이지에서 무료로 부가자료를 다운로드하거나 웹에서 이용할 수 있습니다.
• 단어리스트 • 단어테스트

Contents | 목차

Chapter 1

문장 구조

UNIT
1
주어와 동사의 이해

Warm-up

✦ 기본 개념 확인

Q1 문장을 이루려면 반드시 동사가 있어야 한다. [O / X]

Q2 어구의 반복을 피하기 위해 [타동사 / 대동사]를 사용한다.

Q3 동명사(구)가 주어이면 [단수동사 / 복수동사]를 쓴다.

Q4 a few로 시작하는 주어는 단수 취급한다. [O / X]

✦ 주어의 형태에 따른 수 취급

단수 취급 주어	복수 취급 주어
동명사구/to부정사구	집합명사(police, cattle 등)
명사절	「the + 형용사」 (~하는 사람들)
each, every, one of로 시작하는 주어	many, both, a few로 시작하는 주어
「the number of + 복수명사」	「a number of + 복수명사」

UNIT 1 | 주어와 동사의 이해

Point 1

동사

- 문장을 구성하려면 반드시 **동사**가 **있어야** 하고, 두 개 이상의 동사를 쓰려면 **접속어구(접속사, 관계사)**를 써야 한다. 접속어구가 없으면 두 동사 중 하나는 준동사여야 한다.
- 명령문은 **동사원형**이 이끌어 문장을 구성한다.

> [1] The relationship between money and happiness [**is** / being] a complicated one.
>   ↳ 문장 구성에 반드시 필요한 동사
>
> [2] She **closed** the door *and* [**went** / going] back to her bed. 학평기출응용
>   ↳ 접속사 and를 써서 두 개의 동사구를 연결
>
> [3] [**Take** / Taking] your umbrella with you on your way out tomorrow morning.
>   ↳ 동사원형이 이끄는 명령문

Cf. 명령문은 동사 앞에 You should가 생략된 것으로 볼 수 있다. 따라서 목적어가 you일 경우 재귀대명사 yourself로 쓴다.

    [4] **Try** to talk to *yourself* in positive terms.

Check Up 괄호 안에서 알맞은 것을 고르시오.

  1 After dinner I watch television or [to take / take] the dogs for a walk.

  2 [Remember / Remembering] to turn off the lights before leaving the office.

  3 To take risks [meaning / means] you will succeed sometime. 학평기출응용

Point 2

대동사

- 앞에 나온 **동사(구)**의 반복을 피하기 위해 대동사를 쓴다. 대동사로는 앞에 사용된 동사에 따라 **do, be동사, have, 조동사**를 사용한다.
- 대동사는 대동사가 쓰인 절의 주어의 수, 인칭, 시제에 맞춰 쓴다.

> [1] Animals do not *express their pain* as humans **do**.
>   ↳ express their pain을 대신함
>
> [2] Cats *are* much more *sensitive to smell* than we **are**. 학평기출응용
>   ↳ are sensitive to smell을 대신함
>
> [3] I *can* not *speak Spanish*, but my sister **can**.
>   ↳ can speak Spanish를 대신함

⊕Tip 동사에 따른 대동사의 형태를 알아 두자.

일반동사	do[does, did]
be동사, 진행형	be동사
완료형, 완료진행형	have[has, had]
조동사	조동사

Check Up 문장의 동사에 밑줄을 긋고 괄호 안에서 알맞은 것을 고르시오.

  1 I have the same right as everyone in this country [is / does].

  2 My brother is now physically better than he [was / did] ten years ago.

Basic Practice

◎ 정답 및 해설 p.2

A 네모 안에서 어법상 알맞은 것을 고르시오.

1 | Allow / Allowing | your children to take small risks with your support.

2 My grandma is still as curious about everything as children | do / are |.

3 Ask | you / yourself | what you want your life to look like.

4 Sharing goals | helps / helping | us to work together as a team.

5 | Compare / Comparing | yourself to others is a needless distraction. 학평기출응용

6 Micky said she would call me this evening, but she | isn't / hasn't | yet.

7 The problem is that learning a foreign language | requires / to require | a lot of time.

B 밑줄 친 부분이 어법상 맞으면 ○표 하고, 틀리면 바르게 고쳐 쓰시오.

1 People living in this country <u>love</u> to send flowers as a gift.

2 <u>Translate</u> a language into another is not simply a change of words.

3 I have not been to the new restaurant, but my sister <u>does</u> twice.

4 <u>Pushing</u> the button if you want to cross the street.

C 우리말과 같은 뜻이 되도록 빈칸에 알맞은 대동사를 쓰시오.

1 산호는 스스로 음식을 만들지 못하는 반면 식물은 한다(만든다).
 → Corals do not make their own food, while plants _____.

2 공기가 100년 전보다 훨씬 더 더럽다.
 → The air is much dirtier than it _____ a hundred years ago. 학평기출응용

3 독수리조차 화성을 볼 수 없지만, 우리는 망원경으로 볼 수 있다.
 → Even eagles can't see Mars, but we _____ with a telescope.

4 그들은 그 결과에 만족했어야 했지만, 그렇지 않았다.
 → They should have been satisfied with the result, but they _____ not.

Words distraction 주의 산만, 마음을 산만하게 하는 것 translate 번역하다 coral 산호

Point 3 주어-동사 수 일치 원칙

- 수식어로 인해 주어가 긴 경우 수식어와 구분하여 핵심이 되는 주어의 수에 동사의 수를 일치시킨다.
- **핵심이 되는 주어**는 수식어구의 수식을 받아 **마지막에 해석되는 명사(구)**이다.

> [1] *Opportunities to work abroad* [**is** / **are**] limited to a very few people.
> └→ to부정사구의 수식을 받는 핵심이 되는 주어   └→ 주어가 복수이므로 복수동사 사용
>
> [2] *The income gap between genders* [**is** / **are**] decreasing in many countries.
> └→ 전치사구의 수식을 받는 핵심이 되는 주어   └→ 주어가 단수이므로 단수동사 사용

⊕Tip 수식어의 종류를 알아 두자.

전치사구	a man *with many talents*
형용사구	tools *necessary for cutting glass*
분사구	pictures *depicting wild flowers*
to부정사구	an opportunity *to watch birds*
관계사절	the product *which I'm looking for*

Check Up 주어에서 마지막에 해석되는 핵심 명사(구)에 밑줄을 긋고, 괄호 안에서 알맞은 것을 고르시오.

1 Birds living in this region [is / are] becoming less diverse.
2 Any student who does not hand in their papers [has / have] low grades.
3 Crashes due to aircraft malfunction [tend / tends] to occur during long flights. 학평기출응용

 Point 4 주어-동사 수 일치(구와 절)

- **to부정사구, 동명사구**가 주어인 경우 **단수동사**를 쓴다.
- **명사절**(that절, 의문사절, whether/if절, 관계대명사 what절)이 주어인 경우 **단수동사**를 쓴다.

> [1] *To love someone* **means** to place them on your priority list.
> └→ to부정사구 주어   └→ 단수동사
>
> [2] *Wearing masks* **helps** protect us and everyone around us. 학평기출응용
> └→ 동명사구 주어   └→ 단수동사
>
> [3] *That things were getting worse* **was** evident to everyone.
> └→ 명사절 주어   └→ 단수동사

cf. 동격절을 수반한 명사(구)는 명사의 수에 동사의 수를 일치시킨다.
> [4] *The fact* <u>that you got good grades</u> *makes* me feel very good.
> 동격절

Check Up 괄호 안에서 알맞은 것을 고르시오.

1 Doing two things at once [take / takes] longer than doing each one separately.
2 The evidence that the new drugs are better [is / are] weak.

Basic Practice

정답 및 해설 pp.2~3

A 네모 안에서 어법상 알맞은 것을 고르시오.

1 Many services available on the Internet `do / does` not charge anything.

2 To judge a book by its cover `is / are` the first failing of a reader.

3 I think that the chances to win the lottery `is / are` very low.

4 Allowing people to live with their pets `enrich / enriches` their lives. 학평기출응용

5 That all human beings are equal `go / goes` without saying.

6 The idea that those are fair treatments `is / are` ridiculous.

7 The museum that opened two years ago `has / have` hosted a lot of special exhibits.

B 밑줄 친 부분이 어법상 맞으면 ○표 하고, **틀리면** 바르게 고쳐 쓰시오.

1 The product which you are looking for <u>has</u> been sold out.

2 What you have to do right now <u>are</u> to apologize to her.

3 Mild stimulants commonly found in tea or coffee <u>make</u> you more attentive. 학평기출응용

4 In my experience, keeping early hours <u>make</u> breakfast delicious.

C 우리말과 같은 뜻이 되도록 괄호 안의 말을 이용하여 문장을 완성하시오.

1 외국을 여행할 권리는 법에 의해 보호된다. (be)

→ The right to travel foreign countries _____ protected by the law.

2 그들이 거짓말쟁이라는 사실이 마을의 모든 이에게 알려졌다. (be)

→ The fact that they were liars _____ known to everyone in the village.

3 그 박물관들을 방문하고 싶은 관광객은 누구든지 예약을 해야 한다. (have)

→ Any tourist who wants to visit those museums _____ to make reservations.

4 우리 손으로 작업하는 것은 우리에게 환경에 대한 통제감을 준다. (give)

→ Working with our hands _____ us a sense of control over our environment. 학평기출응용

Words **charge** (요금을) 청구하다 **failing** 실패; 결점 **enrich** 풍요롭게 하다 **go without saying** 말할 나위가 없다 **ridiculous** 터무니없는 **stimulant** 각성제 **attentive** 주의를 기울이는 **reservation** 예약

단수 취급하는 주어

- **one of, each (of), every**로 시작하는 주어는 **단수 취급**한다.

- **either of, neither of**로 시작하는 주어는 원칙적으로 **단수 취급**한다.

> [1]*One of* the passengers [**was** / were] injured in the car accident. 학평기출응용
> └ one of + 복수명사 + 단수동사
>
> [2]*Each of* the explanations [**has** / have] its merits and shortcomings.
> └ each of + 복수명사 + 단수동사
>
> [3]*Neither of* them [**has** / have] been to Ireland before.
> └ neither of + 복수명사 + 단수동사

⊕Tip 상관접속사로 연결된 주어의 수 취급 ▶Unit 10 Point 4 참조 (p.114)

both *A* and *B*(A와 B 둘 다)	항상 복수 취급
not only *A* but (also) *B*(A뿐만 아니라 B도)	
either *A* or *B*(A와 B 둘 중 하나)	B의 수에 동사의 수 일치
neither *A* nor *B*(A도 B도 아닌)	

Check Up 주어의 수를 결정하는 단어나 어구에 밑줄을 긋고, 괄호 안에서 알맞은 것을 고르시오.

1 Every country in the world [has / have] established a system of laws.

2 Both you and she [need / needs] to get used to these new activities.

3 One of the children [were / was] found and brought to the hospital.

복수 취급하는 주어

- 「**the + 형용사**」가 '~한 사람들'이라는 뜻의 복수 보통명사로 쓰인 경우 **복수 취급**한다.

- 집합명사 중 **police, cattle** 등은 항상 **복수 취급**한다.

> [1]*The rich* [pays / **pay**] more taxes because they earn more money.
> └ '부자들'이라는 뜻의 복수 보통명사이므로 복수동사 사용
>
> [2]*The police* [is / **are**] looking for a man with blonde hair. 학평기출응용
> └ police는 항상 복수 취급하므로 복수동사 사용

⊕Tip a number of(다수의)로 시작하는 주어는 복수 취급하고, the number of(~의 수)로 시작하는 주어는 단수 취급한다.

> [3]*A number of* cars **were** destroyed in the fire.
>
> [4]In 1990, *the number of* cars **was** approximately 2 million.

Check Up 괄호 안에서 알맞은 것을 고르시오.

1 The homeless [has / have] little access to health services.

2 The cattle [was / were] eating grass in the pasture.

Basic Practice

정답 및 해설 pp.3~4

A 네모 안에서 어법상 알맞은 것을 고르시오.

1 One of our volunteers [was / were] not able to come yesterday. 학평기출응용

2 The poor [needs / need] assistance to improve their living conditions.

3 Not only you but also he [speak / speaks] Chinese very well.

4 A number of buildings [was / were] damaged during the earthquake.

5 Either your colleague or you [is / are] responsible for the results.

6 Cattle [gather / gathers] in a group with their heads to the center of the group.

7 Neither of the two players [was / were] able to train today.

B 밑줄 친 부분이 어법상 맞으면 ○표 하고, 틀리면 바르게 고쳐 쓰시오.

1 Both you and your spouse <u>has</u> to sign this agreement.

2 Either of them <u>has</u> a chance of winning the game.

3 The number of soda sales <u>are</u> expected to drop by 10 percent. 학평기출응용

4 Police <u>asks</u> people to report any suspicious activities.

C 우리말과 같은 뜻이 되도록 괄호 안의 말을 이용하여 문장을 완성하시오.

1 나도 내 형도 아침에는 운동하지 않는다. (do)

  → Neither I nor my brother _____ exercise in the morning.

2 거의 모든 인간은 편리한 생활을 추구한다. (pursue)

  → Almost every human being _____ a convenient life.

3 빈곤한 사람들은 인플레이션이 자신들에게 더 많이 피해를 입히고 있기 때문에 그것에 더 민감하다. (be)

  → The poor _____ more sensitive to inflation because it is hurting them more.

4 신체 각 부분은 그것 자체의 개별적인 뇌를 가지고 있다. (have)

  → Each of the body segments _____ its own individual brain. 학평기출응용

Words **agreement** 합의(서); 계약 **suspicious** 의심스러운 **segment** 부분, 조각

Unit Test

어법

[1-7] 네모 안에서 어법상 알맞은 것을 고르시오.

1　Many young men in those towns | to be / were | employed in the mine.

mine 광산

2　To tell the truth | means / mean | to give the correct information about something.

3　This app can help you buy furnishings as professionals | do / are |.

furnishings (*pl.*) 가구

4　| Make / Making | sure to check your email one last time before you hit the *Send* button.

5　The list of activities that could be considered entertainment | is / are | virtually endless.

entertainment
오락, 연예
virtually 사실상

6　The fact that you like them | has / have | nothing to do with this matter. 학평기출응용

have nothing to do
with ~와 관계가 없다

7　Take out a piece of paper and | record / to record | everything you'd love to do someday.

8　다음 중 밑줄 친 부분이 어법상 **틀린** 것을 고르시오.

① <u>Eat</u> the healthiest food on your plate first. 수능기출응용

② Not only dogs but also cats <u>are</u> found to be healthier on vegan pet food.

③ A number of schools <u>were</u> temporarily closed due to building damage.

temporarily
임시로, 일시적으로

④ Yesterday the serious problem <u>causing</u> the program to stop working.

⑤ The tradition of decorating gingerbread <u>dates</u> back to at least the Middle Ages.

9　다음 중 어법상 **틀린** 것을 **두 개** 고르시오.

① What happened yesterday was difficult for me to understand.

② Looking at pictures actually help your brain to remember better.

③ Plants do not migrate as fast as animals are.

migrate 이동하다,
퍼지다

④ The sick need a doctor to cure them as soon as possible.

⑤ Everyone else searching for a job has the same goal, competing for the same jobs. 학평기출응용

[10-12] 다음을 읽고, 어법상 **틀린** 부분을 찾아 바르게 고치시오.

10 Canadians are now less confident in their healthcare system than Americans do.

11 What counts in life are to be surrounded by people you love and people who love you back.

count 중요하다

12 Pay attention to some people and not others doesn't mean you're arrogant. It just reflects a hard fact: the number of people we can pay attention to are limited naturally by our brains. (2개) 학평기출응용

arrogant 교만한, 건방진

hard 엄연한, 확실한

🔵 **내신 서술형**

[13-16] 우리말과 같은 뜻이 되도록 괄호 안의 말을 한 번씩 사용하여 바르게 배열하시오.
(단, 밑줄 친 단어의 어형을 바꿀 것)

13 지구가 둥글다는 것은 고대 그리스인들에게 알려져 있었다.
(the Earth / to / round / the ancient Greeks / be / known / is)
→ That _____.

14 그녀의 소설 중 하나는 80개가 넘는 언어로 번역되었다.
(been translated / 80 languages / into / more than / of her novels / have)
→ One _____.

15 때로 사람들을 돕는 최고의 방법은 그저 아무것도 하지 않는 것에 의해서이다.
(people / doing / to help / be / the best way / nothing / simply by)
→ Sometimes, _____.

16 기억이 훈련에 의해 향상될 수 있는지는 논쟁의 여지가 있는 문제이다.
(by training / a controversial issue / memory / be / can be / improved)
→ Whether _____.

controversial 논쟁의, 논의의 여지가 있는

🟧 **고난도**

17 다음을 읽고, (1), (2), (3)을 어법상 알맞은 형태로 고쳐 쓰시오.

> The use of renewable sources (1) <u>come</u> with its own consequences, which require consideration. Renewable sources of energy (2) <u>includes</u> a variety of sources such as hydropower and ocean-based technologies. Additionally, solar, wind, geothermal and biomass renewable sources also (3) <u>having</u> their own impact on the environment. 학평기출응용

renewable 재생 가능한

consequence 결과

hydropower 수력 전력

geothermal 지열의

biomass 생물 자원; 생물량

(1) _____ (2) _____ (3) _____

18 다음을 읽고, 밑줄 친 우리말을 다음 조건에 맞게 영작하시오.

> In a 2006 survey, 95% of the respondents said that if they were to win a million dollars in a lottery, they would donate a portion to charity. In the most recent poll, however, that number declined to 89%. <u>사람들은 그들이 10년 전에 그랬던 것보다 덜 관대하다.</u>

> 조건 | 1. people, less, generous, ago를 사용할 것   2. 대동사를 사용할 것   3. 총 10단어로 쓸 것

→ _____

respondent 응답자
lottery 복권
donate 기부하다
portion 일부, 부분
poll 여론 조사
generous 관대한

✦ 내신
선택형

19 다음 글의 밑줄 친 ⓐ~ⓔ 중 어법상 틀린 것끼리 짝지어진 것을 고르시오.

> We usually get along best with people who we think are like us. I'm talking about people who share our values and look at the world the same way we ⓐunderline{are}. This is a very common human tendency that ⓑ<u>is</u> rooted in how our species developed. ⓒ<u>Imagining</u> you are walking out in a forest. You would be conditioned to avoid something unfamiliar because there ⓓ<u>is</u> a high likelihood that it would be interested in killing you. Similarities make us ⓔ<u>relate</u> better to some people because we think they'll understand us on a deeper level than other people. (학평기출응용)

① ⓐ, ⓒ   ② ⓐ, ⓑ, ⓒ   ③ ⓐ, ⓓ   ④ ⓑ, ⓒ, ⓓ   ⑤ ⓑ, ⓒ, ⓔ

tendency 경향, 성향
be rooted in
~에 뿌리박혀 있다
be conditioned to
~하도록 길들여지다
likelihood 가능성
relate 잘 어울리다,
마음이 통하다

📄 수능형

20 다음 글의 밑줄 친 부분 중, 어법상 틀린 것은?

> How children perform in school ①<u>determines</u> whether and where they go to college, what professions they enter, and how much they are paid. And generally, those with more education ②<u>makes</u> more money. The median annual earnings for those with advanced professional (medical and law) degrees are $100,120, ③<u>followed</u> by doctoral degrees at $91,644, master's degrees at $65,881, bachelor's degrees at $52,782, and high school diplomas at $31,600. On the surface, these earnings may seem ④<u>fair</u>. After all, shouldn't people with more education make more money? However, as sociologists, we must probe further and ⑤<u>ask</u> some fundamental questions; for example, who has access to education, and how good is that education?

median 중앙값의
doctoral[master's/bachelor's] degree
박사[석사/학사] 학위
diploma 졸업장
probe 조사하다

UNIT 2

특수 구문

Warm-up

✦ 기본 개념 확인

Q1 의문사가 이끄는 절이 문장의 한 요소로 쓰일 때 이를 간접의문문이라고 한다. [O / X]

Q2 일반동사를 강조할 때는 [do / have]를 사용한다.

Q3 「It is ~ that」 강조 구문으로 부사구를 강조할 수 없다. [O / X]

Q4 only를 수반한 부사구가 문장을 이끌면 [주어+동사 / 동사+주어]의 어순이 된다.

✦ 도치 구문의 종류

종류	예문
장소의 부사(구)로 시작하는 문장	*In the center of the room* <u>was a table</u>.
only가 이끄는 부사구[절]로 시작하는 문장	*Only when I called her* <u>did she open</u> the door.
부정어(구)(no, not, never, little, hardly, nowhere, not only 등)로 시작하는 문장	*Nowhere in the world* <u>does the sun shine</u> stronger than here.
so, neither, nor로 시작하는 문장	*So* <u>did I</u>. / *Neither* <u>am I</u>.
유도부사 there로 시작하는 문장	*There* <u>is the building</u>.

Point 1 간접의문문

- 의문사가 이끄는 명사절이 문장의 구성 요소(주어, 보어, 목적어)로 쓰인 것을 간접의문문이라고 한다. 간접의문문은 「의문사 + 주어 + 동사」의 어순으로 쓴다.
- 의문사 how 뒤에 형용사나 부사가 올 경우 「how + 형용사/부사 + 주어 + 동사」의 어순으로 쓴다.

> ¹They asked me *when* [**I started** / did I start] working for the company. 학평기출응용
> └ 의문사 when이 이끄는 절이 동사 asked의 직접목적어로 사용됨
> ²*Who* [**you are** / are you] depends on the people you interact with.
> └ 의문사 Who가 이끄는 절이 문장의 주어로 사용됨
> ³I'll text you *how much* [does it cost / **it costs**] to fix the floor. 학평기출응용
> └ 의문사 how가 이끄는 절이 문장의 목적어로 사용됨

cf. 의문사가 없는 의문문은 접속사 if 또는 whether (or not)을 사용한다. ▶Unit 10 Point 3 참조 (p.114)

⁴Mom asked her son *if he could solve* the puzzle (or not).

⁵*Whether or not* he attends the meeting is important to me. (if or not은 쓸 수 없음)

Check Up 괄호 안에서 알맞은 것을 고르시오.
1 Tell me how [did you persuade / you persuaded] him to apply for the job.
2 I don't know [when / whether] she will come to the party or not.

Point 2 강조 구문

- 문장의 주어, 목적어, 부사(구)는 「It is[was] ~ that」 구문으로 강조할 수 있다. 강조하는 대상의 성격에 따라 that 대신 관계대명사 who(m), which, 관계부사 when, where를 사용할 수 있다.

> ¹*The telescope* has had the greatest effect on astronomy.
> → **It is** *the telescope* **that**[**which**] has had the greatest effect on astronomy.
> └ 주어 강조
> ²The building caught on fire *in the middle of night*.
> → **It was** *in the middle of night* **that**[**when**] the building caught on fire.
> └ 부사구 강조

cf. 동사를 강조할 때는 do[does/did]를 사용한다.

³My sister loves to sing and dance.

→ My sister **does** *love* to sing and dance. 학평기출응용

Check Up 강조된 어구에 밑줄을 치고 괄호 안에서 알맞은 것을 고르시오.
1 [This / It] is our scientists who create new knowledge.
2 It was in the forest [which / that] he found his peace of mind.

Basic Practice

정답 및 해설 p.6

A 네모 안에서 어법상 알맞은 것을 고르시오.

1 I couldn't figure out how | I could / could I | get to the airport.

2 Just let me know when | you are / are you | ready to come back to work. 학평기출응용

3 It was in 2016 | where / that | he won his first Olympic medal.

4 We asked him | if / that | he would join us fishing.

5 I was not sure | where / whether | I could complete it in time.

6 It was his father | who / which | had inspired him to be a soccer player.

7 What documents | do you need / you need | depends on when you were born.

B 밑줄 친 부분이 어법상 맞으면 ○표 하고, 틀리면 바르게 고쳐 쓰시오.

1 I asked them <u>whether they would help</u> me or not.

2 Please tell me <u>when will you leave</u> the office today. 학평기출응용

3 It was last week <u>which</u> he met his staff to discuss the matter.

4 My dog, Grandy, <u>does like</u> to lie down in the grass.

C 우리말과 같은 뜻이 되도록 괄호 안에서 필요한 말을 골라 문장을 완성하시오.

1 나는 그들이 어디에 조리 기기를 두는지 모른다. (where, do, keep, which, they)

→ I don't know ＿＿＿＿ ＿＿＿＿ ＿＿＿＿ their cooking appliances.

2 과학자들은 매우 유익한 내용이 든 이론을 정말 선호한다. (do, have, prefer, are)

→ Scientists ＿＿＿＿ ＿＿＿＿ theories with highly informative content.

3 삶을 귀중하게 만드는 것은 바로 삶의 약함이다. (it, that, this, is, does, what)

→ ＿＿＿＿ ＿＿＿＿ the weakness of life ＿＿＿＿ makes it precious. 학평기출응용

4 당신이 제게 일할 기회를 주실 수 있는지 궁금합니다. (what, if, provide, you, could)

→ I wonder ＿＿＿＿ ＿＿＿＿ ＿＿＿＿ ＿＿＿＿ me with the opportunity to work.

Words   **inspire** 고무하다, 영감을 주다   **document** 문서   **appliance** (가정용) 기기, 전기 제품   **informative** 정보를 주는, 유익한

도치 1: 부사(구), 보어 강조

- 부사(구)(특히 장소, 방향), 보어가 강조되어 문장 앞으로 오면 「동사 + 주어」의 어순으로 도치된다.
- 도치되더라도 **동사의 수는** 뒤에 있는 **주어의 수에 일치시켜야** 한다.

> [1] *On the table* **lay** a pair of black leather gloves.
>   부사구   동사   주어
>
> [2] *So serious* **was** the situation that the police had to come. 학평기출응용
>   보어   동사   주어

cf. 목적어가 강조되어 문장 앞으로 올 때는 주어와 동사가 도치되지 않는다. (단, 목적어에 부정어가 있는 경우는 도치된다.)

[3] *Most of the girls in the room* **I have met** before.

[4] *Not* a thing **did she buy.**

Check Up 괄호 안에서 알맞은 것을 고르시오.

1 In front of the door [was / were] two guards with guns.

2 More important [the fact is / is the fact] that few people support us.

3 Finding a new job [I consider / consider I] a good solution.

 도치 2: 부정어(구), only의 강조

- 부정어(구), only가 포함된 부사[구, 절]가 강조되어 문장 앞으로 오면 「동사 + 주어」의 어순으로 도치된다.
- 일반동사가 있을 때는 「do[does / did] + 주어 + 동사」, 조동사가 있을 때는 「조동사 + 주어 + 동사」의 어순을 취한다.

> [1] *Never* [**have I** / I have] seen such a beautiful sight in my life! 학평기출응용
>   └→ 「부정어 never + 동사 + 주어」
>
> [2] *Only then* [she realized / **did she realize**] that something was wrong with her son.
>   └→ 「only가 포함된 부사구 + do[does / did] + 주어 + 동사」
>
> [3] *Nowhere else in the world* [this unique animal could / **could this unique animal**] be
>   found. └→ 「부정어구 + 조동사 + 주어 + 동사」

⊕Tip 부정어(구)의 종류를 알아 두자.

no, not, never, neither, nor, nowhere, not only, no longer, little, hardly, scarcely, rarely, seldom, under no circumstances(어떠한 경우에도 ~않다), on no account(무슨 일이 있어도) 등

cf. 유도부사 there가 이끄는 문장은 「동사 + 주어」 어순의 도치 구문이며, 주어의 수에 따라 동사의 수를 일치시킨다.

[4] There **are many errors** in his essay.

Check Up 괄호 안에서 알맞은 것을 고르시오.

1 Little [he dreamed / did he dream] that he would never see her again. 학평기출응용

2 Only when I called him could [he recognize / recognize he] me.

3 There [was / were] only a few passengers in the airport.

Basic Practice

정답 및 해설 p.7

A 네모 안에서 어법상 알맞은 것을 고르시오.

1 On the top of the mountain is / are many species of wild flowers.

2 Not only he is / is he rich, but he is also generous.

3 Attached a file is / is a file with some options for consideration.

4 There was / were more than a hundred people in front of him. 학평기출응용

5 Only after she left truly realized he / did he truly realize what he lost.

6 So great was / were the pain that he had to remove his shoes.

7 Scarcely could she hear / could hear she the old man's low, broken words.

B 밑줄 친 부분이 어법상 맞으면 ○표 하고, **틀리면** 바르게 고쳐 쓰시오.

1 There <u>is</u> some ways to make an ideal society.

2 Beside the truck <u>were</u> numerous bags of rice and beans.

3 Under the Christmas tree <u>was</u> two small boxes from her parents.

4 What he meant <u>could I not</u> understand at all.

C 우리말과 같은 뜻이 되도록 괄호 안의 말을 바르게 배열하여 문장을 완성하시오.

1 그들은 자신들과 함께 가도록 그를 거의 설득할 수 없었다. (they, persuade, could)

→ Hardly _____ him to come with them.

2 역사상 우리는 항공 여행에서 그렇게 급격한 감소를 본 적이 없다. (we, have, seen)

→ Never in history _____ such a dramatic decline in air travel.

3 그 선수는 코치의 조언에 거의 주의를 기울이지 않았다. (did, the, pay, player)

→ Rarely _____ attention to his coach's advice.

4 문을 열고 나서야 나는 낯선 이가 내 안락의자에 앉아 있는 것을 알아챘다. (did, notice, I)

→ Only when I opened the door _____ a stranger sitting in my armchair.

Words attach 첨부하다 consideration 고려 사항 ideal 이상적인 decline 감소 armchair 안락의자

Unit Test

맞은 개수 / 20

▣ 어법

[1-7] 네모 안에서 어법상 알맞은 것을 고르시오.

1 My boss asked me how long | it would / would it | take to complete the project.

2 It seems that there | is / are | a connection between working conditions and diseases.

3 So beautiful | was / were | the princess that the king forbade people to look at her.

4 It is next year | what / when | the company is going to run into difficulties.

5 Rarely | did he have / had he | a chance to do something he wanted for himself.

6 It was his hometown | what / that | the author described in his novel.

7 Only later | do we can / could we | participate in politics or any other social activities.

forbid 금하다

run into difficulties
난관에 봉착하다

8 다음 중 밑줄 친 부분이 어법상 맞는 것을 고르시오.

① Little <u>did I know</u> how the little girl would change my life.

② It was my husband <u>which</u> you spoke to on the phone.

③ Could you let me know when <u>are you</u> available for an appointment?

④ Many people <u>does support</u> their local nonprofit organizations.

⑤ There <u>was</u> cattle on the sides of the roads, and even on the roads.

appointment
(만날) 약속

nonprofit 비영리의

9 다음 중 어법상 틀린 것을 두 개 고르시오.

① Only when you see it can you understand what it is.

② The salesclerk could not determine which model did the customer prefer.

③ Even more disappointing was that he didn't put much effort into it.

④ It was a new car which my brother bought from our neighbor yesterday.

⑤ Seldom we can see such a fantastic dance performance.

performance 공연

24 SOLID 어법 기본

[10-12] 다음을 읽고, 어법상 **틀린** 부분을 찾아 바르게 고치시오.

10 More significant are the fact that the information can change much more rapidly.

significant 중요한, 중대한

11 Not only artificial light turned night into day, but it allowed us to work in buildings that natural light could not enter. 학평기출응용

artificial 인공의

12 There is some psychological treatments for people with PTSD. But the effectiveness of a treatment often depends on when did they develop symptoms, or how they are feeling at the moment. (2개)

PTSD 외상 후 스트레스 장애

effectiveness 효과, 효능

🖊 **내신 서술형**

[13-16] 우리말과 같은 뜻이 되도록 괄호 안의 말을 활용하여 문장을 완성하시오.

(단, 필요시 단어를 추가하고 어형을 바꿀 것)

13 나는 네가 이번 여름에 여행을 계획하고 있는지 알고 싶다.
(Do you plan on traveling this summer?)

→ I'd like to know _____.

14 어떤 경우에서라도 당신의 아기를 혼자 두어서는 안 된다.
(You should not leave your baby alone under any circumstances.)

→ Under no circumstances _____.

15 더 이상 그들은 노란색 가스등이나 석유등을 사용할 필요가 없었다.
(They no longer had to use yellow gas lights or oil lamps.)

→ No longer _____.

16 기후 위기의 원인이 되고 있는 것은 바로 화석 연료이다.
(Fossil fuels are contributing to the climate crisis.)

→ It is _____.

fossil fuel 화석 연료

🔖 **고난도**

17 다음을 읽고, (1), (2), (3)에 주어진 말을 어법상 알맞은 형태로 고쳐 쓰시오.

Groups help their members do jobs that are impossible or very difficult to do alone. For example, think of how hard (1) <u>would it be</u> to function as a one-person football team. Or we (2) <u>did</u> know that never (3) <u>a single man can build</u> an apartment complex.

(1) _____ (2) _____ (3) _____

18 다음을 읽고, 밑줄 친 우리말을 다음 조건에 맞게 영작하시오.

> Like humans, animals need a sense of control. If an animal gets enough food but <u>언제 그 먹이가 나타날지 모른다</u>, it may experience stress. Animals need to be able to see a consistent schedule. 학평기출응용

consistent 일관된

조건 1. know, the food, appear를 사용할 것   2. 간접의문문을 사용할 것

→ _____

19 다음 글의 밑줄 친 ⓐ~ⓔ 중 어법상 **틀린** 것끼리 짝지어진 것을 고르시오.

> The other day I came across something I hadn't seen in years. I looked underneath the bed in my old room and saw a large plastic box. I was curious about what ⓐ<u>would I find</u> in it, pulling out the container. Inside the box ⓑ<u>lying</u> stacks of old artwork from elementary school. After 30 minutes, I found myself surrounded by Spongebob drawings and replicas of Monet paintings. There ⓒ<u>were</u> also flower-patterned journals filled with handwriting, most of which ⓓ<u>hardly I could</u> recognize. I had not thought about the memories in that box during my college years. But ⓔ<u>sorting</u> through the collection, I was instantly taken back to those moments.
> *replica 모사작, 복제품

come across
우연히 발견하다

stack 더미, 무더기

journal 일지, 일기

sort through (정리를
위해) ~을 자세히 살펴보다

① ⓐ, ⓓ   ② ⓐ, ⓑ, ⓓ   ③ ⓐ, ⓒ, ⓓ   ④ ⓑ, ⓒ, ⓔ   ⑤ ⓒ, ⓓ, ⓔ

수능형

20 다음 글의 밑줄 친 부분 중, 어법상 **틀린** 것은?

> Any new product must grab people's attention and ①<u>make them want</u> to buy it. Typically, it is within a couple of seconds ②<u>that</u> we make purchasing decisions. So many of our choices are based on gut instinct rather than deep thought. Only after we have bought a food and actually tasted it ③<u>do we make</u> a judgment about its desirability. Food companies must therefore carefully design the appearance of foods and their packaging ④<u>to make</u> them appealing to consumers. After we buy a food, its appearance sets up a framework and expectation that influences how much ⑤<u>will we enjoy</u> it, and whether we buy it again.

gut instinct 직감

make a judgment
판단을 내리다

desirability 바람직함

packaging 포장

framework 토대, 틀

Chapter Test

◎ 정답 및 해설 p.9

I. 어법

[1-8] 네모 안에서 어법상 알맞은 것을 고르시오.

1 Rarely you will / will you hear such wonderful music.

2 Respect / To respect a person is not possible without knowing him or her.

3 Send / Sending us your design proposal once you are done with it. 학평기출응용

4 Remember that others have the same concerns as we do / are .

5 A number of new employees was / were recruited at the same time.

6 Along the beach was / were some cottages painted in different colors.

7 Students may think they know the material, even when they aren't / don't . One reason is that they mistake familiarity for understanding. There is an explanation about how it works / does it work . 학평기출응용

8 Atoms combined chemically in fixed numbers are / being found in both living and nonliving matter. For example, the oxygen we breathe is / are formed from the chemical combination of two oxygen atoms.

[9-13] 다음을 읽고, 어법상 **틀린** 부분을 찾아 바르게 고쳐 쓰시오.

9 Finding different ways to produce sounds are an important stage of musical exploration.

10 It was the sunset what made me realize that beauty sometimes lasts for only a moment.

11 People have a lot of obstacles to making environmentally friendly choices. One of the biggest things are a lack of information.

12 The world now consumes far more "stuff" than it ever is. We use twenty-seven times more industrial minerals, such as gold, copper, and rare metals, than we were just over a century ago. (2개) 학평기출응용

13 Where do plants store food? Plants are very different with respect to where do they store food. One of the most common places where plants store food being in the roots. (2개)

Words **proposal** 제안(서) **recruit** 모집하다, 채용하다 **cottage** 오두막집 **atom** 원자 **matter** 물질 **obstacle** 장애(물) **stuff** 물자, 원료 **copper** 구리 **store** 저장하다 **with respect to** ~와 관련하여

14 다음 중 밑줄 친 부분이 어법상 맞는 것을 고르시오.

① Trees that bend with the wind <u>is</u> those that survive.

② Plants can't move around in the same way animals <u>are</u>.

③ <u>Encouraging</u> participation and cooperation from all members of the group.

④ The report <u>does</u> emphasize the importance of sports for young people.

⑤ <u>Overcome</u> your instinct to avoid uncomfortable things is essential. 학평기출응용

15 다음 중 어법상 <u>틀린</u> 문장끼리 짝지어진 것을 고르시오.

ⓐ Try doing new things outside of your comfort zone. 학평기출응용

ⓑ On no account you should do anything without asking me first.

ⓒ Men are more prone to chronic health conditions than women do.

ⓓ There are many issues in school such as bullying, violence, and lack of funding.

ⓔ It was in 1859 that two countries nearly went to war over the territory issue.

① ⓐ, ⓒ   ② ⓑ, ⓒ   ③ ⓐ, ⓑ, ⓔ   ④ ⓑ, ⓒ, ⓓ   ⑤ ⓑ, ⓒ, ⓔ

16 다음 중 어법상 알맞은 문장의 개수를 고르시오.

ⓐ If there are anything else we can do for you, do not hesitate to ask.

ⓑ Ask yourself if you really want to spend time with those guys.

ⓒ Nowhere I have ever had such bad service.

ⓓ I don't see my old friends often, but I do call them every now and then.

ⓔ Setting up a website that people can use to help the environment.

① 1개   ② 2개   ③ 3개   ④ 4개   ⑤ 5개

17 다음 밑줄 친 부분 ⓐ~ⓓ 중, 어법상 <u>틀린</u> 것끼리 짝지어진 것을 고르시오.

Appealing to emotions ⓐ<u>is</u> a very powerful and necessary technique in persuasion. We are emotional creatures; therefore, we often make decisions and ⓑ<u>forming</u> beliefs erroneously based on emotions, when reason and logic tell us otherwise. However, ⓒ<u>use</u> appeals to emotion for rational and logical arguments is valid. It is also a skill ⓓ<u>possessed</u> by every great communicator.

① ⓐ, ⓑ   ② ⓐ, ⓒ   ③ ⓑ, ⓒ   ④ ⓑ, ⓓ   ⑤ ⓒ, ⓓ

Words   essential 필수적인   on no account 무슨 일이 있어도   prone (~하기) 쉬운   chronic 만성의   territory 영토   every now and then 때때로, 가끔   erroneously 잘못되게, 틀리게   valid 유효한

[18-21] 우리말과 같은 뜻이 되도록 괄호 안의 말을 이용하여 문장을 완성하시오. (단, 필요시 단어를 추가하고 어형을 바꿀 것)

18 오직 그런 식으로만 Paul은 생존하기에 충분한 돈을 벌 수 있었다. (can, earn, Paul)

→ Only in that way _____ enough money to survive.

19 Mike도 나도 아직 그 퍼즐을 완성하지 못했다. (neither, have, Mike)

→ _____ completed the puzzle yet.

20 고객들의 수는 줄어들고 있지만, 판매량은 증가하고 있다. (number, customer, be)

→ _____ going down, but the amount sold is going up.

21 절대 모험하지 않는 것은 여러분이 절대 성공하지 못한다는 것을 의미한다. (mean, taking, never, a risk)

→ _____ that you will never succeed. 학평기출응용

[22-25] 우리말과 같은 뜻이 되도록 주어진 단어를 배열하여 문장을 완성하시오.
　　　　(단, 필요시 단어를 추가하고, 밑줄 친 단어의 어형을 바꿀 것)

22 그는 그녀가 주장하고 있는 것에 결코 동의하지 않았다.

arguing / he / with / was / what / she / agreed

→ In no way _____.

23 노숙자들은 공사가 시작되기 전에는 그 부지에서 살고 있었다.

living / began / be / at the site / the construction / before

→ The homeless _____.

24 그제서야 나는 왜 그 사건이 일어났는지를 이해했다.

the incident / had / I / happened / why / understood

→ Only then _____.

25 우리 대부분에게는 다른 이들을 돕는 것은 만족스럽기도 하고 성취감을 주기도 한다.

satisfying / and / help / fulfilling / be / both / others

→ For most of us, _____.

Words　in no way 결코[조금도] ~않다　fulfilling 성취감을 주는

26 다음 글의 밑줄 친 부분 중 어법상 어색한 것을 두 개 찾아 그 기호를 쓰고 바르게 고치시오.

> Research has confirmed that athletes are less likely to participate in what @we consider unacceptable behavior than ⓑis non-athletes. However, moral reasoning and good sporting behavior ©seeming to decline as athletes progress to higher competitive levels, in part because there @is an increased emphasis on winning at those levels. 학평기출응용

	어색한 부분(기호)		고친 표현
(1)	_____	→	_____
(2)	_____	→	_____

[27-28] 다음 글을 읽고 물음에 답하시오.

> The media attention @given to sports is one indicator of the pervasiveness of sports in society. 수십억 명의 사람들이 스포츠를 시청할 뿐만 아니라, but also millions of people attend live sporting events. ⓑAttending a sporting event is much more than simply going to a ballgame. It is often a social event that ©entails planning and arranging one's daily or weekly schedule. Sports such as football and auto racing also @imply all-day tailgate parties. In contemporary society, media attention is also measured in terms of the social media presence of athletes and ball teams. In addition, the pervasiveness of sports ⓔare revealed through sport-related movies and videos.
>
> *pervasiveness 널리 보급됨 **tailgate party 자동차의 트렁크나 후미 부분을 열어 음식을 차린 간단한 야외 파티

27 윗글의 밑줄 친 부분 중 어법상 어색한 것을 고르시오.

① @   ② ⓑ   ③ ©   ④ @   ⑤ ⓔ

28 윗글의 밑줄 친 우리말과 같은 뜻이 되도록 〈보기〉의 주어진 단어들을 배열하여 문장을 완성하시오.
(단, 반드시 한 단어를 추가할 것)

> 보기 of / sports / not / billions / people / view / only

→ _____

Words confirm 확인하다 indicator 지표 ballgame 야구 경기 entail 수반하다 arrange 정하다; 조정하다 imply 의미하다; 시사하다
contemporary 현대의 in terms of ~라는 견지에서

29 다음 글의 밑줄 친 부분 중, 어법상 **틀린** 것은?

It is evident that CO^2 emissions have a significant influence on climate. A number of scientists, however, ①believe the greatest short term impact on climate change is not CO^2 emissions but land use changes. In other words, it is how we practice agriculture ②that is important. The need for changes in agricultural practice ③is clear, essential and urgent. If we don't make those changes, the outcome will be progressive desertification. A few decades ago it ④was predicted that desertification was likely to decimate all the bread baskets of the world within the next 50 years. Exploring all alternatives to current systems of commercial agriculture ⑤being essential and desperately urgent.

*desertification 사막화 **decimate 10분의 1을 빼앗다

30 다음 글의 밑줄 친 부분 중, 어법상 **틀린** 것은?

Birds ①do indeed have brains very different from our own—and no wonder. Humans and birds have been evolving independently for a very long time, since our last common ancestor more than 300 million years ago. But some birds, in fact, have relatively large brains for their body size, just as we ②are. Moreover, when it comes to brainpower, size seems to matter less than the number of neurons, where they ③are located, and how they are connected. And some bird brains pack very high numbers of neurons where it counts. Their densities are similar to those ④found in primates, and their connections are much like ours. This may go a long way toward explaining ⑤why certain birds have such sophisticated cognitive abilities.

Words emission 배출 agricultural 농업의 progressive 점진적인 commercial agriculture 상업형 농업 desperately 몹시, 절실하게 independently 별개로, 독립적으로 pack ~로 꽉 차 있다 density 밀도 primate 영장류 go a long way toward [to] ~에 크게 도움 되다 sophisticated 정교한 cognitive 인지의

Chapter 2

동사

UNIT

3

시제

Warm-up

✦ 기본 개념 확인

Q1 현재완료는 과거에 시작된 일이 [현재 / 미래]까지 영향을 미치는 것을 나타낸다.

Q2 시간의 부사절에서는 미래시제를 대신해서 현재시제를 쓸 수 있다. [O / X]

Q3 주절과 종속절의 시제가 항상 일치하는 것은 아니다. [O / X]

✦ 12개 시제

기본 시제	과거	현재	미래
진행 시제	과거진행 (was[were]+v-ing)	현재진행 (am[are/is]+v-ing)	미래진행 (will be+v-ing)
완료 시제	과거완료 (had+p.p.)	현재완료 (have[has]+p.p.)	미래완료 (will have+p.p.)
완료진행 시제	과거완료진행 (had been+v-ing)	현재완료진행 (have[has] been+v-ing)	미래완료진행 (will have been+v-ing)

UNIT 3 : 시제

Point 1 과거 vs. 현재완료

- 과거시제는 현재와는 관계없는 과거의 어느 특정 시점에 일어난 일을 나타낼 때 쓴다.
  반면, 현재완료는 과거에 일어난 일이나 상태가 현재까지 영향을 미칠 때 쓴다.
- 현재완료는 명백한 과거를 나타내는 부사(구)와 함께 쓸 수 없다.

> ¹*In the 19th century*, a new architectural idea [**emerged** / has emerged]. 학평기출응용
> └ 과거의 일이므로 과거시제 사용
>
> ²*Since the 20th century*, we [**have believed** / believed] in genetic causes of diagnoses.
> └ 20세기 이래로 계속 믿고 있으므로 현재완료 사용 학평기출응용

⊕Tip 과거시제, 완료시제와 함께 자주 쓰이는 부사(구)를 알아 두자.

과거시제와 쓰이는 부사(구)	yesterday, last ~, ago, then, 「in + 연도」 등
완료시제와 쓰이는 부사(구)	「since + 과거 시점」, 「for + 기간」, before 등

³They **arrived** three hours *ago*.   ⁴I've never **visited** California *before*.

Check Up 부사구에 밑줄을 긋고 괄호 안에서 알맞은 것을 고르시오.

1 In the Middle Ages, children [were / have been] regarded as a God-given gift.

2 Since last week, she [traveled / has traveled] around the city.

Point 2 과거완료

- 과거완료는 과거의 특정 시점 이전에 일어난 일이 그 시점까지 영향을 미칠 때 쓴다.
  또한 과거의 어느 시점보다 먼저 일어난 일(대과거)을 나타낼 때 쓴다.

> ¹Jack **had worked** for the company for five years when he *got* married.
> └ 특정 시점(결혼) 이전부터 그때까지 근무했다는 의미
>
> ²Sandy suddenly *realized* that she **had left** her cellphone at home.
> └ 휴대 전화를 집에 두고 온 것이 그 사실을 깨달은 것보다 먼저 일어남

⊕Tip 과거완료를 써야 하는 도치 구문을 알아 두자.

> 뜻: ~하자마자[~하기가 무섭게] …했다
> - No sooner + had + 주어 + p.p. + than + 주어 + 과거동사 ~.
> - Hardly[Scarcely] + had + 주어 + p.p. + when[before] + 주어 + 과거동사 ~.
>   (= 주어 + had hardly[scarcely] + p.p. + when[before] + 주어 + 과거동사 ~.)

³*No sooner* **had** peace **been** restored than it was lost again.

Check Up 괄호 안에서 알맞은 것을 고르시오.

1 They had worked for five hours before they [rested / had rested].

2 Amy told her grandmother that she [has / had] seen her in pictures before. 학평기출응용

3 Hardly [have / had] I spoken when I regretted my hasty remark.

Basic Practice

⊘ 정답 및 해설 p.12

A 네모 안에서 어법상 알맞은 것을 고르시오.

1 Dinosaurs disappeared / have disappeared around 65 million years ago.

2 A decade is being / has passed since the two countries began moving towards peace.

3 When David passed away, he and Julie was / had been married for nearly fifty years.

4 I have / had not eaten for three days when I came into this store. 학평기출응용

5 No sooner have / had she finished the race than she collapsed to the ground.

6 I was sure that no one had ever seen such a severe disaster ago / before .

7 We went / have gone to the beach last Sunday because the weather was nice.

B 밑줄 친 부분이 어법상 맞으면 ○표 하고, 틀리면 바르게 고쳐 쓰시오.

1 Hardly <u>have</u> he come out of prison when he was arrested again.

2 My neighbor asked my family if we <u>had seen</u> their cat.

3 Since I was a child, I <u>have loved</u> spending time outdoors.

4 Six years ago, the researchers <u>have collected</u> data on the sleep patterns of 80,000 volunteers. 학평기출응용

C 우리말과 같은 뜻이 되도록 괄호 안의 말을 이용하여 문장을 완성하시오.

1 경기가 시작하기가 무섭게 비가 내리기 시작했다. (the game, start)
→ Scarcely _____ when it began to rain.

2 그들은 평생을 그곳에서 살아왔기 때문에 이주하고 싶어하지 않는다. (live, there)
→ They don't want to move because they _____ all their lives.

3 밤하늘은 항상 사람들을 궁금해 하고 상상하도록 고무시켜 왔다. (always, inspire)
→ The night sky _____ people to wonder and to imagine. 학평기출응용

4 공항에 도착했을 때, 나는 여권을 집에 두고 왔다는 것을 깨달았다. (leave, my passport)
→ When I got to the airport, I found that I _____ at home.

Words **pass away** 사망하다, 돌아가시다 **collapse** 쓰러지다, 무너지다 **arrest** 체포하다

미래시제를 대신하는 현재[현재완료]시제

· 시간, 조건의 부사절에서는 현재시제나 현재완료시제가 미래시제를 대신한다.

· 문장 성분의 일부(주어, 보어, 목적어)로 쓰인 **명사절**에서는 미래시제를 그대로 쓴다.

¹I'll order food and drinks *when* you [**are** / will be] ready. 학평기출응용

          └→ 시간의 부사절에서는 미래의 일을 현재시제로 나타냄

²*If* you [**apply** / will apply] for the position, you'll probably get it.

       └→ 조건의 부사절에서는 미래의 일을 현재시제로 나타냄

³Now she wonders *if* she [has / **will have**] time to take her lunch break.

         └→ if절이 동사 wonders의 목적어로 사용된 명사절이므로 미래시제 사용

⊕Tip 시간의 부사절, 조건의 부사절을 이끄는 접속사를 알아 두자.

시간의 접속사	when, while, after, before, until, as soon as(~하자마자), next time(다음에 ~할 때), by the time(~할 때까지, ~할 때쯤에는) 등
조건의 접속사	if, unless, once, in case(~할 경우에 대비해서), provided(~라면), as long as(~하는 한) 등

Check Up 접속사에 밑줄을 긋고, 괄호 안에서 알맞은 것을 고르시오.

1 Paul will not cut the cake unless Maggie [comes / will come] to the party.

2 Next time I [am / will be] in this situation, I'm going to try to stay calm. 학평기출응용

3 I'm wondering if they [are / will be] able to arrive on time.

시제 일치와 예외

· 종속절의 시제는 주절의 시제에 영향을 받지만, 문맥에 맞게 시제를 사용해야 한다.

· 주절의 시제가 현재이면 종속절에 여러 시제가 올 수 있지만, **주절의 시제가 과거이면 종속절에는 과거/과거완료시제**가 온다.

· 단, 현재의 습관, 불변의 진리나 일반적/과학적 사실은 시제를 일치시키지 않고 항상 **현재시제**로 나타내고, **역사적 사건이나 사실**은 항상 **과거시제**로 나타낸다.

¹His mother *explained* that he **could** use the slide instead of a swing. 학평기출응용

       └→ 주절이 과거시제이므로 종속절의 조동사도 과거시제 사용

²Surprisingly, they *didn't* know that the Earth **is** round like a ball.

         └→ 일반적 사실에 관한 진술이므로 종속절에 현재시제 사용

³We *know* that humans **landed** on the Moon for the first time in 1969.

        └→ 역사적 사실에 대한 진술이므로 종속절에 과거시제 사용

Check Up 괄호 안에서 알맞은 것을 고르시오.

1 They were told that they [will / would] receive a 15% discount.

2 Halley discovered that the comet [came / comes] around every 76 years.

3 It is believed that the Pantheon [was / had been] built 2,000 years ago.

Basic Practice

정답 및 해설 p.13

A 네모 안에서 어법상 알맞은 것을 고르시오.

1 Students will continue to work until their performance | is / will be | satisfactory. 학평기출응용

2 Any Korean knows that the Korean War | has broken / broke | out on June 25, 1950.

3 Many people expected that he | will / would | have a successful career in politics.

4 Many industries are not sure when they | return / will return | to normal operations.

5 We will have reached the station before the train | leaves / will leave |.

6 In this situation, no one can tell if the next season | starts / will start | on time.

7 Copernicus proposed that the Earth | is / was | one of a group of planets orbiting the Sun.

B 밑줄 친 부분이 어법상 맞으면 O표 하고, 틀리면 바르게 고쳐 쓰시오.

1 Information is worthless unless you will actually use it. 학평기출응용

2 The journal reported that the company will lose a large amount of money.

3 By the time they will arrive, we will have finished the preparations.

4 We learned that bees are necessary for pollination and for our survival.

C 우리말과 같은 뜻이 되도록 괄호 안의 말을 이용하여 문장을 완성하시오.

1 그들은 자신들이 다음 해에 결혼할 것이라고 발표했다. (marry)

→ They announced that they _____ the following year.

2 영국 외과의 Joseph Lister가 세균이 질병과 감염을 유발한다는 것을 이론화했다. (cause)

→ A British surgeon, Joseph Lister, theorized that germs _____ disease and infections.

3 많은 역사책은 남북전쟁이 1865년 4월에 끝났다고 말한다. (end)

→ Many history books say that the American Civil War _____ in April of 1865.

4 새로 온 직원이 다음 주에 새 업무를 시작할 수 있을지 제게 알려 주세요. (able, start)

→ Let me know if the new employee _____ her new job next week.

Words　satisfactory 만족스러운　break out 발발하다　orbit ~의 궤도를 돌다, 공전하다　pollination 수분　surgeon 외과 의사
theorize 이론을 세우다　infection 감염

Unit Test

어법

[1-7] 네모 안에서 어법상 알맞은 것을 고르시오.

1 There's only thirty minutes left until the show | starts / will start |. 학평기출응용

2 It is commonly said that Columbus | discovered / had discovered | America.

3 I can't wait for my trip to Dubai because I have never been there | ago / before |.

4 After returning to the office, Joe discovered that his wallet | has / had | disappeared.

5 No sooner | had / has | the doctor fallen asleep than his phone rang with an emergency call.

emergency
응급[비상] (사태)

6 The physics professor reminded her students that light | traveled / travels | at a tremendous speed.

physics 물리학
tremendous 엄청난

7 By the time you | completed / have completed | this course, you will have gained new knowledge.

8 다음 중 밑줄 친 부분이 어법상 **틀린** 것을 고르시오.

① The event will be held in the gym if it <u>rains</u>. 학평기출응용

② Since then, she <u>has become</u> one of the most beloved songwriters.

③ Scarcely <u>had Peter started</u> the garden work when it started pouring.

④ He declared that he <u>will not tolerate</u> any attack on his country.

tolerate 용인하다
submit 제출하다

⑤ Officials said that five countries <u>had already submitted</u> their reports to the UN.

9 다음 중 어법상 **틀린** 것을 <u>두 개</u> 고르시오.

① I wonder when you will call your grandfather tomorrow.

② When they arrived at the theater, the show had already begun.

③ The temple has been built by Solomon in about 958–951 B.C.

④ I have heard that dolphins were very smart and easy to train.

⑤ Research has shown that emotions can be transmitted through a social network. 학평기출응용

transmit 전달하다

[10-12] 다음을 읽고, 어법상 **틀린** 부분을 찾아 바르게 고치시오.

10 I learned that Impressionism had started in France in the late 19th century.

Impressionism
인상주의

11 As far back as 130,000 years ago, it has not been unusual for people to travel more than 150 miles to trade and share food.

12 You can exchange or request a refund on any item as long as you will return it in the original condition, within 30 days of receipt. Please contact us if you will have any questions. (2개)

receipt 수령; 영수증

🖊 **내신 서술형**

[13-16] 우리말과 같은 뜻이 되도록 괄호 안의 말을 한 번씩 사용하여 바르게 배열하시오.
(단, 밑줄 친 단어의 어형을 바꾸거나, 단어를 추가할 것)

13 등록은 프로그램이 시작하기 최소 이틀 전에 해야 한다.
(at least / before / should be / the program / two days / made / start) [학평기출응용]

→ Registration _____.

14 그 신문은 대통령이 그 법안에 서명할 것이라고 보도했다.
(that / the bill / reported / sign / the president)

→ The newspaper _____.

bill 법안

15 누구든지 그녀가 강아지들에게 먹이를 주어 오고 있었다는 것을 알아챌 수 있었다.
(that / she / could / the puppies / notice / feed)

→ Anyone _____.

16 그 항공기는 착륙하자마자 불길에 휩싸였다.
(than / it / sooner / fire / the aircraft / land / caught)

→ No _____.

📖 **고난도**

17 다음을 읽고, (1), (2), (3)에 주어진 말을 어법상 알맞은 형태로 고쳐 쓰시오.

> Deleting an email or other document from a computer (1) <u>do</u> not actually remove it from the computer's memory. Until other files (2) <u>will be</u> entered and written over the space where the document was located, experts can retrieve the document that you (3) <u>delete</u>.

delete 삭제하다

write over
고쳐[다시] 쓰다

retrieve 다시 가져오다,
복구하다

(1) _____ (2) _____ (3) _____

18 다음을 읽고, 밑줄 친 우리말을 다음 조건에 맞게 영작하시오.

> Traditionally, <u>사람들은 섭식 장애를 여성들의 문제로 여겨 왔다</u> and as less typical for men. However, increasing numbers of men are experiencing eating disorders and body dissatisfaction.

> 조건　1. view, eating disorders, as, a problem, for를 사용할 것
> 　　　2. 현재완료를 사용할 것

→ _____

disorder 장애, 질환
dissatisfaction
불만족

내신
선택형

19 다음 글의 밑줄 친 ⓐ~ⓔ 중 어법상 **틀린** 것끼리 짝지어진 것을 고르시오.

> Nothing happens immediately, so in the beginning we can't see any results from our practice. This is like the example of the man ⓐ<u>trying</u> to make fire with wood sticks. He learned as a kid that rubbing two sticks of wood together ⓑ<u>made</u> fire. He rubs on and on, but he's very impatient. He wants to have that fire, but the fire doesn't come easily. So he gets discouraged and stops ⓒ<u>to rest</u> for a while. Then he starts again, but the going is slow. By then the heat ⓓ<u>has disappeared</u> because he didn't keep at it long enough. He rubs and rubs, but as soon as he ⓔ<u>will get</u> tired, he stops altogether. 학평기출응용

① ⓐ, ⓒ　　　② ⓐ, ⓔ　　　③ ⓑ, ⓓ　　　④ ⓑ, ⓔ　　　⑤ ⓒ, ⓓ, ⓔ

immediately
즉각적으로, 즉시
practice 실행
rub 비비다, 문지르다
impatient 참을성이
없는
going 진행 속도
keep at 계속하다
altogether 완전히

📖 **수능형**

20 다음 글의 밑줄 친 부분 중, 어법상 **틀린** 것은?

> The main thing that happened during the Industrial Revolution ①<u>was</u> that machines were developed. They could perform many of the jobs and tasks that ②<u>have</u> previously been done by people. This had social as well as economic consequences. Instead of people using hand tools ③<u>to make</u> products at home, factories sprung up to house the new manufacturing machines. The need for human involvement was also dramatically reduced. Working practices were increasingly ④<u>decided</u> according to the needs of the machines. People had to travel to the factories each day, ⑤<u>where</u> their time and effort were closely monitored for efficiency.

Industrial
Revolution 산업혁명
spring up
갑자기 생겨나다
house 수용[보관]하다
monitor 감시하다
efficiency 효율(성)

수동태

Warm-up

✦ 기본 개념 확인

Q1 주어가 동사가 나타내는 동작의 주체이면 [능동태 / 수동태]를 쓴다.

Q2 타동사 중에는 수동태로 쓸 수 없는 동사가 있다. [O / X]

Q3 5형식 문장이 수동태로 쓰이면 동사 뒤에 [목적어 / 보어]가 남게 된다.

✦ 시제에 따른 수동태 기본 형태

기본형	be + p.p.
진행형	be being + p.p.
완료형	have[has / had] been + p.p.
완료진행형	have[has / had] been being + p.p.
조동사 수반	조동사 + be[have been] + p.p.

Point 1 능동태 vs. 수동태

• 주어가 동사가 나타내는 동작을 하는 주체이면 능동태, 동사에 영향을 받는 대상이면 수동태를 쓴다.

> [1] Everyone around him [moved / **was moved**] by his thoughtfulness. 학평기출응용
> └→ 주어가 동작에 영향을 받는 대상임
>
> (← His thoughtfulness **moved** everyone around him.)
> └→ 주어가 동작을 하는 주체
>
> [2] She has [trained / **been trained**] by a professional coach for nearly 6 months.
> └→ 완료형 수동태: 「have[has] been + p.p.」

⊕Tip 「by + 목적격」에서 by를 쓰지 않는 기타 관용적인 수동태 표현을 알아 두자.

> be opposed to ~에 반대하다   be married to ~와 결혼하다   be accustomed[used] to ~에[~하는 데] 익숙하다
> be composed of ~로 구성되어 있다   be convinced of ~을 확신하다   be filled with ~로 가득차다
> be satisfied[disappointed] with ~에 만족[실망]하다   be associated with ~와 관련되다   be based on ~에 근거하다
> be located in[at/on] ~에 위치하다   be dressed in ~을 입다   be known for[as/to] ~로[~로서/~에게] 알려져 있다

Check Up 괄호 안에서 알맞은 것을 고르시오.

1 The microwave [invented / was invented by] a radar engineer in 1946.

2 Several studies [have conducted / have been conducted] by scholars.

3 We were very satisfied [with / as] the hotel service.

Point 2 수동태로 쓸 수 없는 타동사

• 일부 타동사는 수동태로 쓸 수 없으며, 오직 능동태로만 쓴다.

• 수동태 불가 타동사: resemble(닮다), have(가지다), lack(부족하다), suit/fit(어울리다), cost(비용이 들다), escape 등

> [1] German shepherds are resembled by coyotes in shape and size. (×)
> → German shepherds **resemble** coyotes in shape and size. (○)
> └→ resemble은 수동태로 쓸 수 없는 타동사
>
> [2] I'm not sure how much it is cost to purchase an airline ticket to Europe. (×)
> → I'm not sure how much it **costs** to purchase an airline ticket to Europe. (○)
> └→ cost는 수동태로 쓸 수 없는 타동사

⊕Tip 자동사는 목적이를 취하지 않으므로 수동태 문장에 쓰지 않는다. 수동태가 불가능한 대표적인 자동사를 알아 두자.

자동사	happen, occur, appear, disappear, arrive, exist, survive, remain 등
자동사 + 전치사	consist of, depend on, result from, belong to 등

Check Up 괄호 안에서 알맞은 것을 고르시오.

1 Communication can [lack / be lacked] between managers and employees.

2 A house fire [occurred / was occurred] last night on Chestnut Street.

Basic Practice

정답 및 해설 p.15

A 네모 안에서 어법상 알맞은 것을 고르시오.

1 The comet discovered / was discovered by a British astronomer in the 19th century.

2 The majority of Americans oppose / are opposed to this war.

3 In many ways, the film resembles / is resembled by a puzzle book.

4 The air we breathe consists / is consisted of oxygen and nitrogen.

5 These ideas have supported / been supported by research on learning. 학평기출응용

6 The improvement has resulted / been resulted from a number of factors.

7 Every human being wants to belong / be belonged to others for survival.

B 밑줄 친 부분이 어법상 맞으면 ○표 하고, 틀리면 바르게 고쳐 쓰시오.

1 Digital cameras are preferred by professional photographers these days.

2 Everything went well until the day a twenty-dollar bill was disappeared. 학평기출응용

3 Andrea married to a high school teacher and had five children.

4 In remote places villagers are accustomed to going to sleep early and getting up early.

C 우리말과 같은 뜻이 되도록 괄호 안의 말을 이용하여 문장을 완성하시오.

1 그의 왕국은 히말라야산맥 기슭에 위치했다. (locate)

→ His kingdom _____ _____ at the foot of the Himalayas. 학평기출응용

2 음식이 요리되고 있는 동안 수프를 맛있게 드세요. (cook)

→ While your food _____ _____ _____, enjoy our soup.

3 아주 멀리 있는 별들은 이 망원경으로 관측될 수 있다. (can, observe)

→ Very distant stars _____ _____ _____ with this telescope.

4 소금은 수천 년 동안 음식을 보존하는 데 사용되어 왔다. (use)

→ Salt _____ _____ _____ to preserve foods for thousands of years.

Words astronomer 천문학자 nitrogen 질소 remote 외딴, 외진 foot (산의) 기슭 preserve 보존하다

Point 3

4형식, 5형식 문장의 수동태

- 4형식 문장을 수동태로 전환하면 **동사 뒤에 직접목적어** 또는 「**전치사(to, for, of) + 간접목적어**」가 남는다.
- 5형식 문장을 수동태로 전환하면 **동사 뒤에 원래의 목적격보어**가 남는다.

> ¹Each child [gave / **was given**] a small wooden bowl with cookies.
> ↳ 4형식 문장의 간접목적어가 주어가 된 수동태
>
> ²Water and medicine **were sent** [the victims / **to the victims**] of the earthquake.
> ↳ 4형식 문장의 직접목적어가 주어가 된 수동태, 간접목적어 앞에 전치사가 옴
>
> ³In an experiment, actors [asked / **were asked**] to portray anger. 학평기출응용
> ↳ 5형식 문장의 수동태(원래의 목적격보어인 to부정사가 동사 뒤에 남음)

⊕Tip 수동태 문장에서 지각동사와 사역동사 make의 목적격보어로 쓰인 원형부정사는 to부정사로 전환된다.
단, 지각동사의 목적격보어로 쓰인 분사는 수동태 문장에서 그대로 쓴다.

⁴The players **were made** *to train* for several hours in the heat of summer.
⁵He **was seen** *crossing* the street.

Check Up 괄호 안에서 알맞은 것을 고르시오.

1 Food and beverage [offer / are offered] to all participants.

2 Two huge birds were seen [to land / land] at the top of a tree.

3 Most of the residents [forced / were forced] to leave their homes.

Point 4

목적어가 that절인 문장의 수동태

- 가주어 It이 수동태 문장을 이끌어 「**It is[was] + p.p. + that절**」의 형태가 된다.
  또는 that절의 주어를 수동태 문장의 주어로 하고 that절의 동사는 to부정사구로 전환한다.

> ¹We believe *that the capacity for laughter is a peculiarly human characteristic.*
>
> → **It is believed** *that the capacity for laughter is a peculiarly human characteristic.* 학평기출응용
> ↳ 가주어 It이 이끄는 수동태 문장
>
> → *The capacity for laughter* **is believed** *to be a peculiarly human characteristic.*
> ↳ that절의 주어를 문장의 주어로 쓴 수동태 문장

⊕Tip 수동태 문장에서 유의할 동사구를 알아 두자. 동사구를 수동태로 바꿀 때 하나의 동사로 취급하여 뒤에 있는
부사나 전치사가 빠지지 않도록 유의한다.

bring up ~를 양육하다	put off ~을 미루다	laugh at ~를 비웃다
run over ~를 치다	pay attention to ~에 주목하다	make up for ~을 보상[만회]하다
turn down ~을 거절하다	take care of ~를 돌보다	regard[look upon]A as B A를 B로 간주하다

Check Up 괄호 안에서 알맞은 것을 고르시오.

1 [It / That] is said that climate change is the biggest risk to human health.

2 Next year [expects / is expected] to be even more challenging than this year.

3 She was taken [care / care of] by her Uncle Otto and Aunt Hulda. 학평기출응용

Basic Practice

정답 및 해설 p.16

A 네모 안에서 어법상 알맞은 것을 고르시오.

1 A text message sent / was sent to her cellphone from an unknown caller.

2 Adam Smith considers / is considered as the father of modern economics.

3 A truck was heard pass / to pass through at a late hour.

4 The player was laughed at / laughed by his coach at his first football trial.

5 Every morning we required / were required to make our bed to perfection. 학평기출응용

6 It / This is expected that the economy will begin its recovery next year.

7 The students made / were made to sit 1.5 meters apart in the examination hall.

B 밑줄 친 부분이 어법상 맞으면 O표 하고, **틀리면** 바르게 고쳐 쓰시오.

1 Treatment was excellent and medicine <u>was provided each patient</u>.

2 Bathing <u>should be put off</u> until the wound fully heals.

3 The guy <u>was seen break</u> into the building in the middle of the night.

4 Passengers are not <u>allowed to eat</u> food in the vehicle.

C 우리말과 같은 뜻이 되도록 괄호 안의 말을 이용하여 문장을 완성하시오.

1 남부 아프리카가 원산지인 직은 식물인 리돕스는 '살아있는 돌'로 불리어 왔다. (call)

→ Lithops, small plants from southern Africa, have _____ _____ "living stones." 학평기출응용

2 이 사안은 정부에 의해 관심 받아야 한다. (pay attention to)

→ This issue should _____ _____ _____ __ _____ by the government.

3 모든 회원이 그 기금 모금 활동에 참여할 것으로 예상된다. (expect, participate)

→ Every member _____ _____ _____ _____ in the fundraising activities.

4 노예들은 추수철 동안에는 더 오랜 시간을 일하게 되었다. (make, work)

→ Slaves _____ _____ _____ _____ longer hours during harvest times.

Words trial 시도, 시험 to perfection 완전히 fundraising 자금 조달의, 모금의 harvest 추수, 수확

어법

[1-7] 네모 안에서 어법상 알맞은 것을 고르시오.

1 The special exhibition had been | planning / planned | for almost three years.

exhibition 전시회

2 Participants | asked / were asked | to predict the price change of wheat.

3 Basic survival | depends / is depended | on the ability to perceive causes and predict effects. 학평기출응용

perceive 인식[인지]하다

4 She was really amazed when she | offered / was offered | the job.

5 Sir Isaac Newton discovered that light is | composed / consisted | of seven colors in 1665.

6 We have | received / been received | reports that some residents have been disturbed by the noisy barking of dogs.

disturb 방해하다

7 Traditionally, men | have / have been | expected to be the breadwinners and women the homemakers. 학평기출응용

breadwinner 밥벌이를 하는 사람, 가장

8 다음 중 밑줄 친 부분이 어법상 **틀린** 것을 고르시오.

① The history of map making <u>was traced</u> to more than 5,000 years ago.

② Our request for a room change <u>was turned down</u> immediately.

③ Water <u>was brought for</u> the thirsty travelers from a nearby well.

④ The two companions <u>were remained</u> silent until they completed their journey.

⑤ Reduced rainfall <u>has been believed</u> to cause the production of low-quality tea.

trace 기원을 밝히다

companion 동반자, 친구
journey 여정

9 다음 중 어법상 **틀린** 것을 <u>두 개</u> 고르시오.

① Her phone is filled with the photos of her travels around the world.

② He was hit by a bicycle and his right leg was broken.

③ A woman elected to the U.S. Congress before women could even vote.

④ Human babies are looked upon as helpless, needy, and dependent.

⑤ Great differences are existed with regard to climate between northern and southern Italy.

congress 의회
helpless 무력한
needy 애정에 굶주린; 궁핍한
with regard to ~와 관련하여

[10-12] 다음을 읽고, 어법상 **틀린** 부분을 찾아 바르게 고치시오.

10 What are some other systems that are resembled by the Caste system?

11 One way of measuring temperature occurs if an object is hot enough to visibly glow, such as a metal poker that has left in a fire. 학평기출응용

glow 빨갛게 타오르다
poker 부지깽이

12 On Black Tuesday, October 24th, 1929, the most shocking stock market crash was happened in U.S. history. It widely believes that this financial crisis caused countless deaths by suicide, but this was not the case. There were only two. (2개)

stock market 주식 시장

crash 붕괴

💧 **내신 서술형**

[13-16] 우리말과 같은 뜻이 되도록 괄호 안의 말을 한 번씩 사용하여 바르게 배열하시오.
(단, 밑줄 친 단어의 어형을 바꿀 것)

13 그 호수는 도시의 북쪽에 위치한다. (locate / the north / the city / of / in)
→ The lake _____.

14 수상자는 7월 15일에 웹사이트에서 발표될 것입니다.
(will / on July 15th / the website / announce / on) 학평기출응용
→ The winners _____.

announce 발표하다

15 그 영화는 많은 관객을 끌어 모을 것으로 생각했지만, 그렇지 않았다.
(many / believe / attract / it / , but / to / viewers / didn't)
→ The movie _____.

16 지진 동안 많은 주민이 집을 떠나게 되었다.
(during / their homes / leave / the earthquake / make)
→ Many residents _____.

📖 **고난도**

17 다음을 읽고, (1), (2), (3)에 주어진 말을 어법상 알맞은 형태로 고쳐 쓰시오.

At one time, Pluto (1) considered to be the ninth planet in our solar system and the farthest from the Sun. At the current time, it (2) categorizes as the largest dwarf planet. This reclassification happened in 2006. The decision (3) debates and discusses since then and it may be overturned in the future.

Pluto 명왕성
categorize 분류하다
dwarf planet 왜소행성
reclassification 재분류
overturn 뒤집다

(1) _____ (2) _____ (3) _____

18 다음을 읽고, 밑줄 친 우리말을 다음 조건에 맞게 영작하시오.

> Police said that a limousine had been driving down Queen's Road on Saturday around 19:50 before it skidded and struck a brick wall near the bottom of the hill. Two men, who did not appear to be injured, 그 차에서 나오는 것이 목격되었다. They left the scene before the police arrived.

조건 1. see, get out of, the car를 사용할 것   2. 수동태를 사용할 것

→ _____

내신
선택형

19 다음 글의 밑줄 친 ⓐ~ⓔ 중 어법상 **틀린** 것끼리 짝지어진 것을 고르시오.

> The loss of many traditional jobs ⓐ are likely to be partly offset by the creation of new human jobs. Doctors who focus on diagnosing known diseases and giving familiar treatments will probably ⓑ be replaced by AI doctors. But because of that, there will be much more money to pay human doctors ⓒ to do research and develop new medicines. AI might help ⓓ create new human jobs in another way. Instead of humans competing with AI, they could focus on using AI. For example, the replacement of human pilots by drones ⓔ has been eliminated some jobs but created many new opportunities in maintenance, remote control, and data analysis. 학평기출응용
> * offset: 상쇄하다

① ⓐ, ⓒ   ② ⓐ, ⓔ   ③ ⓐ, ⓓ, ⓔ   ④ ⓑ, ⓒ, ⓓ   ⑤ ⓑ, ⓒ, ⓔ

🔷 수능형

20 다음 글의 밑줄 친 부분 중, 어법상 **틀린** 것은?

> On June 8, 1941 my grandmother, Helen Corrigan, ① married to her very long-term sweetheart, my grandfather Eddie Power. Helen was a first-grade teacher with 15 years of experience, and was 37 years old. Her late age at marriage was in part ② because of the marriage bar on teachers in the Boston Public Schools. So absolute ③ was this prohibition to married teachers that even though the school year was just a couple of weeks from ending, Helen was not allowed to return to her first-grade students to finish the school year. The economic implications of such policies ④ were serious. Marriage bars severely restricted my grandmother's ability ⑤ to earn a return on her educational investment.

---

limousine 리무진(대형 승용차)

skid 미끄러지다

diagnose 진단하다

replacement 대체, 교체

eliminate 없애다, 제거하다

maintenance 정비

analysis 분석

sweetheart 연인

marriage bar 결혼 빗장(기혼 여성의 취업 제한)

prohibition 금지

implication 영향

restrict 제한하다

return 수익

Chapter Test

정답 및 해설 p.18

I. 어법

[1-8] 네모 안에서 어법상 알맞은 것을 고르시오.

1 The expression | appeared / was appeared | in the mid-19th century.

2 The astronomer explained that many asteroids | orbit / orbited | around Jupiter.

3 The European Union | composes / is composed | of twenty-seven member states.

4 We don't know if the mayor | attends / will attend | the opening ceremony tomorrow.

5 Hardly had the plane taken off when the pilot | announced / has announced | an emergency.

6 We have been | providing / provided | music education to talented children for 10 years.

7 We can make sure that the tests are scientifically valid. But we will not tell you which substances you breathed in until we | have / will have | finished all our tests.

8 The effect of worry | strengthens / is strengthened | even more by the fact that it | often occurs / is often occurred | while you're multitasking. 학평기출응용

[9-13] 다음을 읽고, 어법상 **틀린** 부분을 찾아 바르게 고쳐 쓰시오.

9 If you will choose the safe option all of your life, you will never grow.

10 I brought up to believe that if I get lost in a forest, I will end up where I started. 학평기출응용

11 The next time you will visit the same website, the browser will give back the cookie to identify you.

12 For many years archaeologists believed that pottery first invented in the Near East in 9,000 B.C. In the 1960s, however, older pots from 10,000 B.C. found in Japan. (2개) 학평기출응용

13 The Industrial Revolution has begun in Great Britain in the 18th century, with a number of technical innovations. Britain also had lots of coal and iron ore, which needed to power and make the machines that were required by industrialization. (2개)

Words asteroid 소행성 mayor 시장 opening ceremony 개회식 substance 물질 multitask 다중 작업을 하다 archaeologist 고고학자 pottery 도기류 iron ore 철광석 industrialization 산업화

14 다음 중 밑줄 친 부분이 어법상 맞는 것을 고르시오.

① The anticipation he had felt <u>was disappeared</u> in a flash. 학평기출응용

② No sooner had the ship left the port than a terrible storm <u>comes</u>.

③ The husband <u>had washed</u> the dishes before the wife came home.

④ It is very easy as long as you <u>will follow</u> the guidelines step by step.

⑤ Since then the recommendation <u>has adopted</u> almost everywhere.

15 다음 중 어법상 <u>틀린</u> 문장끼리 짝지어진 것을 고르시오.

ⓐ I'll lend you the money provided you will pay me back by next week.
ⓑ The research found that over 90 percent of American teens have smartphones now.
ⓒ Until she went to America, Dorothy had not spoken English.
ⓓ People can be better motivated by intrinsic rewards than by extrinsic rewards. 학평기출응용
ⓔ The actress announced that she will no longer be appearing in television series.

① ⓐ, ⓒ　　② ⓐ, ⓔ　　③ ⓐ, ⓑ, ⓔ　　④ ⓑ, ⓒ, ⓓ　　⑤ ⓑ, ⓒ, ⓔ

16 다음 중 어법상 알맞은 문장의 개수를 고르시오.

ⓐ The vaccine will be offered to people who are most at risk from the virus.
ⓑ He couldn't remember the last time his parents had taken him on a vacation. 학평기출응용
ⓒ Which scientist developed the theory that the Sun was the center of our universe?
ⓓ Taif has been called the unofficial summer capital of Saudi Arabia.
ⓔ Serious mental health issues should be taken care by professionals.

① 1개　　② 2개　　③ 3개　　④ 4개　　⑤ 5개

17 다음 밑줄 친 부분 ⓐ~ⓓ 중, 어법상 <u>틀린</u> 것끼리 짝지어진 것을 고르시오.

Organisms living in the deep sea ⓐ<u>have adapted</u> to the high pressure by storing water in their bodies. Some of them ⓑ<u>are consisted</u> almost entirely of water. Most deep-sea organisms ⓒ<u>is lacked</u> gas bladders. They are cold-blooded organisms that adjust their body temperature to their environment, allowing them to survive in the cold water while they ⓓ<u>maintain</u> a low metabolism. 학평기출응용　　* bladder (물고기의) 부레

① ⓐ, ⓑ　　② ⓐ, ⓒ　　③ ⓑ, ⓒ　　④ ⓑ, ⓓ　　⑤ ⓒ, ⓓ

Words in a flash 눈 깜짝할 새에　adopt 채택하다　intrinsic 내적인　extrinsic 외적인　unofficial 비공식적인　organism 유기체　entirely 전적으로　cold-blooded 냉혈의　metabolism 신진대사

[18-21] 우리말과 같은 뜻이 되도록 괄호 안의 말을 이용하여 문장을 완성하시오.
(단, 필요시 단어를 추가하고, 어형을 바꿀 것)

18 원자는 모든 물질의 기본 구성 요소로 여겨진다. (consider, as)

→ An atom _____ the building block of all matter.

19 우리가 런던에 도착한 이래로 거의 매일 비가 오고 있다. (it, rain)

→ _____ almost every day since we arrived at London.

20 경찰관이 그 용의자를 보기가 무섭게 그는 달아나기 시작했다. (see, the police officer)

→ Scarcely _____ the suspect when he started fleeing away.

21 다음 주에 그 밴드가 경기장에서 콘서트를 할 것이라는 게 확실하니? (if, the band, have, concert)

→ Are you sure _____ at the stadium next week?

[22-25] 우리말과 같은 뜻이 되도록 주어진 단어를 배열하여 문장을 완성하시오.
(단, 필요시 단어를 추가하고, 밑줄 친 단어의 어형을 바꿀 것)

22 그들이 그곳에 도착했을 때 그 가게는 이미 문을 닫았다.

when / got / they / close / there / already

→ The shop _____.

23 Becky가 건물에 들어서자마자 한 경비원이 그녀에게 다가왔다.

Becky / the building / enter / approached her / than / sooner / a guard

→ No _____.

24 여기에 이사한 이후로, 나는 좋은 친구들 몇 명을 사귀었다.

I / I / make / here / good / moved / some / friends

→ Since _____.

25 우리는 물이 섭씨 0도에서 언다고 배웠다.

at zero degrees Celsius / freeze / learned / water / that

→ We _____.

Words building block 기본 구성 요소 suspect 용의자 Celsius 섭씨의

26 다음 글의 밑줄 친 부분 중 어법상 어색한 것을 두 개 찾아 바르게 고쳐 쓰시오.

> The color of stars ⓐis related to their temperature. Since people cannot as yet travel the great distances to the stars and measure their temperature in a more precise way, astronomers ⓑis relied on their color. The interior of the star is at a much higher temperature, though it ⓒis concealed. But the information which ⓓobtains from the color of the star is still useful. 학평기출응용

	어색한 부분(기호)		고친 표현
(1)	_____	→	_____
(2)	_____	→	_____

[27-28] 다음 글을 읽고 물음에 답하시오.

> Humans are a social species. Our need to ⓐbelong might not seem to be in the same category as our need for food and sleep. However, many studies show that affiliation works ⓑsimilarly to the other motivations. 사람들이 자신들의 행복에 어떤 즐거움이 가장 중요한지를 찾으라고 요청 받을 때, the overwhelming majority rate love, intimacy, and social affiliation above wealth, fame, and even physical health. Not only ⓒdo people value affiliation, but a lack of connection with others can have devastating effects. Solitary confinement ⓓviews as one of the worst punishments that humans inflict on one another. The effects of social isolation ⓔseem to be as harmful to good health as high blood pressure, lack of exercise, obesity, or smoking.   *affiliation 소속

27 윗글의 밑줄 친 부분 중 어법상 어색한 것을 고르시오.

① ⓐ   ② ⓑ   ③ ⓒ   ④ ⓓ   ⑤ ⓔ

28 윗글의 밑줄 친 우리말과 같은 뜻이 되도록 〈보기〉의 주어진 단어들을 배열하여 문장을 완성하시오. (단, 필요시 어형을 바꿀 것)

> 보기 pleasures / to identify / are / most / ask / which / people / important / are

→ When _____ to their happiness

Words **as yet** 아직(까지) **precise** 정밀한, 정확한 **interior** 내부 **conceal** 감추다 **obtain** 얻다, 획득하다 **overwhelming** 압도적인
rate 평가하다, 여기다 **intimacy** 친밀감 **devastating** 대단히 파괴적인 **solitary** 혼자의, 외톨이의 **confinement** 감금, 구금 **inflict** 가하다

29 다음 글의 밑줄 친 부분 중, 어법상 틀린 것은?

Since ancient times, humans ①have marked the movements of the Sun with various names and ceremonies. The summer solstice ②occurs on June 22. It marks the day when the Sun has made its greatest progression northward. The winter solstice, on December 22, marks its southernmost progression. The halfway points are also ③marked by the autumnal (fall) equinox (September 22) and the vernal (spring) equinox (March 22). Historically, the year ④believed to begin after the autumnal equinox. It was when the good times were finished and the long, cold nights of winter were ⑤approaching.

*summer/winter solstice 하지/동지 **autumnal/vernal equinox 추분/춘분

30 다음 글의 밑줄 친 부분 중, 어법상 틀린 것은?

It was headline news for the BBC not long ago: "If you want to live a healthier life, ①get a dog." Those who own dogs would not be surprised to read this. And those who study the relationships between dogs and their owners ②have known this particular bottom line for quite some time. As dog scientist Deborah Wells has observed, dogs can prevent us from ③being become ill, can help us recover from being ill, and can even alert us that we may be going to be ill. Dog owners who suffer heart attacks ④are nearly nine times more likely to survive the following year than those who do not own dogs (cats do not help at all here). Therapy dogs decrease the stress levels, and increase the social interactions, of people who ⑤are visited by them. The list goes on and on.

Words progression 진행, 진전 bottom line (사실의) 핵심 observe 말하다; 관찰하다 therapy 치료

Chapter 3

준동사

to부정사/동명사

Warm-up

✦ 기본 개념 확인

Q1 동사의 목적어로 to부정사와 동명사 둘 다 올 수 있다. [O / X]

Q2 to부정사의 의미상 주어 앞에는 전치사가 오지 않는다. [O / X]

Q3 전치사 to 뒤에는 [동사원형 / (동)명사]이[가] 온다.

✦ to부정사와 동명사의 역할

to부정사	명사 역할	**To achieve** the goal is important to me. (주어) I want **to take** a picture of you. (목적어) One way to manage time is **to use** a planner. (보어)
	형용사 역할	I need a chair **to sit** on. (명사 수식)
	부사 역할	She came here **to find** a job. (목적) I'm glad **to see** you again. (원인) She grew up **to be** a scientist. (결과) He must be smart **to pass** the exam. (판단의 근거) This application is easy **to use**. (형용사 수식)
동명사	명사 역할	**Playing** basketball is my only hobby. (주어) The boy likes **swimming** and **reading**. (목적어) He is very good at **reading** maps. (전치사의 목적어) Her dream is **winning** an Olympic gold medal. (보어)

UNIT 5 : to부정사 / 동명사

Point 1

동사의 목적어로 쓰이는 to부정사와 동명사

• to부정사와 동명사를 각각 목적어로 취하는 동사를 알아 둔다.

- **동사 + to부정사**: want, decide, plan, intend, choose, agree, refuse, hope, promise, expect, learn, manage 등

- **동사 + 동명사**: enjoy, keep, admit, deny, quit, give up, finish, avoid, mind, consider, suggest, put off 등

> [1] I *decided* [**to use** / using] kind words more just like you. 학평기출응용
> └ decide는 to부정사를 목적어로 취함
>
> [2] Anna *is considering* [to adopt / **adopting**] a senior dog from a shelter.
> └ consider는 동명사를 목적어로 취함

⊕Tip 동사 뒤에 to부정사와 동명사가 왔을 때 의미 차이가 있는 동사를 알아 두자.

동사	+ to부정사	+ 동명사
forget	(미래에) ~할 것을 잊다	(과거에) ~했던 것을 잊다
remember	(미래에) ~할 것을 기억하다	(과거에) ~했던 것을 기억하다
regret	(미래·현재에) ~하게 되어 유감이다	(과거에) ~했던 것을 후회하다
try	~하려고 노력하다	(시험 삼아) ~해 보다
stop	~하기 위해 멈추다	~하는 것을 멈추다

Check Up 괄호 안에서 알맞은 것을 고르시오.

1 He refused [to give / giving] the money to the beggar.

2 Do you remember [to come / coming] here when you were young?

3 Please stop [to worry / worrying] about your future. You'll be fine.

Point 2

가목적어, 진목적어

• 목적어 역할을 하는 **to부정사구**가 길어지면 그 자리에 **가목적어 it**이 대신하고, to부정사구(진목적어)는 뒤로 간다.

• 가목적어 it은 think, find, consider, make, believe 등의 동사와 함께 주로 사용된다.

> [1] I find **it** hard to talk to strangers.
> 　　　가목적어　　진목적어
>
> [2] Thomas considers **it** his duty to fight crime and keep people safe.
> 　　　　　　　　가목적어　　　진목적어

cf. it이 가주어, to부정사구가 진주어로도 쓰인다.

> [3] **It** is impossible to love and to be wise.
> 가주어　　　진주어

Check Up 다음 문장에서 진목적어에 밑줄을 그으시오.

1 I find it rude to chew with your mouth open during a meal.

2 He makes it a rule to take a walk every day.

Basic Practice

정답 및 해설 p.21

A 네모 안에서 어법상 알맞은 것을 고르시오.

1 Mary says she wants to give / giving it a try.

2 I forgot to bring / bringing my laptop. Let me go back and get it.

3 We're looking for volunteers who enjoy to be / being with children.

4 She makes it a rule to go / going to bed at 9 o'clock.

5 We need to stop to use / using plastic straws for the environment.

6 Electricity made it possible provide / to provide energy for electronics.

7 This / It was impossible to get the type of silence they sought. 학평기출응용

B 밑줄 친 부분이 어법상 맞으면 ○표 하고, **틀리면** 바르게 고쳐 쓰시오.

1 They refused to speak to each other and walked away.

2 If you have too much of a stimulant, you will find it difficult sleeping. 학평기출응용

3 My mother's birthday is coming up. I don't want to put off to buy a gift.

4 Try wearing extra jackets on a hot, humid day and run a mile. 학평기출응용

C 우리말과 같은 뜻이 되도록 괄호 안의 말을 이용하여 문장을 완성하시오.

1 귀하의 제안이 받아들여지지 않았음을 알리게 되어 유감입니다. (regret, inform)

→ We _____ you that your proposal was not accepted.

2 그들은 매우 바빠서 사진 찍는 것을 아예 잊었다. (forget, take)

→ They were so busy that they _____ any pictures at all.

3 나는 당신이 이 일과 아무 관련이 없었다는 게 믿기 힘들다. (find, hard, believe)

→ I _____ that you had nothing to do with this.

4 사고 후에 당신이 그 역 거기에 앉아 있던 것을 기억하십니까? (remember, sit)

→ Do you _____ in the station there after the accident?

Words electronics 전자 기기, 전자 제품 stimulant 각성제 inform 알리다, 통지하다 have nothing to do with ~와 관련이 없다

to부정사와 동명사의 의미상 주어

· to부정사의 의미상 주어는 「for + 목적격」으로 나타낸다. 단, **사람의 성격이나 태도를 나타내는 형용사**가 오면 「of + 목적격」으로 나타낸다.

· 동명사의 의미상 주어는 **소유격이나 목적격**으로 나타낸다.

> [1] The topics are very easy **for the students** *to understand.*
>   ↳ to understand의 의미상 주어
>
> [2] It is considerate **of you** *to give* your seat to the old lady.
>   ↳ to give의 의미상 주어이며, 사람의 성격·태도를 나타내는 형용사가 있으므로 of you로 씀
>
> [3] My daughter likes **me** *reading* books to her before bed.
>   ↳ reading의 의미상 주어

⊕Tip 사람의 성격이나 태도를 나타내는 형용사

kind, nice, considerate, thoughtful, clever, wise, foolish, silly, stupid, polite, rude, careless, naive 등

cf. to부정사·동명사의 의미상 주어가 문장의 주어·목적어와 일치하거나 일반인일 때는 의미상 주어를 생략한다.
    [4] Thank *you* for **coming** to the party. (목적어 you와 coming의 의미상 주어가 일치)
    [5] It is dangerous **to swim** here. (to swim의 의미상 주어는 일반인)

Check Up 괄호 안에서 알맞은 것을 고르시오.

  1 It was clever [for / of] the fox to trick the tiger.

  2 His mother is proud of [him / he] being a police officer.

to부정사와 동명사의 시제 · 태

· to부정사, 동명사의 시제는 문장의 동사의 시제와 같으면 단순형, 그보다 앞선 시점이면 완료형 「**to have + p.p.**」, 「**having + p.p.**」로 각각 나타낸다.

· 태는 의미상 주어와의 관계가 수동이면 수동태 「**to be + p.p.**」, 「**being + p.p.**」로 각각 나타낸다.
문장의 시제보다 앞선 시점이면 완료형 수동태 「to have been + p.p.」, 「having been + p.p.」를 쓴다.

> [1] She *seems* **to have met** him in person last week.
>   ↳ 문장의 동사 seems가 나타내는 현재보다 더 과거의 일을 나타냄
>
> [2] The thief *admits* **having stolen** the purse.
>   ↳ 문장의 동사 admits가 나타내는 현재보다 더 과거의 일을 나타냄
>
> [3] This gun *seems* **to have been used** in World War II.
>   ↳ seems가 나타내는 현재보다 더 과거의 일을 나타내면서 수동태임
>
> [4] He finally *admitted* **having been left** out of the team.
>   ↳ admitted가 나타내는 과거보다 더 과거의 일을 나타내면서 수동태임

Check Up 괄호 안에서 알맞은 것을 고르시오.

  1 He seems to [lie / have lied] to me yesterday.

  2 This shirt needs [to wash / to be washed].

  3 The child is afraid of [being punished / having been punished] in school.

Basic Practice

⊘ 정답 및 해설 p.22

A 네모 안에서 어법상 알맞은 것을 고르시오.

1 It is kind [for / of] you to spend time with us today.

2 His mother was afraid of [him / he] getting injured.

3 It is impossible [for / of] him to be present at every meeting.

4 The student regretted [having cheated / having been cheated] on the last test.

5 They seem to [have / have had] a good time at the party yesterday.

6 It is better [for / of] you to be open-minded and have faith in others.

7 We need to make a few changes to the menu for it [to be / being] displayed outside.

B 밑줄 친 부분이 어법상 맞으면 ○표 하고, 틀리면 바르게 고쳐 쓰시오.

1 Chickens seem to <u>have domesticated</u> about 8,000 years ago.

2 Newborns come to associate gentle rocking with <u>being fed</u>. 학평기출응용

3 I know it is hard <u>of me</u> to win against those defensive players.

4 The present temple is believed <u>to have been rebuilt</u> around 1900. 학평기출응용

C 우리말과 같은 뜻이 되도록 괄호 안의 말을 이용하여 문장을 완성하시오.

1 그 프로그램은 더 많은 학생들이 배울 기회를 얻는 결과를 가져왔다. (give)
   → The program resulted in more students _____ _____ an opportunity to learn.

2 그 사진은 누군가에 의해 지워졌던 것으로 보인다. (be, delete)
   → The photo seems _____ _____ _____ _____ by someone.

3 나는 그들이 어젯밤 했던 것보다 더 잘한다는 것을 상상할 수 없다. (imagine, them, play)
   → I can't _____ _____ _____ any better than they did last night.

4 그녀가 돈을 돌려받을 것이라고 생각한 것은 순진했다. (naive, her, think)
   → It was _____ _____ _____ _____ _____ that she would get her money back.

Words   **present** 참석한 **faith** 믿음 **domesticate** 길들이다, 사육하다 **associate ~ with** …를 …와 연관시키다 **defensive** 수비의 **naive** 순진한

Point 5 목적격보어로 쓰이는 to부정사

• to부정사는 5형식 문장 「주어 + 동사 + 목적어 + 목적격보어」에서 목적격보어 역할을 할 수 있다.

> [1] Problems that need solutions *force* us [**to use** / using] our brains. 학평기출응용
> └→ force는 to부정사를 목적격보어로 취함
>
> [2] The tourists *asked* him [**to take** / taking] a picture of them.
> └→ ask는 to부정사를 목적격보어로 취함

⊕Tip to부정사를 목적격보어로 취하는 동사를 알아 두자.

> allow, permit, enable, cause, persuade, encourage, inspire, advise, ask, require, urge, order, force, compel, forbid, teach, tell, want 등

cf. 수동태 문장으로 쓰인 경우 목적격보어인 to부정사는 그대로 쓴다.
[3] Children *are encouraged* **to try** new things.

Check Up 다음 문장에서 목적격보어에 밑줄을 그으시오.

1 They persuaded him to go to the ceremony.

2 The teacher advised the student to take a writing course.

3 This event requires you to register online.

Point 6 to부정사의 to vs. 전치사 to

• **to부정사의 to** 뒤에는 **동사원형**이 오고, **전치사 to** 뒤에는 **(동)명사(구)**가 온다.

> [1] You *are likely* **to purchase** items placed at eye level in the grocery store. 학평기출응용
> to부정사(to + 동사원형)
>
> [2] We *look forward* **to seeing** excellent work from you.
> 전치사 to + 동명사

⊕Tip to부정사와 「전치사 to + 동명사」를 관용적으로 쓰는 표현들을 각각 알아 두자.

to부정사 관용 표현	「전치사 to + 동명사」 관용 표현
be about to v 막 ~하려고 하다	
be likely to v ~할 것 같다, ~할 가능성이 있다	be used[accustomed] to -ing ~에 익숙하다
be used to v ~하기 위해[~하는 데] 사용되다	look forward to -ing ~을 고대하다
be willing to v 기꺼이 ~하다	object to -ing ~에 반대하다
be eager to v 몹시 ~하고 싶어 하다	be devoted to -ing ~에 전념[헌신]하다
be ready to v ~할 준비가 되어 있다	

Check Up 괄호 안에서 알맞은 것을 고르시오.

1 I was about to [email / emailing] you about this.

2 The child is used to [walk / walking] to school in the morning.

3 That nice girl is always willing to [help / helping] others.

Basic Practice

정답 및 해설 p.23

A 네모 안에서 어법상 알맞은 것을 고르시오.

1 He built the structure and forbade anyone touch / to touch it.

2 The fund is used to help / helping those in need of healthy food.

3 She is looking forward to visit / visiting her uncle in Seoul.

4 The company is ready to launching / launch a new product online.

5 This program will enable students to perform / perform well in teams. 학평기출응용

6 The residents were asked to stay / staying inside until the roof was fixed.

7 We are more likely to eat / eating in a restaurant if we know that it is usually busy. 학평기출응용

B 밑줄 친 부분이 어법상 맞으면 ○표 하고, 틀리면 바르게 고쳐 쓰시오.

1 I strongly object to the destruction of the wetlands.

2 We allow other people to influence our choices. 학평기출응용

3 I was about to throwing my napkins away as I left.

4 The students were required doing additional work to improve their skills.

C 우리말과 같은 뜻이 되도록 괄호 안의 말을 이용하여 문장을 완성하시오.

1 그는 그녀에게 마음을 바꾸라고 설득했다. (persuade, change)

   → He _____ her mind.

2 Harry는 막내로서, 형들을 위해 심부름하는 것에 익숙하다. (be, used, run)

   → Being the youngest, Harry _____ errands for his older brothers.

3 그 개들은 달리러 나가기를 몹시 원했다. (be, eager, go)

   → The dogs _____ out for a run.

4 그들은 전쟁고아들에게 집과 교육을 제공하는 데 헌신해 왔다. (devoted, provide)

   → They have _____ war orphans with homes and education.

Words structure 건축물, 구조물 launch 출시하다 destruction 파괴 wetland 습지 additional 추가적인 run errands 심부름을 하다
war orphan 전쟁고아

Unit Test

어법

[1-7] 네모 안에서 어법상 알맞은 것을 고르시오.

1 The Youtuber is considering to write / writing a book about communication skills.

2 Be nice and remember to say / saying a kind word to someone who is down. 학평기출응용

3 Tara found it hard adjusting / to adjust to living in the big city.

4 It was clever for / of the monkey to use a stick to get the fruit.

5 I am willing to accept / accepting others' ideas and change my perspective.

perspective 관점

6 The boy admitted to have opened / having opened the box when it arrived yesterday.

7 The officer did not want to listen to me and refused discussing / to discuss the matter with me.

8 다음 중 밑줄 친 부분이 어법상 틀린 것을 고르시오.

① People like to be liked and like to get compliments. 학평기출응용

② My grandfather is proud of having been a firefighter.

③ It is illegal to drive faster than the speed limit.

④ The Internet enables us communicating with people all over the world.

⑤ My father stopped smoking a year ago, and his health got better.

compliment 칭찬

illegal 불법의

9 다음 중 어법상 틀린 것을 두 개 고르시오.

① A decision is not likely to be made until late in the summer.

② He is not accustomed to driving on the left in Japan yet.

③ I remember to play with rocks and sticks when I was a kid.

④ People there were kind and generous, so I am sad to have left. 학평기출응용

⑤ My friend Lisa considers it difficult communicating with strangers.

[10-12] 다음을 읽고, 어법상 **틀린** 부분을 찾아 바르게 고치시오.

10 It is my humble request to you to allow us using the old newspapers in the library.

학평기출응용

humble 겸허한, 겸손한

11 Many people find it very difficult lose weight even though they exercise regularly and eat right.

12 My daughter Sophie woke up late and nearly missed the school bus. I told her off and she cried. I hate she going to school angry. When she came back from school, I admitted being too hard on her in the morning and said I was sorry. (2개)

tell off 야단치다

be hard on ~에게 심하게 대하다

🖋 내신 서술형

[13-16] 우리말과 같은 뜻이 되도록 괄호 안의 말을 한 번씩 사용하여 바르게 배열하시오.
(단, 한 단어를 추가할 것)

13 그 문제는 이미 해결된 것 같다.
(solved / appears / have / the problem / been)

→ _____ already.

14 그 장교는 군인들에게 음식도 없이 행군하도록 강요했다.
(forced / march / with / the solders / the officer / no food)

march 행군하다

→ _____

15 장기적인 가뭄은 농업에 큰 영향을 미칠 것 같다.
(drought / on agriculture / likely / have / long-term / a big effect / is)

drought 가뭄

→ _____

16 그 똑똑한 학생이 그 문제를 푸는 것은 쉬웠다.
(easy / was / the smart student / the problem / solve / it / to)

→ _____

📘 고난도

17 다음을 읽고, (1), (2), (3)에 주어진 말을 어법상 알맞은 형태로 고쳐 쓰시오.

composer 작곡가

> As a composer, I've been looking for a good singer. However, it was very difficult (1) of me to find one. Then Jayden came and sang in front of me. I will never forget (2) to hear her sing. I wanted to hear her over and over again. I intend (3) composing a lot of songs for her. I can't wait for the world to hear her voice!

(1) _____ (2) _____ (3) _____

18 다음을 읽고, 밑줄 친 우리말을 다음 조건에 맞게 영작하시오.

> I work at a bank managing online accounts. One day, our department was very busy answering phone calls and troubleshooting with customers. Then suddenly my boss left the office, leaving all the work to me. 그녀가 그렇게 한 것은 이기적이었다.

조건 1. selfish, do so를 사용할 것   2. 가주어 it과 to부정사를 사용할 것

→ _____

account 계좌

troubleshoot
문제를 분석·해결하다

내신
선택형

19 다음 글의 밑줄 친 ⓐ~ⓔ 중 어법상 **틀린** 것끼리 짝지어진 것을 **고르시오.**

> Many of us live our lives without examining why we habitually do what we do and think what we think. Why do we spend so much of each day ⓐworking? Why do we save up our money? If ⓑpressed to answer such questions, we may say "because that's what people like us do." But there is nothing necessary about any of these things; instead, we behave like this because the culture we belong to compels us ⓒdoing so. The culture that we inhabit shapes ⓓhow we think, feel, and act in the most pervasive ways. That is, we are likely ⓔbeing who we are because of our culture. 학평기출응용

① ⓐ, ⓒ   ② ⓑ, ⓒ   ③ ⓒ, ⓔ   ④ ⓑ, ⓒ, ⓓ   ⑤ ⓑ, ⓒ, ⓔ

examine 고찰하다
habitually 습관적으로
press 강요하다
compel 강요하다
inhabit ~에 살다
shape 형성하다
pervasive 널리 스며
있는, 만연하는

수능형

20 다음 글의 밑줄 친 부분 중, 어법상 **틀린** 것은?

> A new program will allow high school students as young as sophomores ①to enter college early. There are many benefits to this program, but unfortunately, there are downsides, too. Sophomores are ②generally not ready for adult life. They need the other two years of high school to be able to mature and ③prepare for college. The students of the world ④need a chance to grow up a bit before they are thrust into college life. The difficult assignments, the parties, the busy schedule: it would all be too much for a 15 or 16 year old. I object to students ⑤to go to college at an early age.

sophomore (4년제
대학이나 고등학교의)
2학년생(의)

downside 단점,
불리한 면

mature 성숙하다

be thrust into
~에 내몰리다

UNIT
6
분사

Warm-up

✦ 기본 개념 확인

Q1 현재분사는 [능동 / 수동]의 의미를 나타낸다.

Q2 과거분사는 [진행 / 완료]의 의미를 나타낸다.

Q3 분사의 수식을 받는 대상과 분사가 수동 관계이면 과거분사를 사용한다. [O / X]

✦ 분사의 종류와 역할

종류	현재분사	**falling** leaves (능동, 진행)
	과거분사	**fallen** leaves (수동, 완료)
역할	명사 수식	I heard some **interesting** news.
	보어 역할	She saw him **running** toward the house.
	진행형	The children are **playing** soccer.
	수동태	He was **shocked** by her death.
	완료형	I have **read** this book many times.
분사구문	동시동작	I listened to the music **jogging** in the park.
	연속동작	He closed the door, **walking** toward her.
	이유 / 원인	**Being** sick, the child couldn't go to school.
	결과	It snowed a lot, **ruining** our road trip.
	시간	**Finishing** her homework, she went to bed.
	조건	**Going** straight, you will see the building.
	양보	**Being** sick in bed, he still tried to finish his tasks.

UNIT 6 : 분사

현재분사 vs. 과거분사

· 현재분사는 **능동, 진행**(~한, ~하고 있는)의 의미를 나타낸다.
반면, 과거분사는 **수동, 완료**(~해진, ~된)의 의미를 나타낸다.

> [1]The children ran along with the [**rolling** / rolled] ball.
> └ 공이 굴러가는 것(능동의 의미)이므로 현재분사 사용
>
> [2]She was reading a book [writing / **written**] by the famous author.
> └ 책은 쓰여진 것(수동의 의미)이므로 과거분사 사용

+Tip 분사의 수식을 받는 명사를 정확히 찾아 그 명사와의 관계가 능동, 수동인지를 판단하여 현재분사와 과거분사를 쓴다.

[3]*The boys* **playing** in the park are twins.
└ 능동 관계

[4]We should maintain a **balanced** *diet*.
└ 수동 관계

Check Up 괄호 안에서 알맞은 것을 고르시오.

1 Who is the man [handing / handed] over the prize to Tony?

2 You must use the form [providing / provided] on the website.

감정을 나타내는 분사

· 분사가 수식하거나 보충 설명하는 대상이 **감정을 일으키는 주체**인 경우에 **현재분사**를 쓰고, **감정을 느끼는 대상**인 경우에 **과거분사**를 쓴다.

> [1]These delicious dishes will showcase the **amazing** *talents* of our chefs. 학평기출응용
> └ 재능이 놀라운 감정을 일으키는 주체이므로 현재분사 사용
>
> [2]The manager apologized to the **dissatisfied** *customer.*
> └ 손님이 불만족한 감정을 느낀 대상이므로 과거분사 사용

+Tip 감정을 나타내는 동사의 분사 형태를 알아 두자.

amusing 재미있는 – amused 재미있어하는	amazing 놀라운 – amazed 놀란
frightening 무섭게 하는 – frightened 겁먹은	confusing 혼란시키는 – confused 혼란스러워하는
annoying 성가신 – annoyed 짜증난	embarrassing 당혹스럽게 하는 – embarrassed 당혹스러운
touching 감동을 주는 – touched 감동을 받은	disappointing 실망스러운 – disappointed 실망한
dissatisfying 불만을 느끼게 하는 – dissatisfied 불만스러워하는	thrilling 오싹하게 하는, 감격시키는 – thrilled 오싹함을 느끼는, 감격한

Check Up 괄호 안에서 알맞은 것을 고르시오.

1 I heard a [frightening / frightened] story that made me cry.

2 The children were [exciting / excited] with the gifts.

3 She could see he was [annoying / annoyed], but she continued talking.

Basic Practice

정답 및 해설 p.25

A 네모 안에서 어법상 알맞은 것을 고르시오.

1 I followed him and found the |stealing / stolen| purse in his pocket.

2 It was an |exhausting / exhausted| day, so I decided to go to bed early.

3 She dipped the food in the bowl |containing / contained| fresh water.

4 Long lectures can easily make students feel |distracting / distracted|.

5 She was |thrilling / thrilled| to see the famous artist in person. 학평기출응용

6 The theater |built / building| in 1990 is an architectural masterpiece.

7 I want to share with you some |surprising / surprised| stories about the animal.

B 밑줄 친 부분이 어법상 맞으면 O표 하고, **틀리면** 바르게 고쳐 쓰시오.

1 Mix the oatmeal and sugar together and add the <u>boiling</u> water.

2 We recommend this product for people <u>traveled</u> to remote tropical regions.

3 Make sure that you are getting all the vitamins <u>needing</u> to maintain health.

4 The kids laughed at me, made fun of me, and made me <u>embarrassing</u>.

C 우리말과 같은 뜻이 되도록 괄호 안의 말을 이용하여 **문장을** 완성하시오.

1 그는 깨진 창문을 통해 기어 나왔다. (through, the, break, window)

→ He climbed out _____.

2 이런 방해는 이야기의 흐름을 방해하기 때문에 짜증난다. (be, annoy)

→ These interruptions _____ since they interrupt the flow of the story.

3 식사하는 손님들은 식당에서 열리는 쇼에 즐거워했다. (be, amuse, take place)

→ The diners _____ at the show _____ in the restaurant.

4 그녀는 길을 건너며 교통 규칙을 어기는 오리들에 대해 경찰관에게 말했다. (cross, the road, break)

→ She told the policeman about the ducks _____ and _____ the traffic rules.

Words **exhaust** 기진맥진하게 하다 **dip** 살짝 담그다 **architectural** 건축의, 건축학의 **masterpiece** 걸작 **tropical** 열대의 **interruption** 중단, 방해

Point 3 분사구문의 현재분사 vs. 과거분사

· 주절의 주어와 분사의 관계가 **능동**인 경우에 **현재분사**를 쓰고, **수동**인 경우는 **과거분사**를 쓴다.

> [1] [**Picking** / Picked] up the pen, *the little girl* started writing numbers.
> ↳ 주절의 주어인 the little girl이 펜을 집어 드는 행위를 하는 주체(능동)이므로 현재분사 사용 (주절의 주어 = 분사구문의 의미상 주어)
>
> [2] [Writing / **Written**] in Chinese, *the book* was hard to read.
> ↳ 주절의 주어인 the book이 쓰는 행위를 당하는 대상(수동)이므로 과거분사 사용 (주절의 주어 = 분사구문의 의미상 주어)

⊕Tip 독립분사구문

주절의 주어와 분사구문의 의미상 주어가 일치하지 않으면 분사 앞에 주어를 써 준다. 이 경우에도 분사와 분사의
의미상 주어와의 관계가 능동, 수동인지에 따라 현재분사, 과거분사를 쓴다.

[3]*The work* **keeping** him busy, Jason could not balance his family life with his career.
↳ 분사구문의 의미상 주어인 The work는 그를 바쁘게 하는 주체(능동)이므로 현재분사 사용

Check Up 괄호 안에서 알맞은 것을 고르시오.

1 Not [going / gone] there, you will miss this wonderful opportunity.

2 [Knowing / Known] as Evita, the Argentine former first lady died 70 years ago.

Point 4 with + (대)명사 + 분사

· 동시 상황을 나타내는 분사구문으로, '~가 …한[된] 채로'라는 의미이다.

· (대)명사와 분사의 관계가 **능동**이면 **현재분사**, **수동**이면 **과거분사**를 쓴다.

> [1]The children ran around the playground **with *their parents* watching** them.
> 명사(their parents)는 지켜보는 행위의 주체(능동)이므로
> 현재분사 사용
>
> [2]Thomas was sitting there, listening to music **with *his eyes* closed**.
> 명사(his eyes)는 감기는 대상(수동)이므로 과거분사 사용

cf. 분사(구) 자리에 형용사(구), 부사 또는 전치사구가 오는 경우도 있다.

[3]Do not talk *with your mouth* **full of food**. (형용사구)

[4]She came into my room *with her shoes* **on**. (부사)

[5]*With a hammer* **in hand**, everything looks like a nail. (전치사구) 학평기출응용

Check Up 밑줄 친 동사를 알맞은 형태로 바꾸시오.

1 He just stood there with his tears <u>run</u> down his face.

2 Ellie walked around the park with her dog <u>follow</u> her.

3 The teacher stared at him with her arms <u>cross</u>.

Basic Practice

정답 및 해설 p.26

A 네모 안에서 어법상 알맞은 것을 고르시오.

1 [Tiring / Tired] from lack of sleep, I had a terrible headache.

2 [Going / Gone] abroad, you need to make a list of things to pack.

3 [Wearing / Worn] for days, this shirt is very dirty and smelly.

4 I could answer all of the questions with 5 minutes [leaving / left].

5 [Publishing / Published] in 2015, this book became an international bestseller.

6 They were dancing in circles with their arms [raising / raised] over their heads. 학평기출응용

7 With the holidays [approaching / approached], people are busy shopping for gifts.

B 밑줄 친 부분이 어법상 맞으면 ○표 하고, **틀리면** 바르게 고쳐 쓰시오.

1 The man stood against the wall with his arms <u>folding</u>.

2 <u>Educated</u> in Europe, he studied engineering in Switzerland.

3 <u>Electing</u> to lead the city, he was proud and humbled.

4 With the number of cyclists <u>soaring</u> in this city, here are some safety rules to follow

C 우리말과 같은 뜻이 되도록 괄호 안의 말을 이용하여 문장을 완성하시오.

1 대부분의 땅이 습지로 덮여 있어서 그 지역은 독특한 생활 방식을 발전시켰다. (most, the land, cover)

→ With _____ by wetlands, the area has developed a unique way of life.

2 대부분 나무로 만들어진 그 절은 10년 전에 화재로 전소되었다. (make, mostly, of, wood)

→ _____, the temple burned down in the fire 10 years ago.

3 인터넷이 급속히 확장하면서 표절 문제가 큰 문제가 되고 있다. (the Internet, expand, with)

→ _____ rapidly, plagiarism is becoming a huge problem.

4 텔레비전은 최고의 여가 활동으로 우리의 여가시간의 절반 이상을 소비한다. (half, consume, than, more)

→ Television is the number one leisure activity, _____ of our free time.

학평기출응용

Words **humble** 겸손하게 만들다 **soar** 급증하다 **plagiarism** 표절 **burn down** (화재로) 소실되다

Point 5 분사구문의 시제 · 태

- 주절의 일보다 분사구문의 일이 먼저 일어난 경우 완료형 「having + p.p.」로 나타낸다.

- 부사절에 「be + p.p.」가 사용된 경우 분사구문은 수동태 「being + p.p.」로 나타내고, 주절의 일보다 분사구문의 일이 먼저 일어난 경우는 완료형 수동태 「having been + p.p.」로 나타낸다.

> [1] **Having heard** the judge's solution, *the farmer* agreed. 〔학평기출응용〕
> └ 판사의 해결책을 듣는 것이 농부가 동의한 것보다 먼저 일어난 일이므로 완료형 사용
>
> [2] **Having been bought** 5 years ago, *the shirt* is out of fashion now.
> └ 셔츠는 구매된 대상(수동)이고, 셔츠 구매가 현재 유행이 지난 것보다 먼저 일어난 일이므로 완료형 수동태 사용

cf. Being이나 Having been은 종종 생략된다.

[3] (Being) Thrilled by the opportunity to work in New York, he jumped for joy.

[4] (Having been) Born and raised in Michigan, I am used to cold weather.

Check Up 괄호 안에서 알맞은 것을 고르시오.

1 Not [being injured / injuring], he still applied ice to his legs.

2 [Having known / Having been known] him for years, I believe he's not lying.

3 [Having faced / Being faced] with global warming, we need to save the Earth.

Point 6 목적격보어 역할을 하는 분사

- **지각동사**는 목적어와 목적격보어의 관계가 **능동**일 때 목적격보어로 **원형부정사** 또는 **현재분사**(목적어의 진행 중인 동작을 강조)를 쓰고, **수동**일 때는 **과거분사**를 쓴다.

- **사역동사**는 목적어와 목적격보어의 관계가 **능동**이면 **원형부정사**, **수동**일 때는 **과거분사**를 쓴다.

> [1] I heard her family **singing** merrily together.
>   지각동사   목적어   목적격보어(목적어와 목적격보어의 관계가 능동이고, 진행 중인 동작의 강조를 위해 현재분사 사용)
>
> [2] My father promised he would have the car **repaired** soon.
>   사역동사 목적어   목적격보어(목적어와 목적격보어의 관계가 수동이므로 과거분사 사용)

cf. 동사 get은 목적격보어 자리에 to부정사 또는 과거분사가 올 수 있다.

[3] I can't get *the car* to start. Can you help me? (to부정사: 목적어-목적격보어가 능동 관계)

[4] She will never get *this work* finished. (과거분사: 목적어-목적격보어가 수동 관계)

Check Up 밑줄 친 동사를 알맞은 분사 형태로 바꾸시오.

1 She felt her heart beat so fast that she could hardly swallow.

2 Would you go and get this watch mend?

Basic Practice

⊘ 정답 및 해설 p.27

A 네모 안에서 어법상 알맞은 것을 고르시오.

1 [Being left / Leaving] alone in the dark, he tried not to panic.

2 The electrician will have the machine [fixing / fixed] by tomorrow.

3 [Surrounded / Having surrounded] by people, she felt entirely alone.

4 [Having seen / Seen] the movie before, I decided to play computer games instead.

5 In the graduation ceremony, the students could see their names [printed / printing] on diplomas.

6 The historic document survived only in translation, the original having [lost / been lost].

7 Having [abandoned / been abandoned] for almost a decade, the building looks unwelcoming and unsafe.

B 밑줄 친 부분이 어법상 맞으면 ○표 하고, 틀리면 바르게 고쳐 쓰시오.

1 They began to run when they saw the storm approaching.

2 Being met him before, I could recognize him at once.

3 Not having finished the project, he chose to stay in the office.

4 She found it amused to dress up and dance with her friends.

C 우리말과 같은 뜻이 되도록 괄호 안의 말을 이용하여 문장을 완성하시오.

1 문제가 해결될 때까지 그저 모든 방법을 시도해 보라. (the problem, have, solve)

→ Just try all the methods until you _____ _____ _____ _____.

2 나는 내 친구들이 방문하기 전에 방 청소를 해야 한다. (get, clean, my room)

→ I need to _____ _____ _____ _____ before my friends arrive.

3 하늘에서 보면, 그 도시는 생기가 넘치는 것처럼 보인다. (the sky, see, from)

→ _____ _____ _____ _____, the city appears to be full of life.

4 사람들은 공유하고 싶지 않은 것에 대한 질문을 받을 때 종종 거짓말을 한다. (when, ask)

→ People often lie _____ _____ _____ questions about things they don't want to share.

Words diploma 졸업장 historic 역사적으로 중요한 abandon 버리다 unwelcoming 안락해 보이지 않는, 매력 없는 full of life 생기가 넘치는

Unit Test

어법

[1-7] 네모 안에서 어법상 알맞은 것을 고르시오.

1 A | caring / cared | person shows acts of kindness without expecting anything in return.

care 배려하다
in return 대가로

2 Whenever we feel | annoying / annoyed |, we turn to food to make ourselves feel better. 학평기출응용

3 She could have the paperwork | completed / completing | in 30 minutes.

paperwork 서류 작업

4 Her brother | bothering / bothered | her so much, she closed the door.

5 Her ankle having | broken / been broken |, Judy was obviously in great pain.

obviously 분명히

6 Sleeping with your mouth | closing / closed | will also help you not to snore.

snore 코를 골다

7 I must have looked | interesting / interested | in the watch, because the clerk asked if I would like to see it.

8 다음 중 밑줄 친 부분이 어법상 맞는 것을 고르시오.

① He could see the <u>barked</u> dog that threatened to hurt him.

② With a <u>confusing</u> look on his face, he asked, "What do you mean?"

③ <u>Having left</u> his hometown at the age of 2, Josh remembers nothing about it.

④ The museum can be hard to find, <u>locating</u> at the very top of the hill.

⑤ On my birthday, my friends had me <u>blindfolding</u> and brought me to a café.

blindfold (눈가리개로)
눈을 가리다

9 다음 중 어법상 틀린 것을 두 개 고르시오.

① The noise of a hammer striking an iron rod made the boy frightening.

rod 막대기

② Observing the stars through a telescope, they had a great time in the park.

③ He entered the school in 2022, having passed the entrance exam a year early.

④ After a little while the boy came out with the farmer's watch in his hand. 학평기출응용

⑤ Having been raising in Québec, I am a native speaker of French.

[10-12] 다음을 읽고, 어법상 <u>틀린</u> 부분을 찾아 바르게 고치시오.

10 In the hospital, the patients had their wounds treat by a physician.

11 Having chosen to be the leader of the team, she felt extremely proud of herself.

12 On Christmas day, Lucas put up the Christmas tree in the house. He also dressed up and played a fantastic Santa, given out the presents to his younger cousins. His generosity was amazed. (2개)

generosity 관대, 너그러움

🔥 **내신 서술형**

[13-16] 우리말과 같은 뜻이 되도록 괄호 안의 말을 한 번씩 사용하여 바르게 배열하시오.
(단, 밑줄 친 단어의 어형을 바꿀 것)

13 그들의 친절에 감동 받아서, 나는 그들을 다시 방문할 것이다.
(kindness / I / visit / <u>touch</u> / them / by / their / again / will)

→ _____

14 플랫폼을 가로질러 걸어가면서, 나는 내 이름이 불리는 것을 들을 수 있었다.
(I walked / I could / <u>call</u> / hear / across / my name / the platform)

→ As _____

15 이러한 십 대들은 텔레비전이 나오고 있는 채로 공부를 더 잘할 수 있다고 주장한다.
(these teenagers / <u>play</u> / they can / argue that / study better / the TV / with) 학평기출응용

→ _____

16 그녀에게 전화로 연락하는 것에 실패하여, 그는 그녀의 사무실을 방문하기로 결심했다.
(<u>fail</u> / he decided / having / to contact her / to visit / by phone / her office)

→ _____

📘 **고난도**

17 다음을 읽고, (1), (2), (3)에 주어진 말을 어법상 알맞은 형태로 고쳐 쓰시오.

> People laughed at my dream to have my book (1) <u>publish</u>. I didn't listen to their laughter. I persevered, and failed many times, only to realize that without failure there can be no success. The book (2) <u>reached</u> the market, the people began to love its message. I was pleasantly (3) <u>surprising</u>.

persevere 인내하다

pleasantly 기분 좋게

(1) _____ (2) _____ (3) _____

18 다음을 읽고, 밑줄 친 우리말을 다음 조건에 맞게 영작하시오.

> Thomas got up to use the restroom. In the hallway, where most people place family photos, was a photograph of a woman. The woman was dressed in a black shirt 카메라를 등진 채로. The silhouette was familiar.

silhouette 실루엣

> 조건 1. with, her back, turn to를 사용할 것
>   2. 총 7단어로 쓸 것

→ _____

내신
선택형

19 다음 글의 밑줄 친 ⓐ~ⓔ 중 어법상 틀린 것끼리 짝지어진 것을 고르시오.

> Laura loved the rain. She loved the fresh smell of the rain and everything seemed so ⓐclean after it rained. In the evenings Laura ⓑwould sit by the window and do the work given by her teacher. When it rained, her mother would tell her to keep the window ⓒclosing because she didn't want the rain water to soak the carpet in front of the window. Laura was ⓓdisappointed at the idea, but she could understand her mother's concern. However, when it rained, she would look through the window, watching the storm clouds ⓔgathered across the sky. They were magnificent.

soak 적시다

concern 걱정

magnificent 훌륭한, 굉장히 좋은

① ⓐ, ⓒ   ② ⓑ, ⓒ   ③ ⓑ, ⓒ, ⓓ   ④ ⓑ, ⓓ, ⓔ   ⑤ ⓒ, ⓔ

수능형

20 다음 글의 밑줄 친 부분 중, 어법상 틀린 것은?

> Charlie could hear the wind blowing the rain against the window. The raindrops sounded like little stones ①hitting the window. She thought the wind must be blowing ②much harder than when she got home from school. ③Losing in thought, she forgot to brace herself for the thunder. When the thunder boomed ④loudly, she almost jumped out of bed. She really didn't like to be scared. The storm sounded like it might be getting closer. She figured she would have to practice being brave. Then she saw the lamp beside her bed ⑤blinking, so she got up to get some candles.

brace oneself for ~에 대비하다

boom 쿵 하고 울리다

blink 눈을 깜박이다

Chapter Test

✅ 정답 및 해설 p.29

I. 어법

[1-8] 네모 안에서 어법상 알맞은 것을 고르시오.

1 Please remember to pay / paying your taxes before October 1.

2 Encouraging / Encouraged to do what he wants, he felt safe and confident.

3 The students consider it a reward to come / coming to her exciting class.

4 Without education, it is hard for / of them to change their lives.

5 Even in a challenging / challenged time, we need to find reasons to feel good.

6 The satisfying / satisfied customers will drive the sales growth this year.

7 In a study, psychologist Laurence Steinberg and his co-author divided people into three groups. Subjects played a computerized driving game in which the player must avoid being crashed / crashing into a wall that appears without warning. 학평기출응용

8 The color of the buildings was not uniform. The buildings, having painted / having been painted in slightly different shades over the years, looked mysterious. Its beauty made me feel amazing / amazed .

[9-13] 다음을 읽고, 어법상 틀린 부분을 찾아 바르게 고쳐 쓰시오.

9 This tradition of families getting together seems to be created a long time ago.

10 The police officer forced the man pull over to the side of the road.

11 The voice was kind and soft. Hearing it with her eyes closing, she thought it was a woman's.

12 We went onto the ice to start the game. There were about two hundred people sitting in the stands! I wasn't used to this. I was used to play in front of friends and family only. I tried not to look in the stands, but the noise from the stands was distracted. (2개)

13 A farmer lost a watch and asked a group of children playing outside helping him. The children went through the entire pile of hay looking for the watch, but some of them got tiring and gave up. (2개) 학평기출응용

Words drive 주도하다, 추진시키다 co-author 공동 저자 uniform 획일적인, 균일한 shade 색조 pull over 차를 세우다 stand 관중석
go through 뒤지다, 샅샅이 찾다 pile 더미 hay 건초

14 다음 중 밑줄 친 부분이 어법상 맞는 것을 고르시오.

① Students are required <u>turning</u> in their assignments in time.

② Learning to forgive is one of the ways to a remarkably <u>satisfied</u> life.

③ We had the hole <u>covering</u> well enough to keep the cold air out of the place.

④ It was fun <u>to watch</u> the band play and people laugh and have a good time.

⑤ They were angry because of him <u>to sell</u> vegetables on the street without permission.

15 다음 중 어법상 틀린 문장끼리 짝지어진 것을 고르시오.

ⓐ She admits having had a hard time finding the right person.

ⓑ It is clever for you to keep away from such a bad man.

ⓒ His family urged him to return to his hometown to live his own life.

ⓓ I rushed to the front door when I heard the doorbell ringing.

ⓔ Convincing of the client's innocence, the lawyer maintained that he was not guilty.

① ⓐ, ⓑ 　　② ⓐ, ⓑ, ⓔ 　　③ ⓑ, ⓓ, ⓔ 　　④ ⓑ, ⓔ 　　⑤ ⓒ, ⓓ

16 다음 중 어법상 알맞은 문장의 개수를 고르시오.

ⓐ Having told to stop, he just stood still.

ⓑ Unfortunately, I seem to have left my car key at home.

ⓒ All food should arrive in a packet with the ingredients clearly listing. 학평기출응용

ⓓ I definitely object to constructing more roads around the park in our town.

ⓔ Her degree made it possible for her to change her career later in life.

① 1개 　　② 2개 　　③ 3개 　　④ 4개 　　⑤ 5개

17 다음 밑줄 친 부분 ⓐ~ⓓ 중, 어법상 틀린 것끼리 짝지어진 것을 고르시오.

Olivia could hear the crowd ⓐ<u>cheering</u> her on as she ran. She could also feel her body screaming to stop because it was almost physically impossible for her ⓑ<u>to finish</u> the race. Finally passing the finish line, she stopped ⓒ<u>to run</u> and threw up in the grass near the track. She turned to look at the ⓓ<u>exciting</u> crowd and gave them a weak smile.

① ⓐ, ⓒ 　　② ⓐ, ⓓ 　　③ ⓑ, ⓒ 　　④ ⓑ, ⓓ 　　⑤ ⓒ, ⓓ

Words remarkably 놀랍게 permission 허가 convince 확신시키다 maintain 주장하다 guilty 유죄의 packet 포장; 소포 throw up 토하다

[18-21] 우리말과 같은 뜻이 되도록 괄호 안의 말을 이용하여 문장을 완성하시오. (단, 필요시 어형을 바꾸되 단어를 추가하지 말 것)

18 열차가 플랫폼에 접근하자 우리는 열차에 탑승하기 위해 줄을 섰다. (the train, the platform, approach)

→ _____, we formed a line to board the train.

19 나는 마침내 그녀에게 내가 그녀의 사진을 찍어도 괜찮겠냐고 물었다. (take a picture, my, her, of)

→ I finally asked her if she wouldn't mind _____.

20 그는 상황에 대해 혼란스러웠고 더 많은 정보가 필요했다. (be, confuse, about)

→ He _____ the situation and needed more information.

21 숲에서 발견된 그 상자에는 약간의 흙과 나뭇잎이 묻어 있었다. (find, the forest, in)

→ _____, the chest had some dirt and leaves on it.

[22-25] 우리말과 같은 뜻이 되도록 주어진 단어를 배열하여 문장을 완성하시오.
　　　　 (단, 한 단어를 추가하되, 밑줄 친 단어가 있는 경우 그 어형을 바꿀 것)

22 버스를 놓쳤기 때문에, Kathy는 자신이 직장에 늦을 것이라는 것을 알았다.

| have / miss / knew / would / Kathy / the bus / she / late for work |

→ _____

23 대부분의 사람들은 비밀을 지키는 것을 어려워한다.

| people / keep / hard / secrets / to / find / most |

→ _____

24 양초 하나가 화재를 일으킨 것으로 보인다.

| a candle / appear / start / the fire / have |

→ _____

25 그들이 완전한 침묵을 얻는 것은 불가능했다.

| impossible / them / get / be / for / to / complete silence |

→ _____

Words　board ~에 탑승하다　chest (나무로 만든) 상자　complete 완전한

26 다음 글의 밑줄 친 부분 중 어법상 <u>어색한</u> 것을 <u>두 개</u> 찾아 그 기호를 쓰고 바르게 고치시오.

> ⓐ<u>Knowing</u> for her vegetarian recipes, Anna owns over ten restaurants around the nation. She thinks it is essential ⓑ<u>to use</u> the correct knives. She finds it heartbreaking to see a meal ⓒ<u>being</u> ruined by carelessly chosen knives. Also, when running her restaurant, she always makes ⓓ<u>that</u> a rule to wash her hands, especially after touching the waste bin.

	어색한 부분(기호)		고친 표현
(1)	_____	→	_____
(2)	_____	→	_____

[27-28] 다음 글을 읽고 물음에 답하시오.

> Tempers are one of the first things ⓐ<u>lost</u> in many arguments. It's easy ⓑ<u>to say</u> one should keep cool, but how do you do it? The point to remember is that sometimes in arguments the other person is trying to get you ⓒ<u>to be</u> angry. They may be saying things intentionally designed to annoy you. They know that if they make you lose your cool you'll say something foolish; you'll simply get angry 그러면 당신이 논쟁에서 이기는 것은 불가능할 것이다. So don't fall for it. A remark may be made to cause your anger, but responding with a cool answer that focuses on the issue ⓓ<u>raising</u> is likely to be most effective. Indeed, any attentive listener will admire the fact ⓔ<u>that</u> you didn't "rise to the bait." 학평기출응용

27 윗글의 밑줄 친 부분 중 어법상 <u>어색한</u> 것을 고르시오.

① ⓐ   ② ⓑ   ③ ⓒ   ④ ⓓ   ⑤ ⓔ

28 윗글의 밑줄 친 우리말과 같은 뜻이 되도록 〈보기〉의 주어진 단어들을 배열하여 문장을 완성하시오.
(단, 주어진 단어만 모두 이용하고 어형을 바꾸지 말 것)

> 보기   it / you / the argument / will / impossible / to / for / be / win

→ and then _____

Words   heartbreaking 가슴 아픈   carelessly 부주의하게   temper 화, 성미   intentionally 고의적으로   fall for ~에 속아 넘어가다   admire 감탄하다

29 다음 글의 밑줄 친 부분 중, 어법상 <u>틀린</u> 것은?

A fully autonomous car is defined as one that operates ①itself using sensors and cameras without any human assistance. Fully autonomous cars seem to ②<u>have been confused</u> with advanced driver-assistance system (ADAS) technologies like cruise control or collision warnings. Those are features of automated driving but still require a person ③<u>to drive</u> the vehicle. While the cars on today's roads offer many high-tech safety features and ④<u>are</u> loosely called "self-driving," they still need a person to keep their eyes on the road at all times. While an increasing number of vehicles now offer some automated features ⑤<u>designing</u> to assist the driver under specific conditions, these vehicles are not fully automated.

30 다음 글의 밑줄 친 부분 중, 어법상 <u>틀린</u> 것은?

Climate change is a sticky subject—and something you may even avoid ①<u>discussing</u> it because it can get so contentious. This may be partly due to the fact that people do not believe the world will be able to do enough ②<u>to avoid</u> the worst impacts of climate change. But one group remains remarkably optimistic and ③<u>motivated</u>: people under 30 years old. Some of these eco-minded people are using social media to raise awareness about why we need to have the environment ④<u>protect</u>. By helping others live more ⑤<u>sustainably</u> by upcycling, recycling and so much more, these social media activists are changing the world.

Words autonomous 자율의 be defined as ~로 정의되다 assistance 도움 collision 충돌 loosely 막연히 at all times 항상
automated 자동화된 contentious 논쟁이 많이 벌어지는 optimistic 낙관적인 raise awareness 인식을 높이다 sustainably 지속 가능하게

Chapter 4

조동사 / 가정법

조동사

Warm-up

✦ 기본 개념 확인

Q1 조동사 뒤에는 [분사 / 동사원형]이[가] 온다.

Q2 조동사 뒤에 have p.p.가 오면 과거 사실에 대한 추측을 나타낼 수 있다. [O / X]

Q3 한 개의 조동사가 여러 가지의 의미를 가질 수 있다. [O / X]

✦ 조동사 기본 개념

조동사	능력/허가/가능성	**Can** you play the piano? **May** I go in? **Can** the rumor be true? — It **may** be true.
	의무/당위/충고	You **should** keep the rules. Every high school **must** guarantee the safety of its students. You **ought to** try this food.
	미래/의지	Tomorrow **will** be a better day. **I will** write to her as soon as possible.
	과거의 습관/상태	I **would** go to church every Sunday. He **used to** smoke, but not any more.
	상대의 의지/공손함	**Would** you mind if I sit here? **Shall** I dance with you? **May** I help you? **Could** you do this for me?

UNIT 7 조동사

Point 1

조동사 + 동사원형

• 조동사 뒤에는 동사원형이 오며, **현재의 추측, 가능, 의무** 등을 나타낸다.

> ¹Participants **must** [**enter** / entering] in teams of four and can only join one team.
> ↳ 의무, 필요를 나타냄, 조동사 뒤에는 동사원형이 옴   학평기출응용
>
> ²I began to be suspicious that the rumor **might** *be* true.
> ↳ 불확실한 추측

⊕Tip 조동사의 다양한 뜻을 알아 두자.

can, could	능력(~할 수 있다)/허가(~해도 좋다) 가능성·추측(~일 수도 있다) *cf* cannot be ~일 리가 없다	will	미래(~일 것이다)/의지(~할 것이다) 요청(~해 주시겠어요?)
may, might	허가(~해도 된다) 불확실한 추측(~일지도 모른다)	would	과거의 습관(~하곤 했다)
must	의무·필요(~해야 한다=have to) 강한 추측(~임에 틀림없다) *cf* don't have to ~할 필요가 없다	should, ought to	의무(~해야 한다) 근거가 있는 추측·예상(~일 것이다) *cf* ought not to ~하지 말아야 한다

Check Up 괄호 안에서 알맞은 것을 고르시오.

1 You may not [make / making] a U-turn unless you can do so safely.

2 You [ought / should] submit the paper in person. It's our rule.

Point 2

조동사 + have p.p.

• 조동사 뒤에 have p.p.가 와서 **과거 사실에 대한 추측**이나 **후회, 유감**을 나타낼 수 있다.

> ¹She **must have left** already. I don't see her shoes.
> ↳ 과거 사실에 대한 강한 추측(~했음이 틀림없다)
>
> ²You **should have told** me about the problem earlier. It's too late now.
> ↳ 과거 사실에 대한 후회나 유감(~했어야 했다)
>
> ³I regret everything that **might**[**may**] **have hurt** your feelings in any way.
> ↳ 과거 사실에 대한 불확실한 추측(~했을지도 모른다)
>
> ⁴The disease **could have been prevented** by a simple vaccine.
> ↳ 과거에 일어날 수 있었지만 일어나지 않은 일에 대한 언급 또는 약한 추측(~했을 수도 있다)

cf 조동사 뒤에 not이 쓰인 경우의 뜻도 알아 두자.

⁵He **cannot have made** such a basic mistake. (cannot have p.p.: ~했을 리가 없다)

⁶I **shouldn't have bought** the jacket. I never wear it. (shouldn't have p.p.: ~하지 말았어야 했다)

Check Up 괄호 안에서 알맞은 것을 고르시오.

1 You [must / cannot] have felt good about yourself because you passed the test.

2 I [cannot / shouldn't] have said that. She could have been annoyed by it.

Basic Practice

정답 및 해설 p.32

A 네모 안에서 어법상 알맞은 것을 고르시오.

1 May / Can you explain more about the air pollution to me?

2 She should / must have forgotten that she had promised to come.

3 He had lunch only 10 minutes ago. He cannot / must be hungry.

4 She was late for the meeting. She might be / have been held up in traffic.

5 I owe you an apology. I should / must have been more careful about the words I used.

6 Thomas may / cannot have stolen the money. He was with me at the time it went missing.

7 To regain the passion for life, you'll must / have to recover control of your choices. 학평기출응용

B 밑줄 친 부분이 어법상 맞으면 ○표 하고, 틀리면 바르게 고쳐 쓰시오.

1 He said he might <u>comes</u> tomorrow. We'll see.

2 There's milk in the fridge. Mom must <u>buy</u> some yesterday.

3 The police said that the fire <u>might have been caused</u> by smoking.

4 You <u>don't ought to</u> park your vehicle where a "No Parking" sign is posted.

C 우리말과 같은 뜻이 되도록 괄호 안의 말을 이용하여 문장을 완성하시오.

1 너는 여기서 나를 그렇게 오래 기다릴 필요는 없었다. (have to, wait)
→ You _____ here for me for so long.

2 그는 매우 피곤한 게 틀림없다. 그는 몇 분마다 계속 하품을 한다. (must, very, tire)
→ He _____. He keeps yawning every few minutes.

3 그 사건들은 피할 수도 있었을 것이다. (could, avoid)
→ Those events _____. 학평기출응용

4 당신은 계획을 그렇게 빨리 바꾸지 말았어야 했다. (shouldn't, change)
→ You _____ the plan so quickly.

Words be held up in traffic 교통 체증으로 꼼짝 못하다 regain 되찾다 recover 회복하다 post 게시하다 yawn 하품하다

유의해야 할 조동사

- 조동사 **used to**는 '~하곤 했다', '~이었다'라는 뜻으로, **과거의 습관**이나 **과거의 지속된 상태**를 나타내며 현재는 더 이상 그렇지 않다는 것을 의미한다.

- 다음 유사한 표현과 구분하여 사용한다.
  - be used to + 동사원형: ~하기 위해[~하는 데] 사용되다 / be used to + (동)명사: ~에[~하는 데] 익숙하다

> ¹We **used to think** the brain never changed, but we now know this is not true. 학평 기출 응용
> └→ used to + 동사원형: ~하곤 했다
>
> ²The word "introvert" **is used to describe** someone who likes being by themselves.
> └→ be used to + 동사원형: ~하기 위해[~하는 데] 사용되다
>
> ³My family **is used to spending** a lot of time outdoors.
> └→ be used to + 동명사: ~에[~하는 데] 익숙하다

Cf. used to vs. would
  둘 다 과거의 습관을 나타낼 수 있지만, used to와는 달리 would는 과거의 지속된 상태를 나타낼 수는 없다.
  ⁴There <u>used to</u> be a theater here. Now there's a library.
  would로 쓸 수 없음

Check Up 괄호 안에서 알맞은 것을 고르시오.

1 She [is used / used] to go out with him, but that was a long time ago.

2 This cutter is used to [remove / removing] material by spinning at high speed.

조동사 관용 표현

- 조동사가 있는 다양한 관용 표현을 익혀 둔다.

> ¹You **may as well** *choose* something that will last.
> └→ may[might] as well + 동사원형: ~하는 것이 더 낫다[좋겠다]
>
> ²I **would rather** *do* my homework **than** *play* this boring game.
> └→ would rather A(동사원형) than B(동사원형): B하느니 차라리 A하겠다
>
> ³The actor **may well** *feel* ashamed of his bad acting.
> └→ may well + 동사원형: ~하는 것이 당연하다, 아마 ~일 것이다
>
> ⁴When you see her smile, you **cannot but** *smile* back at her.
> └→ cannot but + 동사원형: ~할 수밖에 없다, ~하지 않을 수 없다
> (= cannot help + -ing = have no choice but to + 동사원형)

+Tip had better와 need도 알아 두자.
  ⁵You **had better hurry** if you don't want to be late. (had better + 동사원형: ~하는 것이 낫다)
  ⁶You **need not work** on Saturdays. (need not + 동사원형: ~할 필요가 없다/need는 주로 의문문과 부정문에서 조동사로 쓰임)

Check Up 괄호 안에서 알맞은 것을 고르시오.

1 We cannot but [stand / standing] up for justice.

2 I would rather stay quiet than [explain / explaining] my problems to people.

3 You had better [go not / not go] out in this bad weather.

Basic Practice

정답 및 해설 p.33

A 네모 안에서 어법상 알맞은 것을 고르시오.

1 She used / was used to caring for her two younger sisters.

2 I cannot help laugh / laughing every time I think of our first meeting.

3 You may well ask / to ask what this phrase means. It is hard to understand.

4 You had better be / to be on time or we'll leave without you.

5 There would / used to be a tower here, but it was destroyed years ago.

6 You had better / need not be emotional. It will make things worse.

7 Telescopes are used to view / viewing faraway planets that our eyes cannot see.

B 밑줄 친 부분이 어법상 맞으면 ○표 하고, **틀리면** 바르게 고쳐 쓰시오.

1 You had not better believe what he says. He's a liar.

2 Although I'm used to live in the city, I love living in the countryside.

3 I would rather travel alone than risk having a bad travel partner.

4 If you feel better, you need not take any more medicine.

C 우리말과 같은 뜻이 되도록 괄호 안에서 필요한 말을 골라 문장을 완성하시오.

1 나는 나무 집에서 놀면서 하루 종일을 보내곤 했다. (used, spend, was, to)

 → I _____ all day playing up in my tree house.

2 나는 당신의 관대한 제안을 받아들이지 않을 수 없다. (had better, cannot, accept, but)

 → I _____ your generous offer.

3 내가 어렸을 때, 할머니는 밤에 늘 내게 이야기를 해 주셨다. (always tell, would, me, rather)

 → When I was a kid, my grandmother _____ stories at night.

4 내일 날씨가 흐릴 것이기 때문에 우리는 오늘 해변에 가는 것이 좋겠다. (go, may, well, as well)

 → We _____ to the beach today because it will be cloudy tomorrow.

Words care for 보살피다, 돌보다 emotional 감정적인 faraway 멀리 떨어진

Unit Test

📖 어법

[1-7] 네모 안에서 어법상 알맞은 것을 고르시오.

1 Physical punishment ought not / should not to be given to students.

2 The ancient people who lived here may use / have used stone tools.

3 Personal information must not be used / have used for commercial purposes.
   > commercial 상업적인

4 He is a sensible person. He cannot / may have made such a foolish decision.
   > sensible 분별 있는

5 She used to take / taking night classes to learn how to decorate cakes.

6 You had better do / to do exercises regularly if you want to keep yourself productive.
   > productive 생산적인

7 Samantha suspected that something cannot / might be wrong after Dorothy dropped the phone. 학평기출응용
   > suspect 의심하다

8 다음 중 밑줄 친 부분이 어법상 맞는 것을 고르시오.

① I would rather walk than driving in the snow.

② You cannot help feel sleepy after a long day.

③ I thought something might have happen inside the machine. 학평기출응용

④ You need not respond to questions that you can't answer easily.

⑤ You may as well taking the train because there is a traffic jam.
   > traffic jam 교통 체증

9 다음 중 어법상 틀린 것을 두 개 고르시오.

① It's almost 10 o'clock. She must have left her house by now.

② They should report the accident at that time. Now it's too late. 학평기출응용

③ My father would cook for me when I came home from school.

④ Thank you for telling me the truth. I cannot but to admire your honesty.

⑤ Online students may well visit campuses to talk with faculty and use libraries.
   > faculty 교직원

[10-12] 다음을 읽고, 어법상 **틀린** 부분을 찾아 바르게 고치시오.

10 The money from anything that's produced is used to buying something else.

11 The country could responded better to the warning signs of the pandemic when the virus first entered the country.

pandemic 대유행병

12 When Lisa, the manager of the hotel, knocked on the door, she found that the guests were gone. They must have being in a hurry to leave because they forgot their passports. They may well to be getting in touch with her soon. (2개)

내신 서술형

[13-16] 우리말과 같은 뜻이 되도록 괄호 안의 말을 한 번씩 사용하여 바르게 배열하시오.
(단, 한 단어를 추가할 것)

13 이번에는 그의 충고를 무시하지 않는 것이 좋겠다. (had / ignore / not / advice / you / his)
→ _____ this time.

14 나는 왜 Paul이 늦는지 모르겠다. 그는 오늘 회의에 대해 잊었을지도 모른다.
(he / forgotten / the meeting / might / about)
→ I don't know why Paul is late. _____ today.

15 그는 고향의 청중들에게 자신의 가족에 대해 거짓말을 했을 리가 없다.
(his / he / lied / family / have / to / about)
→ _____ an audience in his hometown.

16 나는 혼자 답을 찾느니 차라리 팀에서 일하겠다. (search / work / would / on a team / than)
→ I _____ for the answer alone.

고난도

17 다음을 읽고, (1), (2), (3)에 주어진 말을 어법상 알맞은 형태로 고쳐 쓰시오.

I have found that most people like to hire people just like themselves. This may (1) <u>work</u> in the past, but today, with interconnected team processes, we (2) <u>ought to not want</u> all people who are the same. We may well look for a diversified team where members complement one another. When hiring new team members, we had better (3) <u>looks</u> at each individual and how he or she fits into the whole of our team objective.

interconnected 상호 연결된
diversified 다양한
complement 보완하다
fit into 부합[적합]하다
objective 목표

(1) _____ (2) _____ (3) _____

18 다음을 읽고, 밑줄 친 우리말을 다음 조건에 맞게 영작하시오.

> As soon as Ted arrives home, he is greeted by his teenage daughter, Laura. She is waiting for some books that Ted has promised to bring home so she could do her homework. Ted has forgotten the books, and this made her angry. Laura shouted, "You never listen to me! 저는 벽에 대고 말하는 편이 더 낫겠어요!"

조건   1. 조동사 may와 동사 talk를 사용할 것   2. 총 8단어로 쓸 것

→ _____

✦
내신
선택형

19 다음 글의 밑줄 친 ⓐ~ⓔ 중 어법상 **틀린** 것끼리 짝지어진 것을 고르시오.

> A cloud has fallen upon the little shop. Steve is anxious, for he feels that something is going wrong. His daughter has changed so much during the last three months ⓐthat he cannot but notice it. She, who ⓑwas used to be so lively, has now become silent. If she noticed that her father was watching her, she would suddenly ⓒtalk and laugh in an unnatural way. He thinks about the last three months and wonders what ⓓcould have gone wrong. Steve at last comes to the conclusion about what must be on her mind. It is evident that nothing ⓔcannot make her unhappy except some love affair.

anxious 불안한, 걱정하는

lively 활기찬

love affair 연애

① ⓐ, ⓓ   ② ⓑ, ⓒ   ③ ⓑ, ⓔ   ④ ⓑ, ⓓ, ⓔ   ⑤ ⓒ, ⓔ

📄 수능형

20 다음 글의 밑줄 친 부분 중, 어법상 **틀린** 것은?

> Most historians believe that the ancient Egyptians might have had dark brown or black hair. However, some rare discoveries showed evidence of fair-haired ancient Egyptians. Originally, historians thought that the hair ①had lightened as a result of the mummification process. During the mummification process, minerals such as natron are used ②to dry the mummy. The use of natron could have altered dark hair color to a red or blonde hair color. However, scientists found that some of the mummies ③found had natural red or blonde hair. This was due to their ancestry and not the mummification process. According to some historians, the Greeks and Romans as well as traders ④may have brought Northern European genes to Egypt at the time. The ancient Egyptians ⑤cannot have been a mix of different ethnicities.
>
>   *natron 천연 탄산 소다

historian 역사학자

fair-haired 금발의

mummification 미라화

alter 바꾸다

ancestry 조상

trader 무역상

gene 유전자

ethnicity 민족성, 인종

UNIT
8
가정법

Warm-up

✦ 기본 개념 확인

Q1 가정법 과거는 과거 사실에 대한 반대를 가정한다. [O / X]

Q2 가정법 과거완료의 주절에는 조동사 다음에 [동사원형 / have p.p.]이[가] 온다.

Q3 if가 없더라도 가정의 의미를 표현할 수 있다. [O / X]

✦ 가정법 기본 개념

가정법	가정법 과거 (~라면 …할 텐데)	**If** the weather **were** fine, we **would go** swimming. (If + 주어 + 동사의 과거형/were ~, 주어 + 조동사의 과거형 + 동사원형 …)
	가정법 과거완료 (~했다면 …했을 텐데)	**If** I **had studied** harder, my grades **could have** **been** better. (If + 주어 + had p.p. ~, 주어 + 조동사의 과거형 + have p.p. …)
	혼합 가정법 (~했다면 …할 텐데)	**If** I **had taken** my medicine, I **would be** fine now. (If + 주어 + had p.p. ~, 주어 + 조동사의 과거형 + 동사원형 …)

Point 1

가정법 과거 vs. 가정법 과거완료 vs. 혼합 가정법

· **현재 사실과 반대**되거나 **실현 가능성이 희박한 것**을 가정할 때 **가정법 과거**를 쓰고, 과거 사실과 반대되는 것을 가정할 때는 **가정법 과거완료**를 쓴다.

· 과거 사실과 반대되는 가정이나 실현되지 못한 일이 **현재에 영향을 미칠 때 혼합 가정법**을 쓴다.

> ¹**If** I [was / **were**] at home, I **would feel** more comfortable.
>   └→ 현재 집에 있지 않은 상태로, 이에 대해 반대로 가정함 (가정법 과거)
>
> ²**If** you **had come** to the party, you **would** [enjoy / **have enjoyed**] it.
>   └→ 과거에 파티에 가지 않았고, 이에 대해 반대로 가정함 (가정법 과거완료)
>
> ³**If** he **had studied** harder, he **would** [**be** / have been] able to answer the question now.
>   └→ 과거에 공부를 더 열심히 하지 않아서 그 결과 일어난 현재 상태에 대해 반대로 가정함 (혼합 가정법)

cf. 조건을 나타내는 if절에서는 시제에 맞는 동사를 쓰며, 실제 일어날 가능성이 있는 일에 대한 조건을 나타낸다.

   ⁴If the weather **is** unfavorable, the class **will be** canceled. (조건절) 학평기출응용

   ⁵If the weather **were** warmer, we **would eat** dinner outside. (가정법)

Check Up 괄호 안에서 알맞은 것을 고르시오.

   1 If I weren't afraid, I would [start / have started] my own business.

   2 If she had taken my advice, she would not [be / have been] in trouble now.

 Point 2

I wish + 가정법 / as if + 가정법

· I wish, as if 다음에 **가정법 과거와 과거완료가 모두 올 수 있으며**, 문맥에 맞게 쓴다.

> ¹**I wish I had met** her sooner so I could love her longer.
>   └→ I wish + 가정법 과거완료: 바라고 있는 시점보다 더 먼저 일어난 일에 대한 가정
>   (= I am sorry I had not met her sooner ~.)
>
> ²Zoe **felt as if** she **were** in heaven.
>   └→ as if + 가정법 과거: 주절의 시제(과거)와 같은 시점(과거)의 가정 (= In fact, Zoe was not in heaven.)

⊕Tip I wish/as if + 가정법 과거/가정법 과거완료

I wish	가정법 과거(~라면 좋을[좋았을] 텐데)	바라고 있는 시점에서의 사실과 반대되는 가정이나 소망
	가정법 과거완료(~했다면 좋을[좋았을] 텐데)	바라고 있는 시점보다 더 먼저 있었던 일에 대한 가정이나 소망
as if	가정법 과거(마치 ~인 것처럼)	주절의 시제와 같은 시점의 일에 대한 가정
	가정법 과거완료(마치 ~였던 것처럼)	주절의 시제보다 앞선 일에 대한 가정

cf. as if 뒤에는 종종 현재시제가 온다. 이때는 가정의 의미가 거의 없다.

   ³She looks as if she **is** sick. (Perhaps she is sick.)

Check Up 괄호 안에서 알맞은 것을 고르시오.

   1 I am so embarrassed. I wish I [were / had been] anywhere but here.

   2 Dalton turned away as if he [be / had been] asked to leave.

Basic Practice

✅ 정답 및 해설 p.36

A 네모 안에서 어법상 알맞은 것을 고르시오.

1 If my uncle were here, he could control / have controlled the current situation.

2 If he has / had come to the meeting, he would have done a great job.

3 If you had prepared for the presentation, you would not feel / have felt anxious now.

4 Everywhere looks dry as if it didn't / hadn't rained for months.

5 I wish you believe / had believed me when I said I didn't delete the file.

6 If you are / were unable to make it to the park now, join us online.

7 She talks as if she knows / knew what happened. In fact, she doesn't know anything about it.

B 밑줄 친 부분이 어법상 맞으면 ○표 하고, **틀리면** 바르게 고쳐 쓰시오.

1 It sounds as if he <u>were</u> to blame for the disaster.

2 If you <u>make</u> a reservation, we would be eating the famous pasta now.

3 He wishes she <u>visited</u> him in the office yesterday.

4 If I <u>went</u> to the library, I could have finished the report.

C 우리말과 같은 뜻이 되도록 괄호 안의 말을 이용하여 문장을 완성하시오.

1 만약 내가 어릴 적 꿈을 좇았다면, 나는 지금 작가일 텐데. (follow, childhood dream, my)

→ If I _____, I would be an author now.

2 Michael은 자신이 부당함에 맞서 목소리를 낼 만큼 충분히 용감하기를 바랐다. (courageous, enough)

→ Michael wished he _____ to speak out against the injustice.

3 놀랍도록 많은 사람들이 계속해서 마치 여름인 것처럼 옷을 입는다. (it, be, summer)

→ A surprisingly large number of people continue to dress _____.

4 그들은 손주의 문화에 참여해야 한다고 들으면 겁이 날 것이다. (be, tell)

→ They would be horrified if _____ they had to participate in the culture of their grandchildren. 학평기출응용

Words current 현재의 delete 삭제하다 courageous 용감한 injustice 부당함 horrify 겁을 주다, 몸서리치게 만들다

Point 3

if의 생략과 도치

· if절의 동사가 **were, had, should**인 경우 **if**를 생략하고 주어와 동사를 도치시킬 수 있다.

> [1]**Were he** aware of his own faults, he wouldn't blame others.
>   └→ = If he were aware of his own faults
>
> [2]**Had she** not helped me at that time, I would have been lost.
>   └→ = If she had not helped me at that time
>
> [3]**Should you** have any questions, feel free to let me know.
>   └→ = If you should have any questions

⊕Tip it's (high/about) time ~ / without[but for] 구문도 알아 두자.

· it's (high/about) time (that) + 가정법 과거: 이제 ~해야 할 시간[때]이다
  [4]It's high time you retired and found a new hobby.

· Without[But for] ~, 가정법 과거/과거완료: ~가 없다면 / ~가 없었다면
  [5]Without[But for] technology, life would be a lot harder. (= if it were not for)
  [6]Without[But for] you, she couldn't have overcome the problem. (= if it had not been for)

Check Up 괄호 안에서 알맞은 것을 고르시오.

1 [Had I been / Were I] smarter, I would not repeat the same mistake.

2 It's about time he [go / went] to bed.

Point 4

that절의 should 생략

· 주장, 제안, 명령, 요구를 나타내는 동사나 판단을 나타내는 형용사 뒤에 오는 that절이 당위성(~해야 한다)을 나타내는 경우 「**should + 동사원형**」이 온다. 이때, **should**는 생략하고 동사원형만 쓸 수 있다.

> [1]She **suggests** that her son (should) **walk** the dog every day.
>   └→ 개를 매일 산책시켜야 한다는 당위성을 나타내므로 that절에 「(should +) 동사원형」을 사용
>
> [2]It is **essential** that you (should) **be** there on time.
>   └→ 그곳에 제시간에 있어야 한다는 당위성을 나타내므로 that절에 「(should +) 동사원형」을 사용

⊕Tip 주장, 제안, 명령, 요구를 나타내는 동사 및 판단을 나타내는 형용사

주장/제안	insist, argue 등 / suggest, propose, recommend, advise 등
명령/요구	order, command 등 / ask, demand, request 등
형용사	vital, essential, important, crucial, desirable 등

cf. that절이 당위성이 아닌 사실을 나타내는 경우에는 인칭과 시제에 맞는 동사를 써야 한다.
  [3]The teacher **insisted** that the schedule of the exams **was** declared last month. (과거의 사실)

Check Up 다음 밑줄 친 동사를 알맞은 형태로 바꾸시오.

1 She requested that the paper <u>is</u> submitted by Friday.

2 I consider it important that she <u>participates</u> in the event.

Basic Practice

정답 및 해설 p.37

A 네모 안에서 어법상 알맞은 것을 고르시오.

1 [Had / Were] I been more careful, this broken arm could have been avoided.

2 She requested that the box [be / was] moved in no time.

3 [With / Without] money, we would exchange goods directly for other goods.

4 It is essential that every child [have / has] access to good education.

5 It's about time the train to New York [will arrive / arrived].

6 [Have you been / Were you] more diligent, how would your life be different?

7 He apologized for his behavior and insisted that he [have / had] no intention to cause any harm.

B 밑줄 친 부분이 어법상 맞으면 O표 하고, 틀리면 바르게 고쳐 쓰시오.

1 <u>Were he taken</u> the time to read every page, he would have found the error.

2 It is high time you <u>started</u> cleaning up this room.

3 The teacher suggested that he <u>joins</u> the group discussion.

4 Their passion kept them going. Without such passion, they <u>would have achieved</u> nothing. 학평기출응용

C 우리말과 같은 뜻이 되도록 괄호 안의 말을 이용하여 문장을 완성하시오.

1 그가 그 일을 끝내야 할 때이다. (about, time, finish)

→ It is _____ _____ _____ _____ the task.

2 그 매니저는 그녀가 즉시 가게를 나가야 한다고 요구했다. (demand, that, leave)

→ The manager _____ _____ _____ _____ the store immediately.

3 가족의 지원이 없었다면, 그녀는 축구 선수가 되지 못했을 것이다. (become)

→ Without the support from her family, she would _____ _____ _____ a soccer player.

4 만약 당신이 그 돈을 투자하기로 선택했다면, 당신은 더 많은 돈을 벌 수 있었을 것이다. (have, choose)

→ _____ _____ _____ to invest that money, you could have made some more money.

Words in no time 당장, 곧 goods 상품 intention 의도

Unit Test

맞은 개수 / 20

⊙ 어법

[1-7] 네모 안에서 어법상 알맞은 것을 고르시오.

1 If I have had / had had more experience, I could have gotten the job.

2 If Korea is / were tropical, people would grow pineapples in their garden.

3 Have / Had I been in a good mood that day, I would have been nicer to you.

4 The principal insists that the student walk / walks on the right side of the hallway.

5 It is high time you took / will take steps to improve your health.

take steps
조치를 취하다

6 The man looked at her as if he has / had never met her before.

7 It is vital that he take / takes the time he needs to complete the work.

8 다음 중 밑줄 친 부분이 어법상 <u>틀린</u> 것을 고르시오.

① Without communication, human relationships <u>would be</u> impossible.

② I wish my grandfather <u>were</u> still alive to see me read his books.

③ <u>Were she</u> not afraid of flying, she would travel around the world.

④ If you <u>want to</u> volunteer at the event, you should sign up in advance.

in advance 미리

⑤ If the wound had been treated properly, he would <u>have been</u> fine now.

9 다음 중 어법상 <u>틀린</u> 것을 <u>두 개</u> 고르시오.

① Get past that "I wish I hadn't done that!" reaction. [학평기출응용]

reaction 반응

top priority 최우선

② It is essential that your safety remain a top priority.

③ I will not go there alone if I were you.

④ If it had not been for my teacher, I wouldn't have tried to learn music.

⑤ I would have visited your place if I had time to do so yesterday.

[10-12] 다음을 읽고, 어법상 **틀린** 부분을 찾아 바르게 고치시오.

10 Am I to be born again and asked what career I wanted, I would again choose teaching.

11 Nearly nothing we have today would be possible if the cost of artificial light have not dropped to almost nothing. 학평기출응용

artificial light
인공조명

12 The patient came to our hospital through an urgent telephone call. She was in a small local hospital and her condition was getting worse. Her husband requested that she was transferred to our hospital. Now that I think of it, if she were not transferred back then, she wouldn't have survived. (2개)

transfer 옮기다

🖋 내신 서술형

[13-16] 우리말과 같은 뜻이 되도록 괄호 안의 말을 한 번씩 사용하여 문장을 배열하시오.
(단, 밑줄 친 단어의 어형을 바꿀 것)

13 당신이 내게 10년 전에 이 일을 제안했더라면, 나는 그것을 받아들였을 텐데.
(you / this job / have / had / <u>accept</u> / offered me / would / it)

→ If _____ ten years ago, I _____.

14 그는 마치 그녀의 말에 영향을 받지 않은 것처럼 대답했지만, 나는 그가 떠는 것을 볼 수 있었다.
(he / as if / <u>be</u> / affected / by / not / her words)

→ He responded _____, but I could see him tremble.

tremble 떨다

15 그때 그녀와 결혼했었다면 내 인생은 지금 아주 달라져 있을 텐데.
(I / would / very different / married / her / be / <u>have</u>)

→ If _____ then, my life _____ now.

16 만약 그가 프로젝트를 제시간에 끝내지 못한다면, 그는 내게 도움을 요청할 것이다.
(he / he / ask me / the project / fail to / <u>will</u> / finish)

→ Should _____ in time, _____ for help.

📖 고난도

17 다음을 읽고, (1), (2), (3)에 주어진 말을 어법상 알맞은 형태로 고쳐 쓰시오.

Only a generation or two ago, if you had mentioned the word *algorithms*, it would (1) <u>draw</u> a blank from most people. Today, algorithms are connected to everyday life. It is crucial that the importance of algorithms in our life (2) <u>is</u> taken seriously. If every algorithm suddenly (3) <u>stops</u> working, it would be the end of the world as we know it. 학평기출응용

algorithm 알고리즘
draw a blank
아무 반응을 얻지 못하다
take ~ seriously
~을 심각하게 받아들이다

(1) _____ (2) _____ (3) _____

18 다음을 읽고, 밑줄 친 우리말을 다음 조건에 맞게 영작하시오.

> The environment is being destroyed by humans. <u>이제 우리가 지구 온난화를 막기 위해 무언가를 해야 할 때이다.</u> One of the things we could do is to reduce water waste. Take shorter showers and turn off the tap while brushing your teeth.

tap 수도꼭지

조건   1. about, something, stop, global warming을 사용할 것
       2. 가정법을 사용할 것   3. 총 11단어로 쓸 것

→ _____

19 다음 글의 밑줄 친 ⓐ～ⓔ 중 어법상 틀린 것끼리 짝지어진 것을 고르시오.

> When Rachel's parents had a car accident, her friend Bobby was there for her. "I just want you to know that you can count on me if you ⓐ<u>needed</u> anything," said Bobby, and he meant what he said. Rachel felt as if he ⓑ<u>had been</u> her older brother. Waiting for the surgeon to come out, they remained ⓒ<u>quiet</u>. Bobby kept thinking: ⓓ*<u>Were I</u> in her shoes, what would I want her to do? If she lost her parents, how would she go on living?* Rachel, lost in grief, wished her parents ⓔ<u>had never gone</u> out that evening. If they had stayed home that evening, nothing would have happened.

count on
～에게 기대다

surgeon (외과)의사

be in one's shoes
～의 입장이 되다

grief 큰 슬픔

① ⓐ, ⓑ   ② ⓐ, ⓒ, ⓓ   ③ ⓑ, ⓔ   ④ ⓑ, ⓓ, ⓔ   ⑤ ⓒ, ⓔ

🔲 수능형

20 다음 글의 밑줄 친 부분 중, 어법상 틀린 것은?

> The prosecutor insisted that Percy ①<u>was</u> involved in the crime. Although there was no evidence of Percy's involvement in the explosion, two witnesses saw him ②<u>talk</u> to two men and drive away with them. Percy admitted that he gave the men a ride but argued that he ③<u>had</u> no knowledge of any crime. ④<u>Had he</u> been involved in something so serious, he would not have wasted time in talking and created witnesses against him. He would simply ⑤<u>drive</u> off as fast as he could. He said the men had seemed too tired to walk and he had enough space in the car for them.

prosecutor 검찰관,
검사

be involved in
～에 연루되다

explosion 폭발

witness 목격자

Chapter Test

⊘ 정답 및 해설 p.39

I. 어법

[1-8] 네모 안에서 어법상 알맞은 것을 고르시오.

1 May / Could you please help me with this math question?

2 The ground is wet. It must / cannot have rained last night.

3 If my foot didn't hurt so much, I would dance / have danced with you, but I can't.

4 He wishes he knew / had known more about cooking so he can cook for his family now.

5 This software can be used to create / creating personalized documents.

6 The soldier decided that he would rather starve / starving to death than be captured by the enemy.

7 He requested that she sign / signs a petition to prevent cruelty against animals. It was a small request, so she did what he asked. 학평기출응용

8 Words like "near" and "far" can mean / meaning different things depending on where you are and what you are doing. If you were / had been at a zoo, then you might say you are "near" an animal if you could reach out and touch it through the bars of its cage. 학평기출응용

[9-13] 다음을 읽고, 어법상 <u>틀린</u> 부분을 찾아 바르게 고쳐 쓰시오.

9 Have I known that the mall would be so crowded, I would have come earlier.

10 You shouldn't have wait till the last day to turn in the paper.

11 Ten years ago there would be a restaurant, but now it is unoccupied.

12 "Oh, Aunt Neville," said Kathleen, bursting into tears. "I never knew what I did was a horrible thing. If I had known, I would never do it. I didn't mean to steal your books. I am so sorry," she said, so humbly that Aunt Neville could not help forgive her. (2개)

13 If it had not been for water, your body would stop working properly. Water makes up more than half of your body weight, and a person cannot survive for more than a few days without it. Therefore, if you're going to sports practice, you had not better forget your water bottle. (2개)

Words personalized 개인화된 capture 붙잡다, 포로로 잡다 petition 청원서 cage 우리 unoccupied 비어 있는

14 다음 중 밑줄 친 부분이 어법상 맞는 것을 고르시오.

① It is essential the patient <u>to receive</u> appropriate treatment.

② It is high time that the government <u>will take</u> action to tackle it.

③ He <u>needs</u> not worry about anything any more.

④ If we <u>won</u> last week, we would play in the finals today.

⑤ He might <u>have felt</u> good about himself when I thanked him.

15 다음 중 어법상 **틀린** 문장끼리 짝지어진 것을 고르시오.

ⓐ The victim could have been saved if the police arrived earlier.

ⓑ Your father may well being proud of your courage and determination.

ⓒ I wish I had not forgotten to take my laptop with me.

ⓓ He was used to taking care of himself and didn't want help from anyone.

ⓔ The woman's eyes were closed, as if she were sleeping.

① ⓐ, ⓑ   ② ⓐ, ⓑ, ⓔ   ③ ⓑ, ⓓ, ⓔ   ④ ⓑ, ⓔ   ⑤ ⓒ, ⓓ

16 다음 중 어법상 알맞은 문장의 개수를 고르시오.

ⓐ Nothing on earth could have stop him from going to college.

ⓑ Don't you think you ought to apologize to her?

ⓒ Were she my daughter, I would not let her drop out of school.

ⓓ I think we may as well returning to a simpler life.

ⓔ A game doesn't have to be realistic, but it should make sense.

① 1개   ② 2개   ③ 3개   ④ 4개   ⑤ 5개

17 다음 밑줄 친 부분 ⓐ~ⓓ 중, 어법상 **틀린** 것끼리 짝지어진 것을 고르시오.

Up to this point, our teens have generally listened to us so we assume that they'll ⓐ<u>keep</u> doing so. Nothing has changed on our end, so our children ⓑ<u>ought to</u> continue to react the same way as before, right? All of a sudden there's this shift where they aren't obeying quite as quickly as they ⓒ<u>are used to</u>. Let's be honest here. If someone said to you, "Do it now! Because I said so!" you wouldn't ⓓ<u>have communicated</u> with him.

① ⓐ, ⓑ   ② ⓐ, ⓒ   ③ ⓑ, ⓒ   ④ ⓑ, ⓓ   ⑤ ⓒ, ⓓ

Words **take action** 조치를 취하다 **determination** 결단(력) **drop out of school** 학교를 그만두다, 중퇴하다 **assume** 가정[추측]하다 **react** 반응하다 **shift** 변화

[18-21] 우리말과 같은 뜻이 되도록 괄호 안의 말을 이용하여 문장을 완성하시오.
(단, 필요시 어형을 바꾸고 단어를 추가할 것)

18 만약 내가 주식을 팔지 않았다면, 훨씬 더 부유할 텐데. (sell, the stock)

→ _____, I would be much wealthier.

19 너는 사용 설명서를 버리지 말았어야 했는데. (should, throw away)

→ You _____ the instructions.

20 그 지루한 연설은 마치 영원히 계속되는 것 같았다. (as if, dull speech, last, forever)

→ It seemed _____.

21 당신의 도움이 없었다면 우리는 힘든 시기를 이겨낼 수 없었을 것이다. (it, be, for, your help)

→ _____, we couldn't have gotten through the hard times.

[22-25] 우리말과 같은 뜻이 되도록 주어진 단어를 배열하여 문장을 완성하시오.
(단, 밑줄 친 단어가 있는 경우 그 어형을 바꾸되, 단어를 추가하지 말 것)

22 우리가 그 소문을 조사했더라면 우리는 지금 문제가 없을 텐데.

> would / have / have / investigate / we / we / the rumors / not

→ _____ a problem now.

23 내 휴대폰 케이스는 내가 그것(휴대폰 케이스)을 닦고 있을 때 무릎에서 떨어졌음에 틀림없다.

> my / my / cellphone case / lap / must / off / have / fall

→ _____ when I was cleaning it. 학평기출응용

24 나쁜 성적에 충격을 받아서 그 학생들은 공부를 더 했었더라면 좋았을 것이라고 생각한다.

> the students / they / wish / have / more / study

→ Shocked by their bad grades, _____.

25 그는 과학 논문을 읽는 것에 익숙했기 때문에 빠른 속도로 그것을 할 수 있었다.

> be / to / science papers / read / use

→ Because he _____, he could do it at a fast pace.

Words dull 지루한 investigate 조사하다

26 다음 글의 밑줄 친 부분 중 어법상 어색한 것을 두 개 찾아 그 기호를 쓰고 바르게 고치시오.

> We older people often make decisions about children without asking them ⓐwhat they want. However, it is essential that every child ⓑparticipated in decisions affecting their lives. Many times, we should ⓒhave supported children but failed to do that. If we ⓓlistened to children more respectfully, we would have changed the world for the better.

	어색한 부분(기호)		고친 표현
(1)	_____	→	_____
(2)	_____	→	_____

[27-28] 다음 글을 읽고 물음에 답하시오.

> Those who claim that "my job is protected from automation because I do a task that is particularly difficult to automate" cannot but ⓐfalling into a trap. No job ⓑis made up of one task: lawyers do not only make court appearances and surgeons do not only perform operations. Those particular tasks might be hard ⓒto automate, but that does not necessarily apply to all of the other activities these same professionals do in their jobs. Lawyers, for instance, may argue that 만약 자신들이 기계로 대체된다면, 배심원에게 감동적인 연설은 불가능할 것이다. They may well ⓓbe right about that. But machines today can be used ⓔto review a wide range of legal documents. That is a big part of most lawyers' jobs.

27 윗글의 밑줄 친 부분 중 어법상 어색한 것을 고르시오.

① ⓐ ② ⓑ ③ ⓒ ④ ⓓ ⑤ ⓔ

28 윗글의 밑줄 친 우리말과 같은 뜻이 되도록 〈보기〉의 주어진 단어들을 배열하여 문장을 완성하시오. (단, 주어진 단어만 모두 이용하되 어형을 바꾸지 말 것)

> 보기 a touching speech / were / to a jury / they / would / replaced / not be / by machines

→ _____ possible

Words respectfully 정중히 automation 자동화 fall into a trap 함정에 빠지다 court 법정 operation 수술 range 범위 legal 법률의

29 다음 글의 밑줄 친 부분 중, 어법상 틀린 것은?

If you ①were afraid of standing on balconies, you would start on some lower floors and slowly work your way up to higher ones. It would be easy to face a fear of standing on high balconies in a way that's totally ②controlled. Socializing is trickier. People aren't like inanimate features of a building that you just have to be around to get ③used to. You have to interact with them, and their responses can be unpredictable. Your feelings toward them are more complex too. Most people's self-esteem isn't going to be affected that much if they ④don't like balconies. However, your confidence can suffer if you cannot ⑤have socialized effectively. 학평기출응용

30 다음 글의 밑줄 친 부분 중, 어법상 틀린 것은?

Eating at a restaurant on a trip ①was a rare treat for Chuck. After finishing his lunch, he did a mental check on his small supply of pocket money. He wished he had known he was going to invite Lydia out to dinner. He would not ②order such a big lunch. A piece of cornbread would have been enough. Because the family was poor, his father always considered it important that Chuck ③spend carefully. Chuck certainly ④could not have made a trip such as this if his father had not worked for the railroad. His father ⑤had been working for the railroad as long as Chuck could remember. It had been hard work with long hours, but his father always said at least it was steady.

Words socialize (사람들과) 사귀다, 사회화하다 inanimate 무생물의 unpredictable 예측 불가능한 self-esteem 자존감[심] confidence 자신감 treat 특별한 일, 대접 pocket money 용돈 cornbread 옥수수빵 steady 꾸준한

Chapter 5

관계사 / 접속사

UNIT 9 관계사

Warm-up

✦ 기본 개념 확인

Q1 관계대명사는 관계사절 내에서 주어, 목적어 역할을 할 수 있다. [O / X]

Q2 관계대명사 what은 선행사를 포함한다. [O / X]

Q3 모든 관계대명사, 관계부사는 계속적 용법으로 쓸 수 있다. [O / X]

Q4 관계부사 뒤에는 [완전한 / 불완전한] 절이 온다.

✦ 관계사의 종류

• 관계대명사

선행사	주격	목적격	소유격
사람	who/that	who(m)/that	whose
동물·사물	which/that	which/that	whose/of which

• 관계부사

종류	선행사		예문
when	시간	the time/day 등	I can't forget *the day* **when**[on which] we met. * when (= at/in/on which)
where	장소	the place/house 등	This is *the house* **where**[in which] my family lived. * where (= in/at/on which)
why	이유	the reason	Can you tell me *the reason* **why**[for which] he left? * why (= for which)
how	방법	the way	She told me **how**[the way (that)] he solved the problem. * how (= in which)

UNIT 9 관계사

Point 1 관계대명사의 역할 및 쓰임

- 관계대명사는 **접속사**와 **대명사** 역할을 하며, 관계사절 내의 역할에 따라 **주격, 목적격, 소유격**으로 나타낸다.
- 목적격 관계대명사와 「주격 관계대명사 + be동사」는 생략할 수 있고, 관계대명사가 전치사의 목적어일 때 전치사 뒤의 목적격 관계대명사는 생략할 수 없다.
- 관계대명사 **who, which**는 **계속적 용법**으로 쓰여 선행사에 대한 추가 정보를 줄 수 있다.

> [1] What can I say to *someone* [who / **whose**] parents are sick?
>   someone과 parents는 소유 관계이므로, 소유격 관계대명사 사용
> [2] Judy should return *the car* [**that** / **which** / **Ø**] she borrowed two days ago.
>   관계사절에서 목적어 역할을 하고, 선행사가 사물이므로 목적격 관계대명사 that/which 사용 및 생략 가능
> [3] This is *the website* **to which** he has subscribed.
>   └→ 전치사의 목적어로 쓰인 목적격 관계대명사 (← which he has subscribed to)
> [4] *The situation has gotten worse*, [**which** / that] is hard to believe.
>   └→ (= and it) 앞의 절 전체를 선행사로 받음

> **⊕ Tip** 부정대명사(all / none / some / both / neither 등) 뒤에 목적격 관계대명사가 올 수 있다.
>   [5] He gave me several ideas, **none of which** I liked. (= but none of them)

Check Up 괄호 안에서 알맞은 것을 고르시오. (복수 정답 가능)

  1 I'd like to take you to a café [who / which] serves excellent coffee.

  2 She is the one of [which / whom] the nurse takes care.

  3 The shoes [Ø / which] he bought last month have already worn out.

Point 2 관계대명사 what vs. 관계대명사 that[which]

- 관계대명사 **what**(= the thing(s) which[that])은 **선행사를 포함**하고 있으므로 앞에 선행사가 없다.
  반면 관계대명사 **that, which**는 선행사를 포함하지 않으므로 앞에 선행사가 있다.
- **what**이 이끄는 명사절은 문장에서 **주어, 보어, 목적어**의 역할을 한다.

> [1] [That / **What**] is important *is* that you're alive.
>   └→ 앞에 선행사가 없고 동사 is의 주어 역할을 하는 명사절이 필요하므로 관계대명사 what 사용
> [2] We were content with *the food* [**that** / **which** / what] the restaurant served.
>   └→ 선행사 the food가 있으므로 관계대명사 that/which 사용

Check Up 괄호 안에서 알맞은 것을 고르시오.

  1 What are the plans [what / which] you are thinking of?

  2 You'd better focus on [what / that] matters most.

Basic Practice

정답 및 해설 p.42

A 네모 안에서 어법상 알맞은 것을 고르시오. (복수 정답 가능)

1 I am looking for someone who / whom can watch my dog.

2 Alex smiled when he saw that / what she had done.

3 Where did you buy the dress that / which / what you wore last week?

4 My mom buys eggs from a farmer that / whose chickens roam free.

5 Have you played the bottle game which / whom is liked by all?

6 George always does his best, and that is which / what I like about him.

7 A man whom / which society would consider a beggar came toward him. 학평기출응용

B 밑줄 친 부분이 어법상 맞으면 O표 하고, **틀리면** 바르게 고쳐 쓰시오.

1 The teacher appreciated the student <u>that</u> solved the problem.

2 I cleaned up the box <u>what</u> was filled with old clothes.

3 I happened to see two soccer players, <u>both of whom</u> I like the most.

4 This woman, <u>which</u> I'd never met before, came up and spoke to me.

C 우리말과 같은 뜻이 되도록 괄호 안의 말을 이용하여 문장을 완성하시오.

1 Benjamin이라는 이름을 가진 한 남자아이가 보스톤에 살았다. (name)

   → There lived in Boston a little boy _____ _____ was Benjamin.

2 그들은 다른 많은 사람들이 하는 것을 거부한다. (reject)

   → They _____ _____ lots of other people do. 학평기출응용

3 일찍 잠을 자는 사람은 심장병에 걸릴 확률이 더 낮다. (people)

   → _____ _____ go to sleep early have a lower risk of heart disease.

4 그들은 그 밴드가 연주하는 음악에 맞춰 춤을 췄다. (the band, played)

   → They danced to the music _____ _____ _____ _____.

Words roam (이리저리) 돌아다니다 appreciate 높이 평가하다, 진가를 알다 reject 거부[거절]하다

Point 3 관계부사의 역할 및 쓰임

- 관계부사는 **접속사와 부사 역할**을 하며, 「**전치사 + 관계대명사**」로 바꿔 쓸 수 있다. 또한 관계부사 대신 that을 쓸 수 있다.
- 관계부사 앞에 일반적인 선행사(the place/time/reason 등)가 올 경우, 관계부사와 선행사 중 하나를 생략할 수 있다.

> ^{1}This is *the restaurant* **where** my family had our Christmas dinner.
> ↳ 선행사가 the restaurant이고 관계사절에서 장소를 나타내는 부사 역할을 함
>
> ^{2}I know *the clubhouse* **in which** the dance party will be held.
> ↳ 관계부사 where 대신 in which 사용 (= ~ clubhouse **which** the dance party will be held **in**)
>
> ^{3}He showed me **the way** (that) he made his homemade jam.
> ↳ the way와 관계부사 how는 같이 쓸 수 없음, the way (that)과 how 중 하나만 사용

cf. 관계부사 when, where는 계속적 용법으로 쓸 수 있다.
^{4}I met my friends at noon, <u>when</u> it began to rain. (= and then)

⊕Tip 관계대명사 뒤에는 주로 주어나 목적어가 없는 **불완전한 절**이 오고, 관계부사 뒤에는 **완전한 절**이 온다.
^{5}I'm someone **who** *overthinks different scenarios that haven't happened yet.* 학평기출응용
^{6}Food is the reason **why** *many people travel around the world.*

Check Up 괄호 안에서 알맞은 것을 고르시오.

1 This picture was taken at the beach [when / where] I used to swim.

2 My favorite day of the week is Friday, [when / that] the weekend starts.

Point 4 복합관계대명사 vs. 복합관계부사

- 복합관계사는 관계사 뒤에 -ever가 붙은 형태로, **복합관계대명사** 뒤에는 **불완전한 절**이 오고 **명사절**과 양보의 **부사절**을 이끈다. 반면 **복합관계부사** 뒤에는 **완전한 절**이 오고, **부사절**을 이끈다.

> ^{1}I will give this gift to [**whoever** / whenever] *comes first.*
> ↳ 복합관계대명사 뒤에 주어가 없는 불완전한 절이 오고, 명사절을 이끎
>
> ^{2}I'll go [whichever / **wherever**] *you go,* and I'll be happy there.
> ↳ 복합관계부사 뒤에 완전한 절이 오고, 부사절을 이끎

⊕Tip 복합관계사를 정리해 두자.

복합관계대명사	who(m)ever	whatever	whichever
명사절	anyone who(m)	anything that	any (one) that
양보의 부사절	no matter who(m)	no matter what	no matter which
복합관계부사	whenever	wherever	however
시간·장소의 부사절	at any time when	at any place where	-
양보의 부사절	no matter when	no matter where	no matter how

Check Up 괄호 안에서 알맞은 것을 고르시오.

1 You can invite [whomever / however] you want to the party.

2 In the United States, natural gas is used [whatever / wherever] it is available.

Basic Practice

정답 및 해설 p.43

A 네모 안에서 어법상 알맞은 것을 고르시오.

1 This was the time when / what it was believed that the birds choose their mates.

2 We have built a structure that / where will last for hundreds of years.

3 Where / Wherever she went, she felt his eyes upon her.

4 His arrival changed the way how / that football is played in England.

5 Whenever / Whatever the issue was, the conflict between them remained.

6 We are determined to solve this problem, how / however long it takes.

7 A free gift will be given to whoever / whenever completes the questionnaire.

B 밑줄 친 부분이 어법상 맞으면 ○표 하고, 틀리면 바르게 고쳐 쓰시오.

1 I went to the gallery, <u>that</u> I saw a famous artist.

2 Cindy showed her passion just by the way <u>how</u> she dressed.

3 He felt the pain in his knee <u>whenever</u> he kicked a ball.

4 The day <u>on which</u> I visited New York was too cold and snowy.

C 우리말과 같은 뜻이 되도록 괄호 안의 말을 이용하여 문장을 완성하시오.

1 어느 것을 당신이 선택하기로 결정하든 당신은 좋은 시간을 보낼 것이다. (decide)

→ _____ _____ _____ to choose, you'll have a good time.

2 아기들이 얼굴을 좋아할지도 모르는 이유 하나는 진화 때문이다. (one)

→ _____ _____ _____ babies might like faces is because of evolution. 학평기출응용

3 Emma는 마음에 드는 게 있으면 그것이 비용이 얼마나 든 간에 살 것이다. (much, costs, it)

→ If Emma likes something, she'll buy it _____ _____ _____ _____.

4 그는 버지니아 주로 이주했고, 거기서 그는 Chamberlin 호텔 식당에서 일을 했다. (work)

→ He moved to Virginia, _____ _____ _____ in the dining room of the Hotel Chamberlin. 학평기출응용

Words conflict 갈등 questionnaire 설문지 evolution 진화 dining room 식당

어법

[1-7] 네모 안에서 어법상 알맞은 것을 고르시오.

1 The man of │who / whom│ I told you is called the Wise Man of Greece.

2 We look forward to the time │which / when│ we live in peace.

3 He didn't have much food on him, but he gave the child │that / what│ he had.

4 │What / Whatever│ happens, things will never be the same again.

5 There was a picture of a man │who / whose│ face had been erased.

6 At the porch he met two lawyers, one of │whom / them│ he knew.

porch 현관

7 He moved to Harvard University, │which / where│ he continued his work in psychology. 학평기출응용

psychology 심리학

8 다음 중 밑줄 친 부분이 어법상 틀린 것을 고르시오.

① <u>How</u> you look at it, this is very worrying news.

② Dr. Evans, <u>who</u> has a good reputation as a doctor, will operate on her.

reputation 명성

③ Garlic is a plant that grows <u>wherever</u> there is a warm climate.

operate 수술하다

④ Companies collect valuable customer information <u>that</u> ends up never being used. 학평기출응용

end up 결국 ~에 처하게 되다

⑤ This may be the reason <u>why</u> 85 percent of Americans do not eat enough fruits. 학평기출응용

9 다음 중 어법상 틀린 것을 두 개 고르시오.

① That I wanted to find out was how long it was going to take.

② You will have our full support whatever you decide.

③ They have two grown children, both of whom live abroad.

④ The house whose was destroyed in the fire has been recently rebuilt.

⑤ No matter how much you have accomplished, you need help, too. 학평기출응용

accomplish 성취하다

[10-12] 다음을 읽고, 어법상 **틀린** 부분을 찾아 바르게 고치시오.

10 Can who leaves last please turn off the light?

11 Two expeditions were planned in the year 1759, both of that proved successful. The first expedition was made to the capital of Canada.

expedition 탐험(대)

12 Look at the big picture of what you're trying to accomplish. On the days when you really feel like quitting, the big picture will remind you of that you will gain if you keep going. It'll help you to continue working toward the things what you want. (2개)

🔥 내신 서술형

[13-16] 우리말과 같은 뜻이 되도록 괄호 안의 말을 한 번씩 사용하여 바르게 배열하시오.
　　　　(단, 한 단어를 추가할 것)

13 우리는 작은 마을에 도착했는데, 그곳에서 하룻밤 묵었다.
(we / a / small / the night / stayed / village)

→ We reached _____ .

14 우리는 당신이 우리에게 줄 수 있는 것에 감사할 것이다.
(be / for / you / give / can / grateful / us)

→ We shall _____ .

grateful 감사하는

15 나는 그 노래를 들을 때마다 할머니가 생각난다.
(I / I / think / that song / hear / my / of / grandmother)

→ _____

16 많은 사람들은 축구 국가 대표팀이 결승전에 올라갔던 그 해를 잊지 못한다.
(the year / the national soccer team / went / forget / to / the final)

→ Many people don't _____ .

📖 고난도

17 다음을 읽고, (1), (2), (3)에 관계대명사 what, which 중 알맞은 것을 골라 쓰시오.

> It is necessary to stress ____(1)____ the aged may do for themselves along with ____(2)____ society may do for them. People age most successfully when they have discovered for themselves their roles in the societies of ____(3)____ they are a part.

(1) _____　(2) _____　(3) _____

18 다음을 읽고, 밑줄 친 우리말을 다음 조건에 맞게 영작하시오.

> 램프의 요정은 그들이 원하는 것은 무엇이든 제공했다. When Aladdin fell in love with a princess, he was rich enough to marry her and take her to live in a beautiful palace. Aladdin and his princess lived happily for a long time.

> 조건   1. the genie of the lamp, provide를 사용할 것   2. 복합관계대명사를 이용한 명사절을 사용할 것

→ _____

내신 선택형

19 다음 글의 밑줄 친 ⓐ~ⓔ 중 어법상 **틀린** 것끼리 짝지어진 것을 고르시오.

> In a philosophical dialogue, the participants are aware ⓐthat there are things they do not know or understand. The goal of the dialogue is ⓑto arrive at a conception that one did not know or understand beforehand. In traditional schools, ⓒwhich philosophy is not present, students often work with factual questions, they learn specific content listed in the curriculum, and they are not required to solve philosophical problems. However, we know that awareness of ⓓthat one does not know can be a good way to acquire knowledge. Knowledge and understanding ⓔare developed through thinking and talking. Therefore, students must not be afraid of talking without first being sure that they are right. 학평기출응용

① ⓐ, ⓒ   ② ⓑ, ⓒ   ③ ⓑ, ⓒ, ⓓ   ④ ⓒ, ⓓ   ⑤ ⓒ, ⓔ

philosophical 철학의
conception 개념, 구상
beforehand 사전에
factual 사실의, 사실에 입각한
curriculum 교육과정

📖 수능형

20 다음 글의 밑줄 친 부분 중, 어법상 **틀린** 것은?

> One mistake which a lot of people are falling into now is comparing ①themselves with other people. The Internet has given us the opportunity ②where everyone can come together without any boundaries. Because we can interact with others and see the things they are doing, we think we deserve ③whatever they have. We think we deserve their audience and the love they get online without putting in the work they have put in over the years. ④Who you are comparing yourself to has been faithful throughout their process. And their journey on the road to success has been filled with toil, failures, and heartbreaks. You don't know what this person has had to go through while ⑤trying to make something of themselves.

boundary 한계; 경계
faithful 충실한, 성실한
toil 수고, 노고
make something of oneself
성공[출세]하다

Warm-up

✦ 기본 개념 확인

Q1 접속사 뒤에는 「주어+동사」를 갖춘 절이 온다. [O / X]

Q2 접속사 that 뒤에는 [완전한 / 불완전한] 절이 온다.

Q3 접속사 if 뒤에는 확실한 내용이 온다. [O / X]

✦ 접속사의 종류

접속사	종류
등위접속사 문법적 역할이 대등한 단어, 구, 절을 연결	and, but, or, so 등
상관접속사 등위접속사가 다른 단어와 짝을 이뤄 단어, 구, 절을 연결	both *A* and *B*, not only *A* but (also) *B*, either *A* or *B*, neither *A* nor *B*, not *A* but *B*
종속접속사 주절과 종속절을 연결	• 명사절을 이끄는 접속사: 주어, 목적어, 보어 역할 　- that, if / whether, 의문사절 • 부사절을 이끄는 접속사 　시간: when, while, as, before, after, until 등 　이유·원인: because, as, since 등 　양보·대조: (al)though, even though, while 등 　조건: if, unless, once, in case, as long as 등 　목적: so that, in order that 등 　결과: so ~ that, such ~ that

UNIT 10 접속사

Point 1 접속사 vs. 전치사

· 접속사 뒤에는 「주어 + 동사」를 갖춘 절이 오는 반면, 전치사 뒤에는 명사(구)가 온다.

> ¹The festival was canceled [**because** / because of] *the weather was bad.*
> ↳ 뒤에 「주어 + 동사」를 갖춘 절이 오므로 접속사 because 사용
>
> ²Consumers like some products [because / **because of**] *their feeling.* 학평기출응용
> ↳ 뒤에 명사구가 오므로 전치사 because of 사용

⊕Tip 뜻이 유사한 접속사와 전치사를 알아 두자.

	접속사	전치사
기간	while	during
이유	because, since, as	because of, due to, owing to
양보	even though, (al)though	despite, in spite of

Check Up 괄호 안에서 알맞은 것을 고르시오.

1 I felt ill at ease with her, [despite / though] her kindness.

2 She took care of their children [during / while] her husband was at work.

3 Maybe you are avoiding extra work [because / due to] you are tired.

Point 2 접속사 that vs. 관계대명사 what

· 접속사 **that** 뒤에는 완전한 절이 오고, 관계대명사 **what** 뒤에는 불완전한 절이 온다.

· 접속사 that과 관계대명사 what이 이끄는 **명사절**은 문장에서 **주어, 목적어, 보어** 역할을 한다. ▶Unit 9 Point 2 참조 (p.104)

> ¹The driver acknowledged [**that** / what] *he had lied to the police.*
> ↳ 뒤에 완전한 절이 오므로 접속사 that 사용, that절이 목적어 역할을 함
>
> ²The good news is [**that** / what] *the player's injury is not serious.*
> ↳ 뒤에 완전한 절이 오므로 접속사 that 사용, that절이 보어 역할을 함
>
> ³It is quite difficult to understand [that / **what**] *the artist intended.*
> ↳ 뒤에 목적어가 없는 불완전한 절이 오므로, 관계대명사 what 사용

ᴏₗ 동격의 접속사 that은 앞에 나온 명사(구)를 보충 설명하는 완전한 절을 이끈다.

> ⁴The false news **that** he was dead traveled faster than true stories.
> _____ = _____

Check Up 괄호 안에서 알맞은 것을 고르시오.

1 I hope [that / what] she will be free to live her own life.

2 How can people want [that / what] is so obviously wrong?

3 He didn't believe the rumor [that / what] she ran away from home.

Basic Practice

정답 및 해설 pp.45~46

A 네모 안에서 어법상 알맞은 것을 고르시오.

1 It is difficult to book a flight during / while the busy travel season.

2 Steve gave his daughter that / what she wanted as her birthday gift.

3 The game was postponed until tomorrow because of / because heavy rain.

4 School assignments have typically required that / what students work alone. 학평기출응용

5 I had to finish the homework during / while the others had lunch.

6 Do you agree with the idea that / what humans are naturally born good?

7 My grandfather is still healthy despite / although he doesn't care about his health.

B 밑줄 친 부분이 어법상 맞으면 ○표 하고, 틀리면 바르게 고쳐 쓰시오.

1 It is believed <u>that</u> laughter is the best medicine.

2 This approach failed <u>because of</u> the fact that nobody liked it.

3 Various infrastructures were built <u>while</u> the Roman Empire.

4 Many people do not believe that life is about getting <u>that</u> you want. 학평기출응용

C 우리말과 같은 뜻이 되도록 괄호 안의 말을 바르게 배열하여 문장을 완성하시오.

1 그녀의 무례한 행동에도 불구하고, 그 교수는 침착함을 유지했다. (rude, her, in, of, behavior, spite)

　→ _____, the professor maintained his calm.

2 그는 그 프로젝트로 성취될 수 있는 것을 보여줄 것이다. (achieved, the project, could, with, what, be)

　→ He will show _____.

3 많은 기업들이 파산을 해서 많은 사람들이 직장을 잃었다. (many, went, companies, since, bankrupt)

　→ Many people lost their jobs _____.

4 연구는 이모티콘이 온라인상의 문자 기반의 의사소통에서 유용한 도구라는 것을 보여준다.
(indicates, emoticons, useful, that, are, tools)

　→ Research _____ in online text-based communication. 학평기출응용

Words　postpone 연기하다　approach 접근법　infrastructure 사회[공공] 기반 시설　go bankrupt 파산하다

접속사 if / whether vs. 접속사 that

· 접속사 if / whether와 접속사 that이 이끄는 **명사절**은 문장에서 **주어, 목적어, 보어 역할**을 한다.
  명사절을 이끄는 if는 주어, 보어, 전치사의 목적어 자리에는 잘 쓰지 않고, 접속사 that도 전치사의 목적어로 쓰지 않는다.

· **that**(~라는 것)은 확실한 내용, **if / whether**(~인지 (아닌지))는 불확실하거나 의심스러운 내용을 이끈다.

> [1]I'm not sure [**if / whether** / that] the breakfast is served in the hotel.
>   ↳ 조식이 제공되는지 여부에 대해 불확실한 내용을 이끄는 if / whether
>
> [2]Ancient people believed [if / whether / **that**] the Earth was the center of the universe.
>   ↓
>   고대인들이 지구가 우주의 중심이라고 믿었다는 확실한 내용을 이끄는 that

cf. whether / if절 끝에 쓰는 or not은 whether 바로 뒤에는 쓸 수 있지만, if 뒤에는 바로 쓸 수 없다.
> [3]He's considering **whether or not** to email her. (if or not (×))

⊕Tip 기타 접속사: in that(~라는 점에서), except that(~를 제외하고)
> [4]My sister is successful **in that** she doesn't give up and tries her best.

Check Up 괄호 안에서 알맞은 것을 고르시오.

  1 They think [that / if] an outcome has been fixed.

  2 [If / Whether / That] he can save his money or not is not important.

  3 Their fate depends on [if / whether / that] they can keep the secret.

접속사의 병렬 구조

· 등위접속사와 상관접속사로 연결된 **단어, 구, 절**은 문법적으로 형태와 역할이 대등한 **병렬 구조**를 이루어야 한다.

> [1]Without enough sleep, you can't *focus* **and** *pay attention* **or** *respond* quickly. 학평기출응용
>   ↳ 등위접속사 and, or로 can't 뒤의 동사가 병렬 구조를 이룸
>
> [2]I can't afford **either** *the money* [and / **or**] *the time* for the trip.
>   ↳ 상관접속사 either A or B에서 A, B에 해당하는 명사가 병렬 구조를 이룸

⊕Tip 알아 두어야 할 상관접속사

both A and B	A와 B 둘 다
either A or B / neither A nor B	A와 B 둘 중 하나 / A도 B도 아닌
not A but B	A가 아니라 B
not only A but (also) B	A뿐만 아니라 B도 (= B as well as A)

Check Up 괄호 안에서 알맞은 것을 고르시오.

  1 Why do people drill for and [burn / burning] fossil fuels? 학평기출응용

  2 The important thing in the game is not to win, [or / but] to take part.

  3 What the actress really wants is both fame and [wealthy / wealth].

Basic Practice

⊘ 정답 및 해설 p.46

A 네모 안에서 어법상 알맞은 것을 고르시오.

1 I certainly knew | if / that | I could finish my article on time. 학평기출응용

2 | That / If / Whether | this recipe goes into the book has not been decided yet.

3 He lost his job, | so / but | he is very short of money now.

4 We decided to go to the mall and | buy / buying | some groceries.

5 The traffic sign means | that / whether | you can't park here.

6 This product can be used either as a table mat | or / nor | as a table napkin.

7 This type of change is not only possible but also | desire / desired |. 학평기출응용

B 밑줄 친 부분이 어법상 맞으면 ○표 하고, **틀리면** 바르게 고쳐 쓰시오.

1 She slowly turned over and <u>pushing</u> her face into the grass. 학평기출응용

2 I don't know <u>if</u> my roses will survive the winter or not.

3 The kind nurse cared not only for Lydia but also <u>her family</u>.

4 Many parents don't understand <u>that</u> the mobile phone is a social lifeline for teenagers.

C 우리말과 같은 뜻이 되도록 괄호 안의 말을 이용하여 문장을 완성하시오.

1 그는 예술과 과학 두 분야 모두에서 중요한 인물이었다. (both, science, art)

　→ He was a significant figure in two fields, ＿＿＿＿＿＿＿＿＿＿＿＿＿＿.

2 우리는 모든 가능한 해결책을 찾아봤지만, 그것을 찾을 수 없었다. (could, find)

　→ We looked for every possible solution, ＿＿＿＿＿＿＿＿＿＿＿＿＿＿.

3 내가 그 일을 수락해야 할지 말지에 대해 네 의견이 필요해. (should, the job, accept)

　→ I need your advice on ＿＿＿＿＿＿＿＿＿＿＿＿＿＿ or not.

4 저자는 혼혈왕자가 Harry도 Voldemort도 아니라고 말했다. (nor, Harry, Voldemort)

　→ The author said that the Half Blood Prince is ＿＿＿＿＿＿＿＿＿＿＿＿＿＿.

Words article 기사 turn over (몸을) 뒤집다 lifeline 생명줄 figure 인물

어법

[1-7] 네모 안에서 어법상 알맞은 것을 고르시오.

1 The mall was crowded with people | because / because of | a big sale.

2 The news | that / what | Erin was fired from the company took me by surprise.

be fired 해고되다

3 Never be too confident in your health and | keeping / keep | checking it! 학평기출응용

4 The author wrote her novel | during / while | her kids were sleeping.

5 We should stop worrying | whether / that | people like us.

6 Right after the earthquake, someone shouted | that / what | the sea was coming.

7 The condition is not curable, | and / but | its symptoms can be treated.

curable 치유 가능한

8 다음 중 밑줄 친 부분이 어법상 **틀린** 것을 고르시오.

① Many people were present at the ceremony <u>in spite of</u> the heavy snow.

② Their friends left early <u>because</u> John and Judy had an argument.

③ I disagree with their opinion <u>that</u> the product is safe to apply to the skin.

apply 바르다

④ The audience thought <u>if</u> the movie was both amusing and touching. 학평기출응용

⑤ Many cities have experienced epidemics and have not only survived but also <u>thrived</u>.

epidemic 유행병

9 다음 중 어법상 **틀린** 것을 **두 개** 고르시오.

① She happily and proud works as a marketing specialist.

② He has held solo exhibitions during his stays in New York.

solo 단독의

③ Check whether pets are allowed inside the rental vehicles.

④ You can donate by either scanning the QR code or fill out the form online.

⑤ You will find that this improves the quality of your working environment. 학평기출응용

[10-12] 다음을 읽고, 어법상 **틀린** 부분을 찾아 바르게 고치시오.

10 If you need a visa depends on several factors.

11 Curiosity motivates us to talk about difficulties more, and trying new approaches to solving problems.

12 Twenty years from now you will be more disappointed by what you didn't do than by that you did do. Sail away from the safe harbor and catch what you want. Explore the world, but you'll live a meaningful life. (2개)

harbor 항구

🖊 **내신 서술형**

[13-16] 우리말과 같은 뜻이 되도록 괄호 안의 말을 한 번씩 사용하여 바르게 배열하시오.
   (단, 한 단어를 추가할 것)

13 당신은 실패로부터 가장 중요한 것을 배울 것이다.
(most / failure / is / from / learn / the / important)
→ You'll _____ .

14 담요도 내 코트도 나를 충분히 따뜻하게 할 수 없었다.
(neither / my coat / keep / me / blankets / could / warm)
→ _____ enough.

15 바른 철자는 'desert'가 아니라 'dessert'이다.
(spelling / 'desert' / 'dessert' / the right / is / not)
→ _____

16 사람들은 여왕이 어제 서거했다는 소식을 듣고 슬퍼했다.
(the news / had passed away / hear / the queen / to / sad)
→ People were _____ yesterday.

🔍 **고난도**

17 다음을 읽고, (1), (2), (3)에 주어진 말을 어법상 알맞은 형태로 고쳐 쓰시오.

Our class decided to go see the beautiful sunflower (1) <u>while</u> its blossom season. On the day of the visit, I thought we had to cancel it (2) <u>because of</u> it began to rain. (3) <u>Though</u> the heavy rain, our class agreed to go outside and do other outdoor activities.

blossom season
개화기

(1) _____ (2) _____ (3) _____

18 다음을 읽고, 밑줄 친 우리말을 다음 조건에 맞게 영작하시오.

My brother got into a fight while standing up for his friend, but when our mom asked how he got the bruise, he lied. <u>우리 엄마는 우리가 거짓말을 하고 있는지 아닌지를 알 아챌 수 있다.</u> I'm sure he'll get in more trouble for lying.

> 조건 1. 접속사 if 또는 whether 중 하나만 사용할 것
> 2. or not을 포함하되, or not으로 문장을 끝내지 말 것
> 3. 동사 sense와 lie를 사용할 것

→ _____

+ 내신
선택형

19 다음 글의 밑줄 친 ⓐ~ⓔ 중 어법상 **틀린** 것끼리 짝지어진 것을 고르시오.

Good teachers know that learning occurs when students compare what they already know with the new ideas ⓐ<u>presented</u> by the teacher or textbook. It is the students who decide ⓑ<u>whether</u> or not to reconstruct their conceptions. So, teaching should be not teacher-centered ⓒ<u>or</u> student-centered. This means that students should be actively involved in making and ⓓ<u>interpreting</u> analogies. If we believe ⓔ<u>what</u> analogy use is an effective way to help students think and learn, then it makes sense to help students generate their own analogies. 학평기출응용

* analogy 유추

① ⓐ, ⓒ　　　② ⓑ, ⓓ　　　③ ⓑ, ⓒ, ⓓ　　　④ ⓑ, ⓒ, ⓔ　　　⑤ ⓒ, ⓔ

📄 수능형

20 다음 글의 밑줄 친 부분 중, 어법상 **틀린** 것은?

It is company culture ①<u>that</u> influences organizational performance. It often mirrors the organization's values, but ②<u>is</u> a direct reflection of the organization's leadership. Creating a good company culture is extremely important ③ <u>because of</u> the culture that employees belong to is the reason they love or hate their jobs, and customers can feel valued or ignored. Like reputation, it takes years ④<u>to build</u> a good culture. But it takes only a few missteps to mess it all up. Therefore, good culture needs to be created to make the employees ⑤<u>loyal</u> to the company. But how do you create company culture?

Chapter Test

⊘ 정답 및 해설 p.49

I. 어법

[1-8] 네모 안에서 어법상 알맞은 것을 고르시오.

1 We're not sure │ if / that │ we are on the right track or not.

2 I don't believe │ that / what │ you have said, and will not listen to you.

3 The party host will introduce us to │ whom / whomever │ we want to meet.

4 Valet parking service will be offered for │ both / either │ residents and visitors.

5 She employed a nanny for our care │ during / when │ the time she was away.

6 They agreed with the idea │ which / that │ students should use technological tools in classes.

7 Don't worry, Michael will join you soon. He will accompany you to the cottage │ which / where │ your family will be waiting for you.

8 Never work for other people in │ which / what │ you do, and remember that the reason │ why / which │ you started working was that there was passion inside yourself.

[9-13] 다음을 읽고, 어법상 **틀린** 부분을 찾아 바르게 고쳐 쓰시오.

9 She finally made him tell that was lying so heavily on his heart.

10 Although the acceptance of the free-market system, markets are rarely left entirely free. 학평기출응용

11 Last year, the farmer raised rice and potatoes, of that he had an abundance for his own use and to sell.

12 You'd better include friends and family members what you can trust in your decision-making process. They might ask questions that you hadn't thought of and can help you make sure what you're choosing what's right for you. (2개)

13 Does appearance matter? People are all taught not to judge one other by that they look like, but many still do this foolish thing. They still judge a person's physical appearance, which is neither safe nor reliably. (2개)

Words on the right track 올바른 방향으로 나아가는 accompany 동행하다 an abundance of 많은, 풍부한 decision-making 의사 결정(의)
reliably 믿을 수 있게, 확실히

14 다음 중 밑줄 친 부분이 어법상 **틀린** 것을 두 개 고르시오.

① Now Emma has found <u>which</u> she has really been looking for.

② She asked the doctor <u>whether</u> her mom needed surgery.

③ Social media has transformed the way <u>that</u> we communicate.

④ They are looking for a larger house not to buy but <u>renting</u>.

⑤ The bartender will make <u>whichever</u> drink you choose.

15 다음 중 어법상 **틀린** 문장끼리 짝지어진 것을 고르시오.

ⓐ We haven't forgotten the favor that they did for us.

ⓑ I can't suppress my sorrow how hard I try.

ⓒ The festival, which lasted all day, ended with fireworks.

ⓓ She knows the danger of which she is about to undertake.

ⓔ He taught me the lesson with both patience and understandable.

① ⓐ, ⓑ   ② ⓐ, ⓒ   ③ ⓑ, ⓒ, ⓓ   ④ ⓑ, ⓓ, ⓔ   ⑤ ⓓ, ⓔ

16 다음 중 어법상 알맞은 문장의 개수를 고르시오.

ⓐ I respect him not for what he has but for who he is.

ⓑ I decided to stay with my friend who roommate is away for a week.

ⓒ The superheroes absorb the powers of whomever they're fighting against.

ⓓ The courses are not only open to students but also to adults.

ⓔ Imagine a forest with only one type of plant in it, where is the only source of food. 학평기출응용

① 1개   ② 2개   ③ 3개   ④ 4개   ⑤ 5개

17 다음 밑줄 친 부분 ⓐ~ⓓ 중, 어법상 **틀린** 것끼리 짝지어진 것을 고르시오.

Families are like individuals ⓐ<u>in that</u> they also have a developmental "life cycle." The life cycle has predictable stages ⓑ<u>that</u> occur as the family moves through time. Leaving home is thought to be the entry point of the family life cycle, a time at ⓒ<u>when</u> single young adults accept responsibility for themselves. The cycle continues with a number of steps, not all of ⓓ<u>that</u> apply to all families.

① ⓐ, ⓑ   ② ⓐ, ⓒ   ③ ⓑ, ⓒ   ④ ⓑ, ⓓ   ⑤ ⓒ, ⓓ

Words   suppress 억누르다   undertake 떠맡다   developmental 발달 중인   entry point 진입점, 시작점

[18-21] 우리말과 같은 뜻이 되도록 괄호 안의 말을 한 번씩 사용하여 문장을 배열하시오.
　　　　(단, 괄호 안의 단어 중 하나는 사용하지 말 것)

18 Miller 씨는 그의 담임 선생님이었는데, 그가 화가가 되도록 격려했다.
(who / that / him / encouraged / a painter / to be)

→ Mr. Miller was his homeroom teacher_____.

19 우리가 우리 자신에게 가장 좋은 것을 원한다는 것은 확실히 말이 된다.
(what / that / which / we / is best / want / for us)

→ It certainly makes sense _____.

20 그가 그 사건에 통제력이 있었는지 의심스럽다.
(that / any control / whether / over / had / he / the event)

→ It is doubtful _____.

21 그녀는 두 가지 해결책을 마련했는데, 모두 다 채택이 되었다. (both / were / which / them / adopted / of)
→ She came up with two solutions, _____.

[22-25] 우리말과 같은 뜻이 되도록 주어진 단어를 배열하여 문장을 완성하시오. (단, 밑줄 친 단어는 형태를 바꿀 것)

22 그는 아무리 바쁠지라도, 다른 사람을 돕는 것을 결코 거절하지 않는다.

> <u>how</u> / never refuses / busy / he / to help / he is / others

→ _____

23 다르다는 것이 더 낫거나 더 열등하다는 것을 의미하지 않는다.

> either / inferior / <u>or</u> / means / better / being different

→ _____

24 비행기가 취소된 승객은 환불을 받을 수 있다.

> <u>who</u> / the passenger / can get / has been / a refund / flight / canceled

→ _____

25 나는 가능할 때마다 햇빛을 받으면서 잠을 좀 잤다.

> when / I / some sleep / caught / in the sunshine / I could

→ I _____.

Words inferior 열등한

26 다음 글의 밑줄 친 부분 중 어법상 어색한 것을 두 개 찾아 그 기호를 쓰고 바르게 고치시오.

ⓐWhen the time ⓑthat she served as Second Lady, she also taught English at Northern Virginia Community College from 2009 to 2017. And now, she has announced ⓒwhat she'll work full-time outside of the White House. She really wants to continue ⓓwhat she has done.

* Second Lady 부통령 부인

	어색한 부분(기호)		고친 표현
(1)	_____	→	_____
(2)	_____	→	_____

[27-28] 다음 글을 읽고 물음에 답하시오.

당신이 누군가의 목소리에서 찾을 수 없는 것은, *you might find in someone's writing.* I always like to watch video lectures ⓐwhenever I have to study something on my own. Just like some of you, I do not want to go through the pain of reading books. Recently, however, I discovered some writers ⓑwho eliminated the element of "bore" from books and ⓒmade them so much more interesting. This started ⓓwhen one of my really smart friends told me to start reading books. Reading books gives you a really important skill, ⓔthat is comprehension.

27 윗글의 밑줄 친 부분 중 어법상 어색한 것을 고르시오.

① ⓐ　　　　　② ⓑ　　　　　③ ⓒ　　　　　④ ⓓ　　　　　⑤ ⓔ

28 윗글의 밑줄 친 우리말과 같은 뜻이 되도록 〈보기〉의 주어진 단어들을 배열하여 문장을 완성하시오.
(단, 주어진 단어만 모두 이용하되, 어형을 바꾸지 말 것 / 관계사를 추가할 것)

보기 someone's / can't / find / you / in / voice

→ _____ .

Words　element 요소　bore 지루한[따분한] 것　comprehension 이해력

29 다음 글의 밑줄 친 부분 중, 어법상 **틀린** 것은?

Sometimes it is the simpler product ①that gives a business a competitive advantage. Until recently, bicycles had to have many gears, often 15 or 20, for them to ②be considered high-end. But fixed-gear bikes with minimal features have become more popular, as those who buy ③them are happy to pay more for much less. The overall profitability of these bikes is much higher than the more complex ones ④because the fact that they do a single thing well without the cost of added complexity. Companies should be careful of getting into a war over adding more features with their competitors, ⑤which will increase cost and reduce profitability because of competitive pressure on price. 학평기출응용   * high-end 최고급의

30 다음 글의 밑줄 친 부분 중, 어법상 **틀린** 것은?

One of the questions you ①are asked when you're an elementary student is "What do you want to be when you grow up?" Most responses are based on ②what you've seen in your environment at the time—usually a princess, a fireman, a schoolteacher, etc. What you don't realize is ③that as you begin to grow, the answer to the question begins to change. Later, you may enter a college or the working world. ④Which is your choice, you start thinking about what it really means to be an adult. It is at this very moment that you pray to God, the universe, or whoever you believe in, ⑤hoping you have made the right choices to become successful in life.

Words   competitive advantage 경쟁 우위   profitability 수익성   pressure 압박

Chapter 6

형용사·부사/
비교 구문/대명사

UNIT
11
형용사·부사

Warm-up

✦ 기본 개념 확인

Q1 형용사와 부사는 수식하는 대상이 다르다. [O / X]

Q2 일부 부사는 형용사와 형태가 같다. [O / X]

Q3 [a few / a lot of]는 셀 수 있는 명사와 셀 수 없는 명사를 모두 수식한다.

✦ 형용사와 부사의 역할

형용사	(대)명사 수식	a **funny** movie
	보어 역할	The sky gets **dark**.
부사	형용사 수식	The soup was **too** salty.
	다른 부사 및 동사 수식	He **almost always** showers after the gym.
	문장 전체 수식	**Luckily**, he was not injured.

UNIT 11 형용사·부사

Point 1 형용사 vs. 부사

- 형용사는 (대)명사를 수식하는 **한정 용법**, 주어나 목적어를 보충 설명하는 **주격보어, 목적격보어** 역할의 **서술 용법**으로 쓰인다.
- 부사는 **형용사, 다른 부사, 동사 또는 문장 전체**를 수식한다.
- **주격보어와 목적격보어 자리에는 부사가 올 수 없다**는 점에 유의한다.

> [1] Mr. Johnson was a **diligent** *man* who worked hard to support his family.
>   ↳ 명사를 수식하는 형용사 (한정 용법)
>
> [2] *This vegetable soup* tastes **awful**.
>   ↳ 주격보어로 쓰인 형용사 (서술 용법)
>
> [3] The camper knows how to keep *food* **fresh** while camping.
>   ↳ 목적격보어로 쓰인 형용사 (서술 용법)
>
> [4] **Naturally**, *I got* **very** *depressed when she was crying.*
>   ↳ 문장 전체 수식 부사   ↳ 형용사를 수식하는 부사

⊕Tip 형용사를 주격보어, 목적격보어로 취하는 동사를 알아 두자.

형용사를 주격보어로 취하는 동사	상태/변화를 나타내는 동사: be(come), keep, grow, turn, get 등
	감각/외견을 나타내는 동사: feel, look, smell, taste, sound, seem, appear 등
형용사를 목적격보어로 취하는 동사	make, keep, leave, find, think, consider 등

Check Up 괄호 안에서 알맞은 것을 고르시오.

1 We should keep [quiet / quietly] in the library.

2 He got a bad cold, so he coughed [bad / badly].

Point 2 서술 용법 형용사

- 접두어 a-로 시작하는 형용사를 포함하여 **서술 용법으로만 쓰이는 형용사**를 알아 둔다.
- afraid, awake, asleep, alone, ashamed, alive, aware, alike, fond, content, worth 등

> [1] You can enjoy a [**live** / alive] *show* at the Central Park today.
>   ↳ 뒤에 있는 명사 show를 수식하는 형용사 live를 사용 (한정 용법)
>
> [2] If *something* is [live / **alive**], it continues to exist.
>   ↳ be동사 다음에 와서 주어를 보충 설명하는 alive를 사용 (서술 용법)

cf. alone, alike는 부사로도 쓰인다.

[3] Ted likes to spend time *alone* on weekends. (혼자서)

[4] Parents should treat all their children *alike*. (동등하게, 똑같이)

Check Up 다음 밑줄 친 단어가 올바르게 쓰였으면 ○표, 아니면 ✕표 하시오.

1 The dog is keeping the baby <u>awake</u>.

2 The manager was <u>aware</u> of the situation and called for help.

Basic Practice

정답 및 해설 p.51

A 네모 안에서 어법상 알맞은 것을 고르시오.

1 When she heard the news, her face grew | pale / palely |.

2 Insects are | total / totally | suitable for consumption. 학평기출응용

3 The two idols look | like / alike | in appearance.

4 | Regrettable / Regrettably |, education has not been properly funded.

5 We apologize to you for the | ashamed / shameful | behavior of our staff.

6 Buttermilk tastes | sour / sourly |, but it was made that way on purpose.

7 Please check the ingredients of all the food your children bring | careful / carefully |. 학평기출응용

B 밑줄 친 부분이 어법상 맞으면 O표 하고, 틀리면 바르게 고쳐 쓰시오.

1 The baby fell <u>sleepy</u> in the backseat of the car.

2 The team worked <u>quiet</u> behind the scenes.

3 Sarah is <u>very fond</u> of chocolate cake, so she often stops by the dessert shop.

4 Sometimes we feel <u>alone</u> no matter how many people are around us.

C 우리말과 같은 뜻이 되도록 괄호 안의 말을 바르게 배열하여 문장을 완성하시오.

1 그 무례한 매니저는 종종 점심을 혼자 먹는다. (alone, lunch, eats)

   → The rude manager often _____.

2 그 아주 큰 남자는 정말 작은 의자에 앉았다. (the, man, large, very)

   → _____ sat in a really small chair.

3 지나치게 많은 햇빛은 당신의 피부에 해롭다. (sunlight, harmful, much, is, too)

   → _____ to your skin.

4 그 기기는 아주 비싸지만 살 가치가 있다. (expensive, is, very, worth)

   → The device is _____, but it _____ buying it.

Words suitable 적합한, 적절한 consumption 먹는 것, 소비 on purpose 고의로, 일부러 fund 기금을 대다 behind the scenes 무대 뒤에서, 막후에서

Point 3

주의해야 할 형용사/부사

· 형용사와 부사로 모두 쓰이는 단어 중 -ly가 붙어 뜻이 완전히 달라지는 경우에 유의한다.

· **-thing**이나 **-body**로 끝나는 대명사는 형용사가 뒤에서 수식한다.

· **enough**는 부사일 경우 형용사나 부사를 뒤에서 수식하고, **형용사**일 경우 **명사 앞**에서 수식한다.

> [1]She is upset about Thomson because he always gets up [**late** / lately].
> 　　　　　　　　　　　　　　　　　문맥상 '늦게'라는 뜻의 부사 late가 적절. 부사 lately는 '최근에'라는 뜻 ↵
>
> [2]Try [**something new** / new something] and don't be afraid of doing it.
> 　　　↳ -thing으로 끝나는 대명사는 형용사가 뒤에서 수식
>
> [3]The house is [enough large / **large enough**] for my family to live in.
> 　　　　　　　　　　　　　　↳ 부사로 쓰인 enough는 형용사 뒤에서 수식

⊕Tip 유의해야 할 형용사와 부사를 알아 두자.

혼동하기 쉬운 형용사와 부사	late ⓗ 늦은 ⓟ 늦게 hard ⓗ 어려운; 열심히 하는 ⓟ 열심히 near ⓗ 가까운 ⓟ 가까이 high ⓗ 높은 ⓟ 높이 most ⓗ 대부분의 ⓟ 가장 close ⓗ 가까운 ⓟ 가까이	lately ⓟ 최근에 hardly ⓟ 거의 ~않다 nearly ⓟ 거의 highly ⓟ 매우 mostly ⓟ 주로, 대개 closely ⓟ 면밀하게
명사에 -ly가 붙은 형용사	friendly 친절한　lovely 사랑스러운　timely 시기적절한　costly 값비싼　orderly 정돈된	

Check Up　괄호 안에서 알맞은 것을 고르시오.

　1 The tomb has been discovered [late / lately] in the valley.

　2 We had just [enough time / time enough] to get to the station.

Point 4

수량 형용사

· 수를 나타내는 형용사는 셀 수 있는 명사, 양을 나타내는 형용사는 셀 수 없는 명사를 수식한다.

- 셀 수 있는 명사 수식: many, a great[large] number of, several, few, a few

- 셀 수 없는 명사 수식: much, a great[large] amount of, little, a little

- 둘 다 수식: lots of, a lot of, plenty of, some, any, all

> [1]He lived a happy life for [**a few** / a little] *years* after college.
> 　　　　　　　　　　　　　↳ 셀 수 있는 명사 앞에 a few 사용
>
> [2]This plant doesn't need [many / **much**] *water* and remains healthy without care.
> 　　　　　　　　　　　　　　　↳ 셀 수 없는 명사 앞에 much 사용

cf few/a few, little/a little의 차이

　few와 little은 '거의 없는'이라는 부정의 의미이고, a few와 a little은 '조금 있는'의 긍정의 의미이다.

Check Up　괄호 안에서 알맞은 것을 <u>모두</u> 고르시오.

　1 Unfortunately, she had [few / little] time for enjoyment.

　2 Michelle has been doing [some / lots of] writing over the past year.

Basic Practice

정답 및 해설 p.52

A 네모 안에서 어법상 알맞은 것을 고르시오.

1 It's so airless in here that I can hard / hardly breathe.

2 A spacecraft needs to carry enough air / air enough needed for survival. 학평기출응용

3 You'll be late / lately for your flight if you don't hurry up.

4 Salvador introduced himself in a friendly / friendlily way.

5 There are only a few / a little hours left before the sun sets.

6 There's something sharp / sharp something in my shoe. It's stinging my foot.

7 A large amount / number of Nobel Prize winners were the students of previous winners. 학평기출응용

B 밑줄 친 부분이 어법상 맞으면 ○표 하고, 틀리면 바르게 고쳐 쓰시오.

1 I feel sorry for the kids. They've had a <u>hard</u> time.

2 Amy is not <u>enough mature</u> to handle the problem.

3 The show was so funny that we <u>nearly</u> died laughing.

4 Jack saves <u>little</u> money every month to buy a new mobile phone.

C 우리말과 같은 뜻이 되도록 괄호 안의 말을 바르게 배열하여 문장을 완성하시오.

1 최근에 흥미로운 뭔가를 한 적이 있니? (interesting, doing, anything)
→ Have you been _____ lately?

2 미래에 많은 것들이 잘못될 수 있다. (things, plenty, go, of, wrong, can)
→ _____ in the future.

3 우리는 이 직책에 아주 숙련된 사람이 필요하다. (we, person, skilled, need, highly, a)
→ _____ for this position.

4 그 행사에 참석한 사람들이 거의 없어서 그들은 실망했다. (in, people, participated, the event, few)
→ They were disappointed that _____.

Words **airless** 공기가 안 통하는, 답답한 **sting** 찌르다 **skilled** 숙련된

Unit Test

A 어법

[1-7] 네모 안에서 어법상 알맞은 것을 고르시오.

1 Eating and sleeping regularly will make you healthy / healthily .

2 I feel bad / badly that he is not taking part in the game.

3 The speech was interrupted by a few / a little people in the audience.

4 Shawn has done possible everything / everything possible to cure his disease.

5 Robots will carry out dangerous missions in the near / nearly future.

6 Jupiter is mostly / most made up of helium and hydrogen.

hydrogen 수소

7 You can make your meetings more useful by preparing good / well in advance.

학평기출응용

8 다음 중 밑줄 친 부분이 어법상 틀린 것을 고르시오.

① She was left alone to work on the project.

② He was exhausted mentally and physically after the match.

③ Kyle's parents had little moments to spend time with him.

④ She is very content with her new job in New York.

⑤ Many places in Iceland are worth seeing once in a lifetime.

9 다음 중 어법상 틀린 것을 두 개 고르시오.

① The village was totally devastated by the typhoon in 2020.

② Unfortunately, she has not had an easily life.

③ Children spend too much time watching TV and YouTube.

④ Daniel is finally enough tall to ride the roller coaster.

⑤ I watched the figure skater skate beautifully on the ice.

devastate
완전히 파괴하다

[10-12] 다음을 읽고, 어법상 <u>틀린</u> 부분을 찾아 바르게 고치시오.

10 It is apparently that there is nothing that cannot happen today.

11 Any crisis is an opportunity to make your life extraordinary in some way. Hopefully, a little good things will come out of the crisis.

extraordinary
대단한, 비상한

12 In hero movies, the main conflict is between a hero and a few bad guys. The hero doesn't hesitate to give his life for noble something. The climax is usually a spectacularly battle between the hero and the bad guys near the end of the movie. (2개)

noble 고귀한, 고결한

spectacularly
구경거리로, 볼 만하게

내신 서술형

[13-16] 우리말과 같은 뜻이 되도록 주어진 말을 한 번씩 사용하여 바르게 배열하시오.

13 그는 좀처럼 말을 하지 않았고 자신의 억양을 부끄러워했다.
(rarely / was / spoke / his accent / ashamed / of)
→ He ＿＿＿＿＿＿＿＿＿＿＿＿＿ and ＿＿＿＿＿＿＿＿＿＿＿＿＿.

14 무언가를 숙달하려면 상당한 양의 시간과 노력이 걸린다.
(time / a great / takes / and / amount / effort / of)
→ To master something, it ＿＿＿＿＿＿＿＿＿＿＿＿＿＿＿.

15 그 여배우는 소셜미디어에 자신의 사진을 올리는 것을 꽤 좋아한다.
(is / her pictures / fond / posting / quite / of / the actress)
→ ＿＿＿＿＿＿＿＿＿＿＿＿＿＿＿＿＿＿ on social media.

16 다행히도, 그 실종된 개는 살아있는 상태로 발견되었다.
(the missing / alive / dog / fortunately / found / was)
→ ＿＿＿＿＿＿＿＿＿＿＿＿＿＿＿＿＿＿＿

고난도

17 다음을 읽고, (1), (2), (3)에 주어진 말을 어법상 알맞은 형태로 고쳐 쓰시오.

Jason looked at Mrs. Carlan. "I want you to think (1) <u>careful</u> about the attitude of Mr. King as he walked out of the room. First, did he seem (2) <u>emotionally</u>?" Mrs. Carlan wiped her eyes. "Well, he looked (3) <u>calmly</u>. He walked slowly out of the room."

attitude 태도

wipe one's eyes
눈물을 닦다

(1) ＿＿＿＿＿＿＿＿ (2) ＿＿＿＿＿＿＿＿ (3) ＿＿＿＿＿＿＿＿

18 다음을 읽고, 밑줄 친 우리말을 다음 조건에 맞게 영작하시오.

> How could life have been more perfect than it was at that moment? I was standing there with a beautiful girl by a lovely fountain. <u>나는 모든 것이 완벽하다는 것을 알게 되었다</u> and my dreams had come true.

> 조건   1. 동사 find와 perfect를 사용한 5형식 문장으로 쓸 것
> 2. 총 4단어로 쓸 것

→ _____

19 다음 글의 밑줄 친 ⓐ~ⓔ 중 어법상 <u>틀린</u> 것끼리 짝지어진 것을 고르시오.

> Annette ⓐ<u>had been waiting</u> for Reiner for over an hour. There was still no sign of him. She started thinking that something bad ⓑ<u>might have happened</u> to him. Getting ⓒ<u>anxiously</u>, she called Reiner's phone, but there was no response. At that moment, she heard a voice ⓓ<u>calling</u> her name. She found Reiner coming toward her. She found him ⓔ<u>safely</u>. He explained that there was a minor car accident. What was worse, he had left his phone at home. "I'm so sorry," he said. Now she felt relieved. "I'm fine now. As long as you're here and safe." 학평기출응용

minor 경미한

relieved 안도한

① ⓐ, ⓒ   ② ⓑ, ⓒ, ⓓ   ③ ⓑ, ⓒ, ⓔ   ④ ⓒ, ⓓ   ⑤ ⓒ, ⓔ

수능형

20 다음 글의 밑줄 친 부분 중, 어법상 <u>틀린</u> 것은?

> Marc Isambard Brunel is best known for the design and construction of the Thames Tunnel. ①<u>Originally born</u> in France, Brunel escaped to the United States during the French Revolution. He later moved to London and invented machines for making boots. ②<u>During</u> the Napoleonic Wars, Brunel's factory supplied British troops with boots. After the Wars ended, however, the government stopped buying his boots and he went out of business. A few years later, Brunel was ③<u>imprisoned</u> for several months because of his debt. In 1825, Brunel designed a tunnel under the River Thames. The Thames Tunnel ④<u>official</u> opened on 25 March 1843. Though he didn't feel ⑤<u>well</u>, he attended the opening ceremony. 학평기출응용

supply 공급하다

troop 군대

go out of business 폐업하다

imprison 투옥하다, 수감하다

opening ceremony 개막식

비교 구문

Warm-up

✦ 기본 개념 확인

Q1 원급 비교 as ~ as 사이에는 형용사나 부사를 그대로 쓴다. [O / X]

Q2 비교급을 강조할 때 [the very / much]를 쓸 수 있다.

Q3 비교 구문에서 비교 대상은 서로 문법적으로 형태가 같아야 한다. [O / X]

✦ 비교 구문의 기본 형태

비교 구문	예시
원급 비교	Pink roses are **as** beautiful **as** red roses. Pink roses are **not so[as]** beautiful **as** red roses.
비교급 비교	Ed drives a car **more** carefully **than** Harry. Harry drives a car **less** carefully **than** Ed.
최상급 비교	It is **the most popular** painting in the art gallery. It is **the least popular** painting in the art gallery.

UNIT 12 : 비교 구문

원급 vs. 비교급 vs. 최상급

· 원급/비교급/최상급 비교의 각 형태와 의미를 비교하여 알아 둔다.

- 원급 비교: **as + 원급 + as** (~만큼 …한[하게])
- 비교급 비교: **비교급 + than** (~보다 더 …한[하게])
- 최상급 비교: **the + 최상급 (+ in / of 등)** ((~ 중에서) 가장 …한[하게])

---

[1] The wind will not be **as** [**strong** / stronger] **as** it was yesterday.
↳ as ~ as 사이에는 형용사/부사의 원급 형태가 옴

[2] [Few / **Fewer**] **than** one-fifth of adults say they trust information from advertising.
↳ 뒤에 than이 있으므로 비교급 형태가 옴   학평기출응용

[3] It was **the** [big / bigger / **biggest**] mistake I've made in my life.
↳ 정관사 the가 있고, 일생 동안 저지른 실수 전체와 비교하는 내용이므로 최상급 형태가 옴

 「as + 형용사/부사의 원급 + as」에서 형용사와 부사 중 어느 것이 들어가야 하는지 판단해야 하는 경우, as를 제외한 문장에서 형용사와 부사 중 어느 것이 필요한지를 파악한다.

[4] My sister sings **as beautifully as** the singer. (동사 sings를 수식하는 부사가 와야 함)

Check Up 괄호 안에서 알맞은 것을 고르시오.

1 The bull is as [**big** / bigger / biggest] as a small elephant.

2 Seoul is [cold / **colder** / coldest] than cities such as Busan or Jeju.

3 That's the [good / better / **best**] film I have seen this year.

Point 2

비교급 / 최상급 강조

· 비교급과 최상급을 강조하는 부사를 알아 둔다.

- 비교급 강조: **much, even, far, a lot, still** 등 (단, very는 사용할 수 없다.)
- 최상급 강조: **much, by far, the very, ever, quite** 등

---

[1] The Moon is [**much** / very] *darker* than the Earth.
↳ much는 비교급을 강조할 수 있고, very는 사용할 수 없다.

[2] Christmas is [very / **by far**] *the biggest* holiday in the U.S. and England.
↳ by far는 최상급을 강조하며, very는 앞에 the가 붙어야 한다.

Check Up 괄호 안에서 알맞은 것을 고르시오.

1 The weather today is [**a lot** / the very] better than yesterday's weather.

2 We want [a lot / **the very**] best quality for our clients.

Basic Practice

정답 및 해설 p.54

A 네모 안에서 어법상 알맞은 것을 고르시오.

1 The hockey team didn't play as good / well as they usually do.

2 Scientists say the newly discovered star is bigger / the biggest than the Sun.

3 Yesterday was far / by far the happiest day of my life.

4 He hit the ball more / most powerfully than his competitor.

5 Istanbul is considered the larger / largest city in Europe by population.

6 The cheesecake looks a lot / very tastier than this apple pie.

7 The man was nervous and grab his seat as tight / tightly as he could. 학평기출응용

B 밑줄 친 부분이 어법상 맞으면 O표, 틀리면 바르게 고쳐 쓰시오.

1 The traffic is not as <u>heavily</u> as I thought it would be.

2 Cities grew <u>much faster</u> after the Industrial Revolution.

3 Emily was the <u>best</u> prepared for the test among them.

4 The cost of living in New York is <u>far highest</u> than the national average.

C 우리말과 같은 뜻이 되도록 괄호 안의 말을 이용하여 문장을 완성하시오.

1 원래 이야기는 디즈니 버전보다 훨씬 더 어둡다. (a lot, dark)

   → The original tale is _____ the Disney version.

2 많은 투자자들은 가장 덜 위험한 투자를 선택한다. (risky, investment)

   → Many investors choose _____ .

3 그 개념은 아리스토텔레스 시대만큼 오래전부터 논의되어 왔다. (far back, the period)

   → The concept has been discussed _____ of Aristotle. 학평기출응용

4 그것은 역대 가장 스릴 넘치는 이야기 중 하나임이 거의 틀림없다. (one, of, thrilling, stories)

   → It is arguably _____ of all time.

Words arguably 거의 틀림없이, 주장하건대

Point 3

비교 관련 관용 표현

· 원급, 비교급, 최상급을 이용한 관용 표현을 알아 둔다.

> [1] I must find another place **as** *soon* **as possible.** 학평기출응용
> ↳ = as soon as I can (문장의 시제에 can의 시제를 일치시켜야 함)
>
> [2] The length of the rectangle is **twice as** *long* **as** the width.
> ↳ 배수사 + as + 원급 + as: ~보다 …배만큼 -한[하게]
>
> [3] **The higher** they climbed, **the colder** it got.
> ↳ 「the + 비교급 ~, the + 비교급 …」: ~하면 할수록 더 …하다
>
> [4] He is **better than any other** *player* on the team. (= ~ **better than all the other** *players* ~)
> ↳ than any other 다음에는 단수명사, than all the other 다음에는 복수명사가 옴

⊕Tip 비교 관용 표현

as + 원급 + as possible (= as + 원급 + as one can)	가능한 한 ~한[하게]
배수사 + as + 원급 + as / 배수사 + 비교급 + than	~보다 …배만큼 -한[하게] / ~보다 …배 더 -한[하게]
as much[many] + 명사 + as	~만큼 많은
the + 서수 + 최상급	~ 번째로 가장 …한 eg the second longest river
the + 비교급 ~, the + 비교급 …	~하면 할수록 더 …하다
비교급 + than any other + 단수명사 비교급 + than all the other + 복수명사	다른 어떤[모든] ~보다 더 …한 (최상급의 의미)

Check Up 괄호 안에서 알맞은 것을 고르시오.

1 We need to make [many as / as many] cookies as we can for the party.

2 The faster you drive, the [more / most] dangerous it is.

3 Jupiter spins faster than [all / any] the other planets in the solar system.

Point 4

비교 대상의 병렬 구조

· 비교 구문에서 비교하는 대상은 서로 문법적으로 형태나 기능이 동일한 병렬 구조를 이루어야 한다.

> [1] *My income* is smaller than **my** [wife / **wife's**].
> ↳ 비교 대상이 My income이므로 my wife's(= my wife's income)를 씀
>
> [2] *To write* a poem is as difficult as [writing / **to write**] a novel.
> ↳ 비교 대상이 to부정사구 To write a poem이므로 To write를 씀
>
> [3] He *plays tennis* better than he [**did** / was] a year ago.
> ↳ 비교 대상이 plays tennis이므로 이를 대신하는 대동사를 쓰되, 시제에 맞춰 did로 씀 ▶Unit 1 Point 2 참조 (p.10)

Check Up 괄호 안에서 알맞은 것을 고르시오.

1 To be honest with you, his idea is better than [you / yours].

2 The ears of a rabbit are longer than [that / those] of a tiger.

3 The actor is as handsome as his brother [is / does].

Basic Practice

정답 및 해설 p.55

A 네모 안에서 어법상 알맞은 것을 모두 고르시오.

1 It is important to keep your clients as comfortable possible / as possible .

2 My notebook is lighter and thinner than Peter / Peter's .

3 Daniel feels proud that he is the two / second tallest in his class.

4 The sooner I leave, the earlier / early I will reach home.

5 Carrying goods by train costs three times as / as three times much as by ship.

6 Walking fast is much better than running / to run for your health.

7 Sandy has lived in Chicago longer than in all / any other city in the U.S.

B 밑줄 친 부분이 어법상 맞으면 O표, 틀리면 바르게 고쳐 쓰시오.

1 My school has more students than all the other school in my town.

2 There weren't as many people as I expected in the mall.

3 Making a perfect film is as difficult as to cook a perfect risotto.

4 Julie speaks French more fluently than she was a few months ago.

C 우리말과 같은 뜻이 되도록 괄호 안의 말을 이용하여 문장을 완성하시오.

1 돈을 쓰는 법은 돈을 버는 법만큼 중요하다. (important, how, earn)
   → How to spend money is _____.

2 습지가 숲보다 3배 더 빠르게 사라지고 있다. (three, fast, forests)
   → Wetlands are disappearing _____.

3 당신은 더 연습하면 할수록, 더 자신감을 갖게 될 것이다. (become, confident, you)
   → The more you practice, _____.

4 황하강은 아시아에서 두 번째로 긴 강이다. (long, river, in Asia)
   → The yellow river is _____.

Words risotto 리소토(이탈리아식 볶음밥)

Unit Test

어법

[1-7] 네모 안에서 어법상 알맞은 것을 고르시오.

1   This market is bigger / biggest than the one we visited yesterday.

2   He saved as much money as he can / could to pay for the tuition fees.

3   The fat more / more fat your body burns, the thinner you become.

4   The father's love is as deep as the mother / mother's .

5   My grandfather is by far / very the oldest person in his workplace.

6   Soccer is one of less / the least popular sports in the U.S.

7   The novel was chosen as the better / best novel of the 20th century.

tuition fee 등록금

workplace 일터, 직장

8   다음 중 밑줄 친 부분이 어법상 맞는 것을 고르시오.

   ① This is even saddest story I've ever heard.

   ② Try to deliver the message as clearly as possible.

   ③ The Indian Ocean is the third large ocean in the world.

   ④ Deciding what not to do is as important as decide what to do. 학평기출응용

   ⑤ Online shopping is not very cheaper than buying from a shop.

9   다음 중 어법상 틀린 것을 두 개 고르시오.

   ① His sports shoes are both lighter and nicer in design than mine.

   ② The weather this winter is a lot colder than it was the year before.

   ③ The new painting displays more vivid colors than the original.

   ④ She's far the most amazing person I've ever met.

   ⑤ Each reason alone was twice as effectively as the two combined. 학평기출응용

display 나타내다, 드러내다

[10-12] 다음을 읽고, 어법상 **틀린** 부분을 찾아 바르게 고치시오.

10 Plants tend to recover from disasters much quickly than animals. 학평기출응용

11 The colder the winter is, the warmer the spring is. The deeper the sorrow is, the most our hearts sing.

> sorrow 슬픔

12 I didn't buy the car because it was too expensive. But if it had been a little cheapest, I would have bought it. I think the dealer wanted two as much as it was worth. (2개)

🔥 내신 서술형

[13-16] 우리말과 같은 뜻이 되도록 괄호 안의 말을 한 번씩 사용하여 바르게 배열하시오.
　　　 (단, 한 단어를 추가할 것)

13 북극은 세계 다른 곳보다 3배 더 빠르게 따뜻해지고 있다.
(the rest / three times / than / of / the world)

→ The Artic has warmed _____.

14 그녀는 다른 모든 후보자들보다 더 유능하다.
(competent / all / candidates / than / other / the)

→ She is _____.

> competent 유능한
> candidate 후보자

15 가능한 한 조심스럽게 그 짐을 옮겨 주세요.
(the luggage / carefully / as / carry / possible)

→ Please _____.

16 그것은 그 음악가가 지금까지 했던 것 중에서 가장 최고의 연주였다.
(best performance / has ever / very / the musician / made)

→ That was _____.

📖 고난도

17 다음을 읽고, (1), (2), (3)에 주어진 말을 어법상 알맞은 형태로 고쳐 쓰시오.

Social Security is (1) <u>the importantest</u> anti-poverty program. It lifts more people above the poverty line than (2) <u>any other programs</u> in the United States. It is especially important for people of color, because their lifetime earnings are (3) <u>low</u> than white workers'.

> Social Security
> 사회 보장 제도
> lift 끌어올리다
> earning 소득, 수입

(1) _____ 　　(2) _____ 　　(3) _____

18 다음을 읽고, 밑줄 친 우리말을 다음 조건에 맞게 영작하시오.

Who does society value more — the man who reads the same book ten times, or the one who reads many books one time each? Obviously, the more books you read, the more respect you get. The more well-read you are, 사람들은 당신을 더 매력적으로 생각한다.

> **조건**
> 1. 「the + 비교급 ~, the + 비교급 …」 구문을 사용할 것
> 2. 「find + 목적어 + 목적격보어」 구문과 attractive를 사용할 것
> 3. 총 6단어로 쓸 것

→ _____

19 다음 글의 밑줄 친 ⓐ~ⓔ 중 어법상 틀린 것끼리 짝지어진 것을 고르시오.

Saturn is the ⓐsixth planet out from the center of our solar system. It orbits the Sun at a distance of about 1.4 billion kilometers. Saturn is about 9.6 times as far from the Sun ⓑas is Earth. Saturn is almost twice as far from the Sun as is Jupiter, the fifth planet in the solar system. In terms of size, Saturn is ⓒthe second large planet in our solar system. ⓓEven though Saturn is much more massive than Earth, Saturn's mass is spread throughout a much larger volume than Earth. So Saturn is less dense than Earth. Saturn is ⓔthe less dense of all the planets in the solar system!

massive 크고 무거운, 거대한
mass 질량
volume 부피
dense 밀도가 높은

① ⓐ, ⓑ   ② ⓑ, ⓓ   ③ ⓑ, ⓒ, ⓓ   ④ ⓑ, ⓒ, ⓔ   ⑤ ⓒ, ⓔ

수능형

20 다음 글의 밑줄 친 부분 중, 어법상 틀린 것은?

Intellectual humility is ①admitting that there are limits to the knowledge you have. It involves recognizing that you possess cognitive and personal biases. Intellectually humble people don't think that their opinions are more reasonable than ②others. They try to be objective. They are more likely ③to be receptive to learning from others who think differently. They want to learn more and are open to finding information from a variety of sources. They are not interested in trying to appear superior ④to others. Thus, the more intellectually humble they are, ⑤the more respected they are by others. 학평기출응용

intellectual 지적인
humility 겸손
bias 편견
objective 객관적인
receptive 잘 받아들이는, 수용적인
superior 우월한

Warm-up

✦ 기본 개념 확인

Q1 주어와 목적어가 동일한 대상일 때 목적어로 [인칭대명사 / 재귀대명사]를 쓴다.

Q2 대명사는 지칭하는 명사의 수와 일치해야 한다. [O / X]

Q3 부정대명사는 불특정한 사람이나 사물을 가리킨다. [O / X]

✦ 대명사의 종류

인칭대명사	I, me, you, she, her, it, they, us 등 (주격, 목적격, 소유격)
소유대명사	mine, yours, his, hers, ours, theirs
재귀대명사	myself, yourself, himself, herself, itself, ourselves, yourselves, themselves
지시대명사	this, these, that, those, it
부정대명사	one, other, another / some, any every, each / all, most, none / both, either, neither 등

Point 1

재귀대명사

• 주어와 목적어가 동일한 대상일 때 목적어 자리에 재귀대명사를 쓴다. 동일하지 않은 경우는 인칭대명사를 쓴다.

• 재귀대명사는 '스스로, 직접'이라는 뜻으로 주어, 목적어를 강조하는 역할을 할 수 있으며, 강조하는 말 뒤나 문장 맨 끝에 쓴다.
강조 역할을 하는 **재귀대명사는 생략**할 수 있다.

> [1]The princess looked at **her** with surprise.
> ↳ 주어와 목적어가 동일한 대상이 아니므로 인칭대명사 사용
>
> [2]Mary looked at **herself** in the mirror, brushing her teeth.
> ↳ 주어와 목적어가 동일한 대상이므로 재귀대명사 사용
>
> [3]I was in a hurry, so I washed the car **myself**.
> ↳ 강조 역할의 재귀대명사

⊕Tip 재귀대명사의 관용 표현을 알아 두자.

by oneself 혼자서, 도움을 받지 않고	for oneself 혼자 힘으로, 스스로
in itself 본래	of itself 저절로, 제 스스로
enjoy oneself 즐거운 시간을 보내다	help oneself to (음식 등을) 마음껏 먹다

Check Up 괄호 안에서 알맞은 것을 고르시오.

1 I'm trying to teach [me / myself] Italian with an application.

2 We don't have to go out. We can fix dinner [yourself / ourselves].

Point 2

명사 – 대명사의 일치

• 대명사는 지칭하는 명사와 성과 수를 일치시키고, 위치에 따라 알맞은 격을 쓴다.

> [1]One of the girls lost [**her** / their] cellphone at the school.
> ↳ One (girl)을 지칭하는 소유격
>
> [2]The bell rang and the children ran off to [its / **their**] first lesson. 학평기출응용
> ↳ the children을 지칭하는 소유격
>
> [3]When you put your dreams into words, you begin putting [it / **them**] into action.
> ↳ your dreams를 지칭하는 목적격

cf. 집합명사(staff, family, band 등)가 하나의 집합체를 의미하면 단수 취급하고, 구성원 개별을 나타내면 복수 취급한다.

> [4]The band played <u>its</u> hit song at the end of the concert. (밴드 집합체를 나타냄)
>
> [5]The band packed up <u>their</u> instruments and left. (밴드 구성원 개별을 나타냄)

Check Up 괄호 안에서 알맞은 것을 고르시오.

1 The boys studied for [his / their] exam together.

2 I checked my text before sending [it / them]. 학평기출응용

Basic Practice

정답 및 해설 pp.57~58

A 네모 안에서 어법상 알맞은 것을 고르시오.

1 God helps those who help them / themselves .

2 Only the actor performed his / their part well among the team.

3 We need to believe in us / ourselves more to achieve our goals.

4 What's your name? I'm sorry, but I can't remember it / them .

5 The royal family took them / their places in the carriage.

6 All people value the freedoms that it / they can enjoy under the law.

7 Are you two redecorating your house yourself / yourselves ?

B 밑줄 친 부분이 어법상 맞으면 ○표, 틀리면 바르게 고쳐 쓰시오.

1 The staff have submitted <u>its</u> individual reports to the manager.

2 She broke her arm, so she couldn't wash <u>herself</u> easily.

3 Infants influence the world around <u>it</u> and shape their own development. 학평기출응용

4 Those boxes have unbroken lids, but these need to have <u>their</u> lids replaced.

C 우리말과 같은 뜻이 되도록 괄호 안의 말을 이용하여 문장을 완성하시오. (단, 밑줄 친 단어를 재귀대명사로 바꿀 것)

1 음식을 마음껏 드세요. (help, <u>you</u>)

→ _____ the food.

2 내 딸은 매일 혼자서(도움 받지 않고) 학교에 걸어갈 만큼 충분히 컸다. (walk, school, <u>she</u>)

→ My daughter is old enough to _____ every day.

3 내 전화기가 아무 이유 없이 저절로 꺼졌다. (turn, <u>it</u>, off)

→ My phone _____ for no reason.

4 나는 어제 저녁을 준비하다가 칼에 베었다. (cut, <u>I</u>)

→ I _____ when I was preparing dinner yesterday.

Words　carriage 마차　redecorate 다시 꾸미다　infant 유아　lid 뚜껑

부정대명사

· 부정대명사 one, some, another, other의 쓰임을 알아 둔다.

- one ~, the other …: (둘 중에) 하나는 ~, 나머지 하나는 …
- one ~, another …, the other[the others]: (셋 중에) 하나는 ~, 다른 하나는 …, 나머지 하나[나머지 모두]는
- some ~, others …: (다수 중) 일부는 ~, 다른 일부는 …
- some ~, the others …: (다수 중) 일부는 ~, 나머지 모두는 …

> [1]I have five shirts. **One** is green, **another** is yellow, and **the others** are blue.
>   하나   다른 하나   나머지 모두
>
> [2]**Some** prefer online courses while **others** prefer classroom teaching.
>   일부   다른 일부

⊕Tip 부정대명사 뒤에 「of + 명사」가 있는 경우 수 일치에 유의한다.

each/every + 단수명사 each of + 복수명사	모두 단수 취급	all /most/none of + 단수명사	단수 취급
both of + 복수명사	복수 취급	all /most/none of + 복수명사	복수 취급

[3]All of my sisters *are* blonde.   [4]All of the seafood in the market *is* fresh.

Cf. 「none of + 복수명사」의 경우 뒤에 단수동사와 복수동사 모두 올 수 있다.

Check Up 괄호 안에서 알맞은 것을 고르시오.

1 He held a rose in one hand and a book in [another / the other].

2 Most of the food in the fridge [was / were] rotten.

one vs. it / that vs. those

· 부정대명사 **one**은 앞에서 언급한 명사와 같은 종류이지만 불특정한 명사를 나타낸다.
　반면 지시대명사 **it**은 앞에서 언급한 그 특정 명사를 지칭한다.

· 지시대명사 **that, those**는 앞에 나온 명사의 반복을 피하기 위해 쓰며, 명사의 수에 일치시킨다.

> [1]My *laptop* is not working. I need to buy [it / **one**].
>   ↳ 특정 컴퓨터를 지칭하는 것이 아니므로 one 사용
>
> [2]Janet looked for *her ring,* but she didn't find [**it** / one].
>   ↳ 앞에 나온 특정 명사 her ring을 지칭하므로 it 사용
>
> [3]*The number of native speakers* of English is smaller than [**that** / those] of Spanish.
>   앞의 The number of native speakers를 대신하므로 that 사용 ↵   학평기출 응용

Cf. 대명사 it은 앞에 나온 명사 외에도 구, 절 등을 대신한다.
    [4]She likes to go for a walk on weekends, and I enjoy **it** as well.

Check Up 괄호 안에서 알맞은 것을 고르시오.

1 If you like the pen, I'll give [it / one] to you.

2 Will you buy the blue pants or the green [one / ones]?

3 A horse's eyes are bigger than [that / those] of an ostrich.

Basic Practice

정답 및 해설 p.58

A 네모 안에서 어법상 알맞은 것을 고르시오.

1 Some of the places are known, while other / the others are forgotten.

2 Do you like my sweater? I bought it / one on sale yesterday.

3 Most of the victims don't / doesn't have insurance against flood damage.

4 I can't find my shoes. I can't wear ones / them anymore.

5 It is likely that both of the planets has / have developed life.

6 Belgium's health spending was between that / those of France and the UK. 학평기출응용

7 They asked me two questions. One was about my family and other / the other was about my career.

B 밑줄 친 부분이 어법상 맞으면 ○표, 틀리면 바르게 고쳐 쓰시오.

1 All of the trash <u>were</u> gone and everything was neat.

2 Where did you buy your glasses? I want to get new <u>one</u>.

3 People have different talents. Some are good at sports. <u>Others</u> are good at music.

4 My uncle bought me a new smartwatch. I really like <u>one</u>.

C 우리말과 같은 뜻이 되도록 괄호 안에서 필요한 말을 골라 문장을 완성하시오.

1 나는 못생긴 채소보다 보기 좋은 것이 더 좋다. (to, vegetables, ugly, them, ones)

   → I prefer good-looking _____.

2 방이 풍선으로 가득하다. 일부는 빨간색이고, 나머지 모두는 초록색이다. (some, other, the others, are, are)

   → The room is full of balloons. _____ red, and _____ green.

3 세 명의 관광객 중에서 한 명은 한국, 다른 한 명은 일본, 나머지 한 명은 싱가포르에서 왔다.
   (one, another, other, the other)

   → Of the three tourists, _____ is from Korea, _____ is from Japan, and _____ is from Singapore.

4 그 행성의 대부분은 얼음과 메탄으로 이루어져 있다. (of, the planet, most, are, is)

   → _____ made up of ice and methane.

Words insurance 보험 talent 재능, 재주 methane 메탄

Chapter 6 | 형용사·부사 / 비교 구문 / 대명사 **145**

Unit Test

[어법]

[1-7] 네모 안에서 어법상 알맞은 것을 고르시오.

1 Please make | you / yourself | at home while you wait.

2 The staff has achieved | its / their | goal of collecting $5,000 in the marathon.

3 Most of the leaves in the garden | was / were | scattered by the wind.

4 The actors tried on | its / their | costumes before the dress rehearsal.

5 All of the students | was / were | prepared with their homework.

6 Scientists spend their lives learning how to understand the world around | them / ones |.

7 The CO_2 emissions from ships were larger than | that / those | from cars. 학평기출응용

costume 의상
dress rehearsal 총연습

8 다음 중 밑줄 친 부분이 어법상 **틀린** 것을 고르시오.

① Andrew's feelings for Kate were much deeper than <u>hers</u> for him.

② For some, the symptoms are mild, but for <u>others</u> they are severe.

③ The family took <u>its</u> name from the nearby village of Woolcott.

④ Ted wanted to impress Jasmin, so he baked a cake for <u>herself</u>.

⑤ The only good ideas that come to life are the <u>ones</u> that get written down. 학평기출응용

9 다음 중 어법상 **틀린** 것을 **두 개** 고르시오.

① He chose to overcome challenges, not avoid it.

② The door was definitely locked. I locked it myself.

③ Most of my friends like action movies, but I find them too intense.

④ Life is in itself a gift, so we should never take it for granted.

⑤ The path split into two: one was clear and smooth, the others had fallen logs. 학평기출응용

path 길
log 통나무

[10-12] 다음을 읽고, 어법상 <u>틀린</u> 부분을 찾아 바르게 고치시오.

10 Both of the participants will present its final performance on Sunday evening.

11 I invited six friends to dinner. Henry sat by himself at a table big enough for six people. The other who were invited didn't arrive on time.

12 Some spring days here are rainy, but other days are full of sunshine. Yesterday, it was sunny and beautiful, so I enjoyed me in Rock Creek Park. What did I see there? A blue heron. I wanted to take a picture of them, but it was too far. So I ran closer and took one. (2개)

blue heron 왜가리

🔥 **내신 서술형**

[13-16] 우리말과 같은 뜻이 되도록 괄호 안의 말을 한 번씩 사용하여 바르게 배열하시오.
(단, 필요시 어형을 바꿀 것)

13 매일 아침, 나는 양치질을 하고 거울 속의 내 자신을 바라본다.
(the / stare / me / in / at / mirror)

→ Each morning, I brush my teeth and _____.

14 손님들 각자가 포트럭 파티에 음식을 가져온다. (of / bring / each / the guests / food)

→ _____ to the potluck party.

15 인간의 뇌는 다른 종의 뇌보다 더 발달했다. (than / that / other species / of)

→ A human's brain is more advanced _____.

16 그녀는 두 마리의 고양이를 기르고 있는데, 하나는 검은색이고 다른 하나는 흰색이다.
(one / the / is / other / is / black / and / white)

→ She has two kittens, _____.

📘 **고난도**

17 다음을 읽고, (1), (2), (3)에 주어진 말을 어법상 알맞은 형태로 고쳐 쓰시오.

> Our culture has taught (1) <u>ourselves</u> that anything is replaceable. When a dog dies, we tell our children that we will buy another one. When our car breaks down, we get another (2) <u>ones</u>. When we don't want to live in a certain neighborhood, we move to another place. These concepts have influenced our way of dealing with the reality of our loss. We find persons responding to their loss by replacing (3) <u>one</u> with something else.

replaceable
대체 가능한

(1) _____ (2) _____ (3) _____

18 다음을 읽고, 밑줄 친 우리말을 다음 조건에 맞게 영작하시오.

> "Don't eat mustard or your feet will stink" was enough to cause one to develop distaste for that condiment. It did, in fact, have a bad reputation. When a boy or girl refused to eat what was placed before him or her, the saying was, "<u>겨자를 마음껏 먹어라!</u>"

<u>조건</u> 1. 재귀대명사, help, mustard를 사용할 것   2. 총 5단어로 쓸 것

→ _____

✦
내신
선택형

19 다음 글의 밑줄 친 ⓐ~ⓔ 중 어법상 **틀린** 것끼리 짝지어진 것을 고르시오.

> The children arrived at sunrise at their grandmother's house. They always gathered at this time of year ⓐ<u>to assist</u> with her corn harvest. In return, their grandmother ⓑ<u>would</u> reward them with a present, and she cooked a delicious feast for ⓒ<u>themselves</u>. The children were all in great spirits, but not Sally. She disliked working in the cornfield as she hated the heat and the dust. She sat silently as the ⓓ<u>other</u> took a sack each and then sang their way to the field. They reached the field and started to work happily. Soon after Sally joined ⓔ<u>them</u> with her sack. <u>학평기출 응용</u>

① ⓐ, ⓑ   ② ⓑ, ⓓ   ③ ⓑ, ⓒ, ⓓ   ④ ⓑ, ⓒ, ⓔ   ⑤ ⓒ, ⓓ

📋 수능형

20 다음 글의 밑줄 친 부분 중, 어법상 **틀린** 것은?

> Do not "throw" yourself forward into where you wish to be all day long. Imagination about the future is great, for ①<u>it</u> is what you use to create your future. But the present has great value. Only through acting and living in the present ②<u>can you</u> get to the future. Do not spend all day daydreaming about a future time. It will actually slow ③<u>you</u> down on your trip to a better tomorrow. It is necessary to set future goals if you wish to progress, however it is necessary to experience the present ④<u>to advance</u>. Remember, the universe can only use the present moment to send ⑤<u>yourself</u> opportunities to advance. You have to remind yourself of the value of the present.

Chapter Test

⊘ 정답 및 해설 p.61

I. 어법

[1-8] 네모 안에서 어법상 알맞은 것을 고르시오.

1   A few / little weeks later she quit and moved to Santa Fe.

2   She spent as little time as possible / possibly in crowded areas.

3   They will offer fans the chance to watch a(n) alive / live match for free.

4   The news is quite interesting, though hard / hardly surprising.

5   For some people these are realities, for other / others they remain aspirations. 학평기출응용

6   I'm usually enough happy / happy enough as long as the movie is good.

7   The ginkgo is considered a living fossil since it is the only surviving member of its family.
    The others / Another are known only from the fossil record.

8   Tony needed a dress shirt to attend the school festival. Fortunately, he managed to borrow a
    dress shirt, so he did not have to buy it / one . He put it on, and it fit good / well .

[9-13] 다음을 읽고, 어법상 **틀린** 부분을 찾아 바르게 고쳐 쓰시오.

9   The lake seems to be very bigger than I thought.

10   I wanted to ask him a favor, and I had to keep calmly to do so.

11   Galileo Galilei was one of the most brilliant physicists of all time. When young, he thought for
     him about the laws of nature.

12   Majorca and Menorca are the most popular islands in the world. Because Majorca has
     received a lot much tourists than Menorca, its beaches can be busier than that of Menorca. (2개)

13   When you practice English more, do you remember more? If your answer is yes, you can say,
     "The more I practice, the many I remember." But if your answer is no, you could say, "The
     more I practice, the little I remember." (2개)

Words   aspiration 열망, 포부   physicist 물리학자

14 다음 중 밑줄 친 부분이 어법상 맞는 것을 <u>모두</u> 고르시오.

① She was exhausted and her tears ran <u>drily</u>.

② Your chances of finding it are slimmer than <u>me</u>.

③ There are <u>plenty of</u> opportunities for career advancement.

④ Vases should look <u>enough good</u> to stand alone as beautiful objects.

⑤ The percentage of vaccinated children in the area was lower than <u>that</u> of Europe. 학평기출응용

15 다음 중 어법상 <u>틀린</u> 문장끼리 짝지어진 것을 고르시오.

ⓐ The shock hit him and he turned white as a sheet.

ⓑ She is as calm as the sea, and as fierce as the sea waves.

ⓒ Most of the touch receptors is found in your fingertips and tongue. 학평기출응용

ⓓ He lost his driver's license, so he ordered a new one online.

ⓔ The number of people infected with the virus is as twice high as official numbers.

* receptor (인체의) 감각기

① ⓐ, ⓒ, ⓔ   ② ⓐ, ⓓ   ③ ⓑ, ⓒ   ④ ⓑ, ⓒ, ⓓ   ⑤ ⓒ, ⓔ

16 다음 중 어법상 알맞은 문장의 개수를 고르시오.

ⓐ It was by far most peaceful beach I've ever visited.

ⓑ The boy's head is slightly higher than hers.

ⓒ It tasted sweet and bitter on his tongue at the same time.

ⓓ A great number of trees were planted to restore the burned forest.

ⓔ Shoes themselves are not dirty, but it is dirty to place it on the table. 학평기출응용

① 1개   ② 2개   ③ 3개   ④ 4개   ⑤ 5개

17 다음 밑줄 친 부분 ⓐ~ⓓ 중, 어법상 <u>틀린</u> 것끼리 짝지어진 것을 고르시오.

If you can discover the gifts that you are born with, you can be more special than any other ⓐ<u>person</u>. Then, how can you identify your unique skills? Discovering your unique talents can be as ⓑ<u>simply</u> as writing down all the things you're good at and then ⓒ<u>finding</u> patterns in what you wrote. After recognizing your talents, you have to think about whether you are using your talents to help ⓓ<u>other</u>.

① ⓐ, ⓑ   ② ⓐ, ⓒ   ③ ⓑ, ⓒ   ④ ⓑ, ⓓ   ⑤ ⓒ, ⓓ

Words slim 희박한   career advancement 승진   vaccinate 예방[백신] 주사를 맞히다   fierce 사나운

[18-21] 우리말과 같은 뜻이 되도록 괄호 안의 말을 한 번씩 사용하여 바르게 배열하시오.
(단, 괄호 안의 단어 중 하나는 사용하지 말 것)

18 엑스트라 버진 올리브 오일은 짙은 녹색이고 맛이 좋다. (and / tastes / is / deep green / good / well)

→ The extra virgin olive oil _____.

19 Dara에 대한 생각은 거의 밤새도록 그를 깨어 있게 했다.
(awake / kept / wake / most of / him / the night)

→ Thoughts of Dara _____.

20 그의 모든 책은 한국어로 번역되었다. (translated / of / his books / all / have / been / has)

→ _____ into Korean.

21 여가는 돈보다 더 귀중하다고 여겨진다.
(far / valuable / considered / than / very / more / to be / money)

→ Leisure is _____.

[22-25] 우리말과 같은 뜻이 되도록 주어진 단어를 배열하여 문장을 완성하시오. (단, 밑줄 친 단어는 어형을 변형시킬 것)

22 나는 너무 무서워져서 거의 잠을 잘 수가 없다.

| can <u>hard</u> / that / so / I / sleep / I'm becoming / scared |

→ _____

23 나는 그녀의 해결책이 내 것보다 더 창의적이라고 생각하지 않는다.

| <u>my</u> / I / think / more / her solution / is / don't / that / creative / than |

→ _____

24 시기심이 모든 인간의 감정 중에서 가장 까다롭다.

| the / <u>tricky</u> / of / all / envy / is / the human emotions |

→ _____

25 당신이 더 오래 지체하면 할수록 당신의 성공 가능성을 더 감소시킨다.

| you / the <u>long</u> / delay / decrease / you / of succeeding / the more / your chances |

→ _____

Words envy 시기, 질투 tricky 까다로운

26 다음 글의 밑줄 친 부분 중 어법상 어색한 것을 두 개 찾아 그 기호를 쓰고 바르게 고치시오.

> Babies need ⓐsome time in front of the mirror every day. You may have noticed your baby's eyes light up as she looks at ⓑher in the mirror. They love to smile and see ⓒtheir expressions. Did you know babies can actually start to recognize ⓓthem at just 6 months?

	어색한 부분(기호)		고친 표현
(1)	_____	→	_____
(2)	_____	→	_____

[27-28] 다음 글을 읽고 물음에 답하시오.

> The graph shows the percentage of students from kindergarten to 12th grade ⓐwho used devices to access digital educational content in 2016 and in 2019. Laptops were ⓑthe most used device for students to access digital content in both years. 2016년과 2019년 모두 학생 10명 중 6명 이상이 태블릿을 사용했다. The number of the students who used desktops to access digital content in 2016 was larger than ⓒthose in 2019. The percentage of smartphones in 2016 ⓓwas the same as that of 2019. E-readers ranked the ⓔlowest in both years, with 11 percent in 2016 and 5 percent in 2019.

27 윗글의 밑줄 친 부분 중 어법상 어색한 것을 고르시오.

① ⓐ ② ⓑ ③ ⓒ ④ ⓓ ⑤ ⓔ

28 윗글의 밑줄 친 우리말과 같은 뜻이 되도록 〈보기〉의 주어진 단어들을 배열하여 문장을 완성하시오.
(단, 주어진 단어만 모두 이용하되 어형을 바꾸지 말 것)

> 보기 students / used / 6 / more than / out of / 10 / tablets

→ Both in 2016 and in 2019, _____.

Words **light up** 밝아지다 **E-reader** 전자책 단말기

29 다음 글의 밑줄 친 부분 중, 어법상 <u>틀린</u> 것은?

Encouragement is one of the most important aspects of child raising. ①It inspires courage, self-respect, spirit, confidence, hope, and cooperation in our children. Encouragement is any act or gesture ②that leaves our children feeling better about themselves or their situation. Encouragement helps your children to be proud of ③themselves. Parents need to realize that no child ever felt ④encouraged as a result of being scolded or harshly punished. Resentment, anger, and discouragement are the usual feelings that follow these kinds of parental acts. I'm sure that you don't want to make your children feel ⑤negatively about themselves.

30 다음 글의 밑줄 친 부분 중, 어법상 <u>틀린</u> 것은?

Understanding how to develop respect for and a knowledge of other cultures ①begins with reexamining the golden rule: "I treat ②others in the way I want to be treated." This rule makes sense on some level; if we treat others as ③well as we want to be treated, we will be treated well in return. This rule works well in a monocultural setting, ④where everyone is working within the same cultural framework. In a multicultural setting, however, where words, gestures, beliefs, and views may have different meanings, this rule has an unintended result; it can send a message that my culture is better than ⑤you.

Words self-respect 자존(심) resentment 분개 discouragement 낙담, 낙심 reexamine 재점검하다 monocultural 단일 문화의 multicultural 다문화의 unintended 의도치 않은

한발 빠르게 시작하는 내신·수능 대비

SOLID

정답 및 해설

어법
기본

DARAKWON

SOLID 어법 기본

정답 및 해설

Chapter 1

문장 구조

UNIT 1 주어와 동사의 이해   p. 9

Warm-up

Q1 ○ Q2 대동사 Q3 단수동사 Q4 ×

Point 1   p. 10

예문 해석

1 돈과 행복의 관계는 복잡한 것이다.
2 그녀는 문을 닫고 자신의 침대로 돌아갔다.
3 내일 아침 밖에 나가는 길에 우산을 가져가라.
4 긍정적인 말로 자신에게 이야기하려고 노력하라.

Check Up

정답 1 take 2 Remember 3 means

해석
1 저녁 식사 후에 나는 텔레비전을 보거나 개들을 데리고 산책하러 간다.
2 퇴근 전에 불 끄는 것을 기억해 주세요.
3 위험을 감수한다는 것은 당신이 언젠가는 성공한다는 것을 의미한다.

Point 2

예문 해석

1 동물은 인간이 고통을 표현하는 것처럼 자신의 고통을 표현하지 않는다.
2 고양이는 우리가 그런 것보다 냄새에 훨씬 더 민감하다.
3 나는 스페인어를 못하지만, 내 언니는 할 수 있다.

Check Up

정답 1 have, does 2 is, was

해석
1 나는 이 나라의 모든 사람처럼 똑같은 권리를 가지고 있다.
2 나의 형은 10년 전이었을 때보다 지금 신체적으로 더 좋다.

complicated 복잡한 term 용어, 말 sensitive 민감한, 예민한

Basic Practice   p. 11

A 1 Allow 2 are 3 yourself 4 helps
   5 Comparing 6 hasn't 7 requires
B 1 ○ 2 Translating[To translate] 3 has 4 Push
C 1 do 2 was 3 can 4 were

A

1 당신의 지지로 자녀들이 작은 모험을 하는 것을 허용하라.
  ▶문장에 동사가 없으므로 동사원형이 이끄는 명령문이 되도록 동사 Allow를 써야 한다.

2 나의 할머니는 아이들이 그러듯이 여전히 모든 것에 대해 궁금해 하신다.
  ▶앞에 나온 동사 is를 대신해야 하므로 be동사를 대동사로 써야 한다.

3 스스로에게 자기 삶이 어떤 모습이기를 바라는지 물어보라.
  ▶명령문을 이끄는 동사원형의 목적어이므로 재귀대명사를 써야 한다.

4 목표를 공유하는 것은 우리가 팀으로 함께 일하도록 돕는다.
  ▶주어가 동명사구이므로 뒤에 동사가 와야 한다.

5 당신 자신을 다른 이들과 비교하는 것은 불필요하게 마음을 산만하게 하는 것이다.
  ▶is가 문장의 동사이므로 주어 역할을 하는 동명사를 써야 한다.

6 Micky는 오늘 저녁에 내게 전화하겠다고 말했지만, 아직 하지 않았다.
  ▶동사 call을 대신하면서 문맥상 아직 전화하지 않았다는 것을 나타내야 하므로 현재완료 hasn't(= hasn't called me)를 써야 한다.

7 문제는 외국어를 배우는 것은 많은 시간이 필요하다는 것이다.
  ▶that절의 동명사구 주어 다음이므로 뒤에 동사가 와야 한다.

B

1 이 나라에 사는 사람들은 선물로 꽃을 보내는 것을 좋아한다.
  ▶분사구 living in this country의 수식을 받는 People이 문장의 주어이므로 동사가 온 것은 적절하다.

2 한 언어를 다른 것으로 번역하는 것은 단순히 단어를 바꾸는 것이 아니다.
  ▶is가 문장의 동사이므로 동명사 또는 to부정사가 주어를 이끌어야 한다. 따라서 Translating[To translate]로 고쳐야 한다.

3 나는 새로 생긴 식당에 가본 적이 없지만, 내 여동생은 두 번 가봤다.
  ▶동사 have been을 대신해야 하고, 주어가 she이므로 has로 고쳐야 한다.

4 길을 건너고 싶으면 버튼을 누르시오.
  ▶문장에 동사가 없으므로 명령문이 되도록 Push로 고쳐야 한다.

C

1 ▶make their own food를 대신해야 하므로 do를 대동사로 쓴다.

2 ▶앞에 is가 쓰였고, 100년 전이라고 했으므로 be동사의 과거형 was로 대동사를 쓴다.

3 ▶앞에 조동사 can의 부정형 can't가 쓰였으므로 can을 대동사로 쓴다.

4 ▶but 다음에 쓰인 절은 문맥상 '그들은 만족하지 않았다'라는 의미의 they were not satisfied이므로 be동사의 과거형 were로 대동사를 쓴다.

Point 3   p. 12

예문 해석

1 외국에서 일할 기회는 극소수의 사람들에게 한정된다.
2 성별 간의 수입 격차가 많은 나라에서 줄어들고 있다.

Check Up

정답 1 Birds, are 2 Any student, has
   3 Crashes, tend

---

1 이 지역에 서식하는 새가 점점 덜 다양해지고 있다.
2 과제물을 제출하지 않는 학생은 누구든지 낮은 학점을 받는다.
3 항공기 기능 불량으로 인한 추락은 장거리 비행 동안 발생하는 경향이 있다.

Point 4

예문 해석

1 누군가를 사랑하는 것은 그 사람을 당신의 우선순위 목록에 두는 것을 의미한다.
2 마스크를 착용하는 것은 우리와 우리 주위의 모든 이를 보호하는 데 도움이 된다.
3 상황이 더 나빠지고 있다는 것이 모든 사람들에게 명백했다.
4 네가 좋은 성적을 받았다는 사실이 나를 매우 기분 좋게 한다.

Check Up

정답 1 takes 2 is

해석
1 두 가지 일을 동시에 하는 것은 각각을 별도로 하는 것보다 오래 걸린다.
2 그 새로운 약이 더 좋다는 증거가 미약하다.

income 수입 gender 성, 성별 hand in 제출하다 malfunction 고장, 기능 불량

Basic Practice

p. 13

A 1 do 2 is 3 are 4 enriches 5 goes 6 is 7 has
B 1 ○ 2 is 3 ○ 4 makes
C 1 is 2 was 3 has 4 gives

A

1 인터넷상에서 이용할 수 있는 많은 서비스가 요금을 청구하지 않는다.
  ▶ 형용사구 available on the Internet의 수식을 받는 Many services가 핵심이 되는 주어이므로 복수동사를 써야 한다.

2 겉표지로 책을 판단하는 것이 독자의 첫 번째 실패이다.
  ▶ to부정사구가 문장의 주어이므로 단수동사를 써야 한다.

3 나는 복권에 당첨될 가능성이 매우 낮다고 생각한다.
  ▶ that절의 핵심이 되는 주어는 to부정사구 to win the lottery의 수식을 받는 the chances이므로 복수동사가 와야 한다.

4 사람들이 자신들의 반려동물과 함께 살도록 해주는 것은 그들의 삶을 풍요롭게 한다.
  ▶ 동명사구 Allowing ~ pets가 문장의 주어이므로 단수동사를 써야 한다.

5 모든 인간이 동등하다는 것은 말할 나위가 없다.
  ▶ 접속사 That이 이끄는 명사절이 문장의 주어이므로 단수동사를 써야 한다.

6 그것들이 공정한 대우라는 생각은 어처구니가 없다.
  ▶ 동격절을 수반한 명사구가 주어이므로, 핵심이 되는 명사인 The idea의 수에 맞추어 단수동사를 써야 한다.

7 2년 전에 개관한 그 박물관은 많은 특별한 전시회를 주최했다.

  ▶ 관계사절 that opened ~ ago의 수식을 받는 The museum이 핵심이 되는 주어이므로 단수동사를 써야 한다.

B

1 고객님이 찾고 계신 상품은 품절되었습니다.
  ▶ which가 이끄는 관계사절의 수식을 받는 The product가 문장의 핵심이 되는 주어이므로 단수동사를 쓴 것은 적절하다.

2 네가 지금 당장 해야 할 것은 그녀에게 사과하는 것이다.
  ▶ What이 이끄는 명사절이 문장의 주어이므로 단수동사로 고쳐야 한다.

3 차나 커피에서 흔히 발견되는 약한 각성제는 당신을 더욱 집중하게 만든다.
  ▶ 분사구 commonly found ~ coffee의 수식을 받는 Mild stimulants가 문장의 핵심이 되는 주어이므로 복수동사를 쓴 것은 적절하다.

4 내 경험으로는, 일찍 자고 일찍 일어나는 것이 아침 식사를 맛있게 해 준다.
  ▶ 동명사구 keeping early hours가 문장의 주어이므로 단수동사로 고쳐야 한다.

C

1 ▶ to부정사구 to travel foreign countries의 수식을 받는 The right가 문장의 핵심이 되는 주어이므로 단수동사를 쓴다.

2 ▶ 동격절을 수반한 명사구가 주어이므로, 핵심이 되는 명사인 The fact의 수에 맞추어 단수동사를 쓴다.

3 ▶ who가 이끄는 관계사절의 수식을 받는 Any tourist가 문장의 핵심이 되는 주어이므로 단수동사를 쓴다.

4 ▶ 동명사구 Working with our hands가 문장의 주어이므로 단수동사를 쓴다.

Point 5

p. 14

예문 해석

1 승객들 중 한 명이 그 자동차 사고로 다쳤다.
2 그 설명들 각각은 장점과 단점이 있다.
3 그들 중 누구도 전에 아일랜드에 가 본 적이 없다.

Check Up

정답 1 Every, has 2 Both, and, need 3 One of, was

해석
1 세계의 모든 나라가 법체계를 정립했다.
2 너와 그녀 둘 다 이 새로운 활동들에 익숙해질 필요가 있다.
3 아이들 중 한 명이 발견되어 병원으로 이송되었다.

Point 6

예문 해석

1 부자들은 돈을 더 많이 벌기 때문에 더 많은 세금을 낸다.
2 경찰은 금발의 한 남성을 찾고 있다.
3 많은 자동차가 그 화재로 파괴되었다.
4 1990년에는 자동차의 수가 대략 2백만 대였다.

Check Up

정답 **1** have **2** were

해석

1 노숙자들은 의료 서비스를 거의 이용하지 못한다.

2 소들이 목초지에서 풀을 뜯고 있었다.

passenger 승객 merit 장점 shortcoming 단점, 결점
establish 정립하다, 세우다 pasture 목초지

Basic Practice
p. 15

A **1** was **2** need **3** speaks **4** were **5** are **6** gather **7** was

B **1** have **2** ○ **3** is **4** ask

C **1** does **2** pursues **3** are **4** has

A

1 자원봉사자들 중 한 명이 어제 올 수 없었다.
▶ one of로 시작하는 주어는 단수 취급한다.

2 가난한 사람들은 자신들의 생활환경을 개선시키기 위한 도움이
필요하다.
▶ 「the+형용사」가 복수 보통명사로 쓰였으므로 복수동사를 써야 한다.

3 너뿐만 아니라 그도 중국어를 매우 잘한다.
▶ 주어가 「not only A but (also) B」로 연결되면 B의 수에 동사의 수를
일치시킨다.

4 많은 건물이 그 지진 동안 피해를 입었다.
▶ a number of로 시작하는 주어는 복수 취급한다.

5 너의 동료나 네가 그 결과에 대해 책임이 있다.
▶ 주어가 「either A or B」로 연결되면 B의 수에 동사의 수를
일치시킨다.

6 소들은 무리 한가운데로 머리를 향하고 떼 지어서 모인다.
▶ 집합명사 cattle은 항상 복수 취급한다.

7 그 두 선수 중 누구도 오늘 훈련을 할 수 없었다.
▶ neither of로 시작하는 주어는 원칙적으로 단수 취급한다.

B

1 당신과 당신의 배우자 둘 다 이 합의서에 서명해야 한다.
▶ 「both A and B」로 연결된 주어는 복수 취급하므로 복수동사로
고쳐야 한다.

2 그들 중 어느 쪽도 그 경기를 이길 가능성이 있다.
▶ either of로 시작하는 주어는 원칙적으로 단수 취급하므로 단수동사를
쓴 것은 적절하다.

3 탄산수 판매량이 10퍼센트 떨어질 것으로 예상된다.
▶ the number of로 시작하는 주어는 단수 취급하므로 단수동사로
고쳐야 한다.

4 경찰은 사람들에게 어떤 의심스러운 활동도 신고해 달라고 요청한다.
▶ 집합명사 police는 항상 복수 취급하므로 복수동사로 고쳐야 한다.

C

1 ▶ 주어가 「neither A nor B」로 연결되면 B의 수에 동사의 수를
일치시키므로 does를 쓴다.

2 ▶ 주어가 every로 시작하면 단수 취급하므로 pursues를 쓴다.

3 ▶ 「the+형용사」가 복수 보통명사로 쓰였으므로 복수동사 are를 쓴다.

4 ▶ 주어가 each of로 시작하면 단수 취급하므로 has를 쓴다.

Unit Test
p. 16

1 were **2** means **3** do **4** Make **5** is

6 has **7** record **8** ④ **9** ②, ③

10 do → are **11** are → is

12 Pay → Paying[To pay], are → is

13 the Earth is round was known to the ancient Greeks

14 of her novels has been translated into more than 80
languages

15 the best way to help people is simply by doing
nothing

16 memory can be improved by training is a
controversial issue

17 (1) comes (2) include (3) have

18 People are less generous than they were ten years
ago.

19 ① **20** ②

1 그 소도시들의 많은 젊은 남성이 그 광산에 고용되었다.
▶ 문장에 동사가 없으므로 동사를 써야 한다.

2 사실을 말하는 것은 무언가에 대해 정확한 정보를 주는 것을 의미한다.
▶ to부정사구가 주어이므로 단수동사를 써야 한다.

3 이 앱은 전문가가 하는 것처럼 당신이 가구를 구매하는 데 도울 수
있다.
▶ help you buy furnishings를 대신해야 하므로 일반동사를
대신하는 대동사 do를 써야 한다.

4 보내기 버튼을 누르기 전에 당신의 이메일을 마지막으로 한번 꼭
확인하라.
▶ 문장에 동사가 없으므로 동사원형이 이끄는 명령문이 되도록
동사원형을 써야 한다.

5 오락으로 여겨질 수 있는 활동의 목록은 사실상 무궁무진하다.
▶ of ~ entertainment의 수식을 받는 The list가 주어의 핵심이 되는
명사이므로 단수동사를 써야 한다.

6 네가 그들을 좋아한다는 사실은 이 문제와 아무 관계가 없다.
▶ 동격절을 수반한 The fact가 문장의 주어이므로 단수동사를 써야
한다.

7 종이 한 장을 꺼내 네가 장차 하고 싶은 모든 것을 기록하라.
▶ 접속사 and 앞에 명령문이 있고, and 뒤에 everything 이하가
목적어이므로 두 번째 명령문을 이끄는 동사원형을 써야 한다.

8 ④ 어제 심각한 문제가 그 프로그램이 작동하는 것을 멈추게 했다.
▶ the serious problem이 주어이고 동사가 필요하므로 causing을 과거형 동사 caused로 고쳐야 한다. (단서: Yesterday)

① 여러분의 접시에서 가장 건강에 좋은 음식을 먼저 먹어라.
▶ 동사원형 Eat이 명령문을 이끌고 있으므로 적절하다.

② 개뿐만 아니라 고양이도 채식주의 사료를 먹고 더욱 건강한 것으로 밝혀졌다.
▶ 주어가 「not only A but (also) B」로 연결되면 B의 수에 동사의 수를 일치시키므로 복수동사 are는 적절하다.

③ 여러 학교가 건물 훼손으로 임시 휴교했다.
▶ a number of로 시작하는 주어는 복수 취급하므로 복수동사 were는 적절하다.

⑤ 생강 쿠키를 장식하는 전통은 적어도 중세로 거슬러 올라간다.
▶ of ~ gingerbread의 수식을 받는 The tradition이 주어의 핵심이 되는 명사이므로 단수동사 dates가 온 것은 적절하다.

9 ② 그림을 보는 것이 사실 당신의 뇌가 더 잘 기억하는 데 도움이 된다.
▶ 동명사구 주어는 단수 취급하므로 동사 help를 단수형 helps로 고쳐야 한다.

③ 식물은 동물이 그러한(이동하는 것)만큼 빠르게 퍼지지 않는다.
▶ 앞에 나온 일반동사가 migrate를 대신해야 하므로 대동사 are를 do로 고쳐야 한다.

① 어제 일어난 일은 내게는 이해하기 어려웠다.
▶ 명사절 What happened yesterday가 문장의 주어이므로 단수동사 was가 온 것은 적절하다.

④ 아픈 사람들은 그들을 가능한 한 빨리 치료해 줄 의사가 필요하다.
▶ 「the+형용사」가 복수 보통명사로 쓰였으므로 복수동사 need가 온 것은 적절하다.

⑤ 일자리를 찾고 있는 다른 모든 사람들은 같은 일자리를 두고 경쟁하면서 동일한 목표를 가지고 있다.
▶ every-로 시작하는 주어는 단수 취급하므로 단수동사 has가 온 것은 적절하다.

10 지금 캐나다인들은 미국인들이 그런 것보다 자국의 보건 체계에 대한 자신감이 덜하다.
▶ 앞의 동사 are를 대신해야 하므로 대동사 do는 be동사 are로 고쳐야 한다.

11 인생에서 중요한 것은 여러분이 사랑하는 사람과 여러분을 사랑해 줄 사람들에게 둘러싸이는 것이다.
▶ What이 이끄는 명사절이 주어인 경우 단수 취급하므로 are는 단수동사 is로 고쳐야 한다.

12 어떤 사람들에게는 관심을 기울이고 다른 사람들에게는 그러지 않는 것은 여러분이 교만하다는 것을 의미하지 않는다. 그것은 그저 하나의 엄연한 사실을 반영하는데, 우리가 관심을 기울일 수 있는 사람들의 수가 우리의 뇌에 의해 자연스럽게 한정된다는 것이다.
▶ (1) 동사가 doesn't mean이므로 Pay를 Paying[To pay]로 고쳐 주어로 만들어야 한다.
(2) 콜론(:) 다음에 쓰인 문장의 주어가 the number of로 시작하므로 are를 단수동사 is로 고쳐야 한다.

13 ▶ 접속사 That이 이끄는 명사절을 구성하여 문장의 주어로 한다. be known to를 쓰되 명사절 주어에 맞추어 단수동사를 쓴다.

14 ▶ One of로 시작하는 주어를 구성하고 단수동사를 쓰되, 현재완료 수동태로 구성한다.

15 ▶ the best way가 to부정사의 수식을 받는 구조로 주어를 쓴다. the best way의 수에 맞추어 단수동사를 쓴다.

16 ▶ 접속사 Whether가 이끄는 명사절을 구성하여 문장의 주어로 쓰고, 명사절 주어에 맞추어 단수동사를 쓴다.

17 **해석** 재생 가능한 자원의 이용은 그 자체의 결과가 수반되는데, 이는 고려할 필요가 있다. 재생 가능한 에너지원은 수력과 해양 기반 기술 같은 다양한 자원을 포함한다. 게다가, 태양열, 풍력, 지열 그리고 생물자원 재생 에너지원 또한 환경에 저마다의 영향을 미친다.
▶ (1) 주어에서 핵심이 되는 명사가 the use이므로 단수동사 comes로 고쳐야 한다.
(2) 주어에서 핵심이 되는 명사가 renewable sources이므로 복수동사 include로 고쳐야 한다.
(3) 문장의 동사가 필요한데, 주어가 복수이므로 복수동사 have로 고쳐야 한다.

18 **해석** 한 2006년 설문 조사에서 응답자의 95퍼센트가 자신이 복권에서 100만 달러에 당첨된다면, 일부를 자선단체에 기부할 것이라고 말했다. 하지만 가장 최근의 여론 조사에서는 그 숫자가 89퍼센트로 떨어졌다. 사람들은 그들이 10년 전에 그랬던 것보다 덜 관대하다.
▶ '덜 관대하다'는 are less generous로 쓰고, 비교급이므로 than을 추가한다. 앞 절에 are를 썼으므로 대동사는 be동사로 쓰되 10년 전에 대한 언급이므로 과거시제 were로 쓴다.

19 **지문 해석** 우리는 보통 우리와 같다고 생각하는 사람들과 가장 잘 지낸다. 나는 우리의 가치관을 공유하고 우리가 하는 것과 같은 방식으로 세상을 바라보는 사람들에 관해 말하고 있다. 이것은 우리 종이 발달한 방식에 뿌리박혀 있는 매우 일반적인 인간의 경향이다. 여러분이 숲속을 걷고 있다고 상상해 보라. 뭔가 친숙하지 않은 것은 여러분을 죽이는 데 관심이 있을 가능성이 커서 여러분은 그런 것을 피하도록 길들여져 있을 것이다. 유사점들은 우리가 어떤 사람들과 더 잘 공감하게 하는데, 그것은 우리가 그들이 다른 사람들보다 우리를 더 깊이 이해할 것으로 생각하기 때문이다.
▶ ⓐ 앞의 동사구가 look at이므로 일반동사를 대신하는 대동사 do로 고쳐야 한다.
ⓒ (that) you are walking ~ forest는 imagine의 목적어로 쓰인 명사절이므로, 동사원형 imagine이 명령문을 이끌어야 한다.
ⓑ a very common human tendency가 관계사절의 선행사이고 단수이므로 단수동사 is는 적절하다.
ⓓ 유도부사 there가 이끄는 문장에서 주어가 a high likelihood이므로 단수동사 is를 쓴 것은 적절하다.
ⓔ 사역동사 make의 목적격보어로 쓰인 원형부정사이므로 적절하다.

20 **지문 해석** 아이들이 학교에서 공부를 어떻게 하는가가 그들이 대학에 갈지, 어느 대학에 갈지, 어떤 직업으로 들어갈지, 그리고 보수를 얼마나 받을지를 결정한다. 그리고 일반적으로 교육을 더 많이 받은 이들이 돈을 더 많이 번다. 고급 전문직(의학과 법학) 학위를 가진 사람들의 연 소득 중앙값은 100,120달러이며, 이어서 박사 학위 91,644달러, 석사 학위 65,881달러, 학사 학위 52,782달러, 그리고 고등학교 졸업장 31,600달러가 뒤따른다. 표면적으로 이러한 소득은

공정한 듯 보인다. 결국 더 많은 교육을 받은 사람들이 더 많은 돈을 벌어야 하지 않겠는가? 하지만 사회학자로서 우리는 더 많이 조사하고 몇 가지 근본적인 질문을 해야 하는데, 예컨대 누가 교육을 받을 수 있는지, 그리고 그 교육이 얼마나 좋은가이다.

▶② 전치사구 with more education의 수식을 받는 those가 문장의 핵심이 되는 주어이므로 복수동사 make로 고쳐야 한다.

① 의문사 how가 이끄는 명사절 주어이므로 단수동사는 적절하다.

③ 부수적인 정보를 제시하는 분사구문으로 수동의 의미로 쓰였으므로 followed는 적절하다.

④ 자동사 seem의 보어 역할을 하는 형용사이므로 적절하다.

⑤ 조동사 must에 이어지는 동사원형 probe와 ask가 and로 연결된 형태이므로 적절하다.

UNIT 2 특수 구문
p. 19

Warm-up

Q1 ○ **Q2** do **Q3** × **Q4** 동사+주어

Point 1
p. 20

예문 해석

1 그들은 내게 언제부터 그 회사에서 일하기 시작했는지를 물었다.
2 당신이 누구인지는 당신이 교류하는 사람들에 좌우된다.
3 바닥을 고치는 데 비용이 얼마나 드는지 네게 문자 보낼게.
4 엄마는 아들에게 그 수수께끼를 풀 수 있는지 물었다.
5 그가 회의에 참석할지 여부가 내게 중요하다.

Check Up

정답 **1** you persuaded **2** whether

해석

1 어떻게 네가 그 일자리에 그가 지원하도록 설득했는지 말해 줘.
2 나는 그녀가 파티에 올지 안 올지 모른다.

Point 2

예문 해석

1 망원경은 천문학에 가장 큰 영향을 미쳤다.
  → 천문학에 가장 큰 영향을 미친 것은 바로 망원경이다.
2 그 건물은 한밤중에 불길에 휩싸였다.
  → 그 건물이 불길에 휩싸인 것은 바로 한밤중이었다.
3 나의 언니는 노래하고 춤추는 것을 좋아한다.
  → 나의 언니는 노래하고 춤추는 것을 정말 좋아한다.

Check Up

정답 **1** It, our scientists
    2 in the forest, that

해석

1 새로운 지식을 창조하는 것은 바로 우리의 과학자들이다.
2 그가 마음의 평화를 찾은 곳은 바로 숲속에서였다.

interact 소통[교류]하다 astronomy 천문학

Basic Practice
p. 21

A **1** I could **2** you are **3** that **4** if
  5 whether **6** who **7** you need
B **1** ○ **2** when you will leave **3** that[when] **4** ○
C **1** where they keep
  2 do prefer
  3 It is, that
  4 if you could provide

A

1 나는 공항에 어떻게 갈 수 있는지를 알아낼 수 없었다.
  ▶how가 이끄는 간접의문문이 figure out의 목적어로 사용되었으므로 「의문사+주어+동사」의 어순을 취해야 한다.

2 당신이 언제 일에 복귀할 준비가 되는지만 제게 알려 주세요.
  ▶when이 이끄는 간접의문문이 know의 목적어로 사용되었으므로 「의문사+주어+동사」의 어순을 취해야 한다.

3 그가 첫 번째 올림픽 메달을 딴 것은 바로 2016년이었다.
  ▶「It is[was] ~ that」 강조 구문으로 시간을 나타내는 부사구 in 2016이 강조된 형태이므로 that을 써야 한다.

4 우리는 그에게 우리와 낚시 가는 데 함께 할 것인지 물었다.
  ▶동사 asked의 목적어로 '~인지'라는 뜻을 나타내는 명사절이 되도록 접속사 if를 써야 한다.

5 나는 그것을 제시간에 마칠 수 있을지 확신하지 못했다.
  ▶문맥상 '~인지'라는 뜻을 나타내는 접속사 whether를 쓰는 것이 적절하다.

6 그가 축구 선수가 되도록 고무한 사람은 바로 그의 아버지였다.
  ▶「It is[was] ~ that」 강조 구문으로 주어가 강조된 형태로, 주어가 사람이므로 that 대신 관계대명사 who를 쓸 수 있다.

7 여러분이 어떤 문서가 필요한지는 여러분이 언제 태어났는지에 따라 다르다.
  ▶What이 이끄는 명사절이 문장의 주어로 사용되었으므로 「의문사+주어+ 동사」의 어순을 취해야 한다.

B

1 나는 그들에게 나를 도울 것인지 여부를 물었다.
  ▶동사 asked의 직접목적어로 '~인지 아닌지'라는 뜻을 나타내는 명사절을 접속사 whether가 이끌고 있으므로 적절하다.

2 오늘 당신이 언제 퇴근하는지를 말해 주세요.
  ▶동사 tell의 직접목적어 역할을 하는 간접의문문이므로 「의문사+주어+ 조동사+동사」의 어순으로 고쳐야 한다.

3 그가 그 문제를 논의하기 위해 자신의 직원들과 만난 것이 바로 지난 주였다.
  ▶「It is[was] ~ that」 강조 구문으로 시간을 나타내는 부사구 last week가 강조된 형태이므로 that 또는 when으로 고쳐야 한다.

4 나의 개 Grandy는 풀밭에 눕는 것을 정말 좋아한다.
  ▶문장의 동사 like를 강조하기 위해 do를 썼으므로 적절하다.

C

1 ▶ '어디에 ~하는지를'의 의미를 나타내도록 where가 이끄는 간접의문문을 know의 목적어로 써서 「의문사＋주어＋동사」의 어순으로 쓴다.

2 ▶ '정말'이라는 우리말로 보아 동사 prefer가 강조된 형태로 쓴다.

3 ▶ '바로'라는 우리말로 보아 「It is[was] ~ that」 강조 구문으로 문장의 주어 the weakness of life가 강조된 형태로 쓴다.

4 ▶ '~인지'라는 뜻을 나타내도록 if가 wonder의 목적어 역할을 할 명사절을 이끌어 「if＋주어＋조동사＋동사」의 어순으로 쓴다.

Point 3   p. 22

[예문 해석]

1 탁자 위에 검은 가죽 장갑 한 켤레가 놓여 있었다.
2 상황이 너무 심각해서 경찰이 와야 했다.
3 방 안의 대부분의 여자아이들을 나는 전에 만난 적이 있다.
4 그녀는 아무것도 사지 않았다.

[Check Up]

정답 **1** were **2** is the fact **3** I consider

해석
1 문 앞에 총을 소지한 두 명의 경비원이 있었다.
2 더 중요한 것은 우리를 지지하는 사람들이 거의 없다는 사실이다.
3 새로운 일자리를 찾는 것을 나는 좋은 해결책이라고 생각한다.

Point 4

[예문 해석]

1 결코 나는 평생 그렇게 아름다운 광경을 본 적이 없다!
2 그제야 그녀는 자기 아들에게 뭔가 문제가 있다는 것을 깨달았다.
3 세상 그 어디에서도 이렇게 독특한 동물이 발견될 수 없을 것이다.
4 그의 괴제물에는 많은 오류가 있다.

[Check Up]

정답 **1** did he dream **2** he recognize **3** were

해석
1 그는 그녀를 다시는 볼 수 없을 거라고 꿈에도 생각지도 못했다.
2 내가 그를 부르고 나서야 그는 나를 알아보았다.
3 공항에는 오직 몇몇 탑승객만이 있을 뿐이었다.

recognize 알아보다

Basic Practice   p. 23

A 1 are 2 is he 3 is a file 4 were
    5 did he truly realize 6 was 7 could she hear

B 1 are 2 ○ 3 were 4 I could not

C 1 could they persuade 2 have we seen
    3 did the player pay 4 did I notice

A

1 산 정상에는 많은 종의 야생화가 있다.
▶ 장소의 부사구가 이끄는 문장에서 주어는 many ~ flowers이므로 복수동사를 써야 한다.

2 그는 부유할 뿐만 아니라 너그럽기도 하다.
▶ 부정어구 not only가 강조되어 문장 앞으로 나온 경우에는 not only 다음에 「동사＋주어」의 어순을 취해야 한다.

3 고려할 몇몇 선택 사항을 담은 파일이 첨부되어 있다.
▶ 문장의 보어 Attached가 문장을 이끌고 있으므로 「동사＋주어」로 어순이 도치되어야 한다.

4 그의 앞에 100명이 넘는 사람들이 있었다.
▶ 유도부사 There가 이끄는 문장에서 주어가 more than a hundred people이므로 복수동사를 써야 한다.

5 그녀가 떠난 후에야 그는 자신이 무엇을 잃었는지를 진정으로 깨달았다.
▶ Only가 포함된 부사절이 문장을 이끌고 있으므로 「do[does/did]＋주어＋동사」의 어순을 취해야 한다.

6 통증이 너무 심해서 그는 신발을 벗어야만 했다.
▶ The pain was so great that ~에서 보어인 so great가 문장 앞에 오면서 도치된 문장으로 주어가 the pain이므로 단수동사를 써야 한다.

7 그녀는 그 노인의 낮고 끊기는 말을 거의 들을 수 없었다.
▶ 부정어 Scarcely가 문장을 이끌고 있으므로 「조동사＋주어＋동사」의 어순을 취해야 한다.

B

1 이상적인 사회를 만드는 몇 가지 방법이 있다.
▶ 유도부사 There가 이끄는 문장에서 주어가 some ways이므로 복수동사로 고쳐야 한다.

2 그 트럭 옆에 수많은 쌀자루와 콩 자루가 있었다.
▶ 장소의 부사구가 이끄는 문장에서 주어가 numerous bags of rice and beans이므로 복수동사를 쓴 것은 적절하다.

3 크리스마스트리 밑에 그녀의 부모가 주는 두 개의 조그만 상자가 있었다.
▶ 장소의 부사구가 이끄는 문장에서 주어가 two ~ parents이므로 복수동사로 고쳐야 한다.

4 그가 의미한 것을 나는 전혀 이해할 수 없었다.
▶ 동사 understand의 목적어가 문장의 맨 앞으로 와서 강조된 형태이므로 「주어＋동사」의 어순으로 고쳐야 한다.

C

1 ▶ 부정어 Hardly가 문장을 이끌고 있으므로 「조동사＋주어＋동사」의 어순으로 쓴다.

2 ▶ 부정어 Never가 포함된 부사구가 문장을 이끌고 있으므로 「have＋주어＋p.p.」의 어순으로 쓴다.

3 ▶ 부정어 Rarely가 문장을 이끌고 있으므로 「do[does/did]＋주어＋동사」의 어순으로 쓴다.

4 ▶ Only가 포함된 부사절이 문장을 이끌고 있으므로 「do[does/did]＋주어＋동사」의 어순으로 쓴다.

1 it would **2** is **3** was **4** when **5** did he have
6 that **7** could we **8** ① **9** ②, ⑤ **10** are → is
11 artificial light turned → did artificial light turn
12 is → are, did they develop → they developed
13 if[whether] you plan on traveling this summer
14 should you leave your baby alone
15 did they have to use yellow gas lights or oil lamps
16 fossil fuels that[which] are contributing to the
　　climate crisis
17 (1) it would be (2) do (3) can a single man build
18 (it) doesn't know when the food will appear
19 ② **20** ⑤

1 나의 상사는 내게 그 프로젝트를 완성하는 데 얼마나 오래 걸릴지를
　　물었다.
　　▶동사 asked의 직접목적어로 쓰인 간접의문문이므로 how long 뒤에
　　「주어+동사」의 어순을 취해야 한다.

2 작업 환경과 질병 간에 관계가 있는 것 같다.
　　▶유도부사 there가 이끄는 문장에서 주어가 단수인 a connection
　　이므로 단수동사를 써야 한다.

3 공주가 너무 아름다워서 왕은 사람들이 그녀를 보는 것을 금했다.
　　▶The princess was so beautiful that ~에서 보어가 도치된
　　구조로 주어가 the princess이므로 단수동사를 써야 한다.

4 그 회사가 난관에 봉착할 때는 바로 내년이다.
　　▶「It is ~ that」 강조 구문으로 부사구 next year가 강조된 형태이므로
　　that 또는 when을 써야 한다.

5 그는 자기 자신을 위해 원하는 뭔가를 할 기회가 거의 없었다.
　　▶부정어 Rarely가 문장을 이끌고 있으므로 「do[does/did]+주어+
　　동사」의 어순으로 써야 한다.

6 저자가 소설에서 묘사했던 것은 바로 자신의 고향이었다.
　　▶「It is[was] ~ that」 강조 구문으로 목적어 his hometown이
　　강조된 형태이므로 that을 써야 한다.

7 나중에야 우리는 정치 또는 다른 어떤 사회 활동에 참여할 수 있었다.
　　▶Only를 수반한 부사구가 문장을 이끌고 있으므로 「조동사+주어+
　　동사」의 어순을 취해야 한다.

8 ① 나는 그 어린 소녀가 내 삶을 어떻게 바꾸게 될 것인가를 전혀 몰랐다.
　　　▶부정어 Little이 이끄는 문장에서 「did+주어+동사」의 어순을
　　　취하고 있으므로 적절하다.
　　② 당신이 통화한 사람은 바로 내 남편이었다.
　　　▶「It is[was] ~ that」 강조 구문으로 spoke to의 목적어인 my
　　　husband가 강조된 형태로 목적어가 사람이므로, which를
　　　관계대명사 that 또는 who(m)로 고쳐야 한다.
　　③ 당신과 언제 약속을 잡을 수 있는지 제게 알려줄 수 있나요?
　　　▶동사 know의 직접목적어로 쓰인 간접의문문이므로
　　　「의문사+주어+동사」의 어순을 취해야 한다. 따라서 you are로
　　　고쳐야 한다.

④ 많은 사람이 자기 지역의 비영리 단체들을 진정으로 후원한다.
　　▶문장의 동사 support를 강조하기 위해 사용하는 do는 주어의
　　수에 일치시켜야 하므로 do로 고쳐야 한다.
⑤ 도로변과 심지어 도로 위에도 소들이 있었다.
　　▶유도부사 There가 이끄는 문장에서 주어가 cattle이므로
　　복수동사 were로 고쳐야 한다.

9 ② 그 판매원은 그 고객이 어느 모델을 선호하는지 판단할 수 없었다.
　　▶동사 determine의 목적어로 쓰인 간접의문문이므로
　　「의문사+주어+동사」의 어순을 취해야 한다. 따라서 did the
　　customer prefer를 the customer preferred로 고쳐야 한다.
⑤ 좀처럼 우리는 그렇게 환상적인 춤 공연을 보지 못한다.
　　▶부정어 Seldom이 이끄는 문장이므로 「조동사+주어+동사」의
　　어순을 취해야 한다. 따라서 we can see를 can we see로
　　고쳐야 한다.
① 오직 그것을 볼 때만 당신은 그것이 무엇인지를 이해할 수 있다.
　　▶Only를 수반한 부사절 다음에 이어지는 주절에 「조동사+주어+
　　동사」의 어순이 쓰였으므로 적절하다.
③ 더욱 더 실망스러운 것은 그가 그것에 별로 노력을 기울이지
　　않았다는 것이다.
　　▶that절이 주어이고 보어가 문장 앞으로 와서 도치된 문장으로
　　적절하다.
④ 내 형이 어제 이웃으로부터 산 것은 바로 새 차였다.
　　▶「It is[was] ~ that」 강조 구문으로 bought의 목적어가 강조된
　　형태로 사물이 선행사이므로 관계대명사 which를 쓴 것은
　　적절하다.

10 더 중요한 것은 정보가 훨씬 더 빠르게 변할 수 있다는 사실이다.
　　▶The fact that the information ~ rapidly is more
　　significant.에서 보어가 도치된 형태로, 동격절을 이끄는 The
　　fact가 단수이므로 are를 단수동사 is로 고쳐야 한다.

11 인공조명은 밤을 낮으로 바꾸었을 뿐만 아니라, 자연광이 들어올 수
　　없는 건물에서 우리가 일하도록 해 주었다.
　　▶Not only 다음에 이어지는 절은 「do[does/did]+주어+동사」의
　　어순을 취해야 하므로 artificial light turned를 did artificial light
　　turn으로 고쳐야 한다.

12 외상 후 스트레스 장애가 있는 사람들을 위한 몇몇 치료법이 있다.
　　하지만 어떤 하나의 치료법의 효과는 그들에게 그 증상이 언제
　　생겼는지, 또는 그들이 바로 지금 어떤 기분을 느끼고 있는지에 달려
　　있다.
　　▶(1) 유도부사 There가 이끌고 있고, 주어가 복수인 some
　　　psychological treatments이므로 is를 복수동사 are로 고쳐야
　　　한다.
　　(2) depends on의 목적어로 간접의문문이 쓰인 형태로
　　　「의문사+주어+동사」의 어순을 취해야 하므로 did they
　　　develop을 they developed로 고쳐야 한다.

13 ▶의문문이 동사 know의 목적어 역할을 해야 하므로 명사절로
　　전환해야 한다. 접속사로는 if/whether(~인지)가 적절하다.

14 ▶부정어구 Under no circumstances가 문장을 이끌고 있으므로
　　「조동사+주어+동사」의 어순으로 쓴다.

15 ▶부정어구 No longer가 문장을 이끌고 있으므로 「do+주어+동사」의
　　어순으로 쓰고, 시제가 과거이므로 do를 did로 바꾼다.

16 ▶ 의미상 「It is ~ that」 강조 구문을 사용하여 주어인 fossil fuels를 강조해야 하므로 It is와 that 사이에 넣어 완성한다. 선행사가 사물이므로 that, which 모두 쓸 수 있다.

17 해석 집단은 구성원들이 혼자서 하기 불가능하거나 매우 어려운 일을 하도록 돕는다. 예를 들어 1인 축구팀이 얼마나 기능하기 어렵겠는지 생각해 보라. 또는 우리는 단 한 사람이 아파트 단지를 결코 지을 수 없다는 것을 잘 안다.

▶ (1) think of의 목적어 역할을 하는 간접의문문이므로 「의문사＋주어＋동사」의 어순이 되도록 it would be로 고쳐야 한다.

(2) 동사를 강조하는 do는 주어의 수와 문장의 시제에 일치시켜야 하므로 did를 do로 고쳐야 한다.

(3) that절이 부정어 never로 시작했으므로 「조동사＋주어＋동사」의 어순이 되도록 can a single man build로 고쳐야 한다.

18 해석 인간처럼 동물은 통제감이 필요하다. 만일 동물이 충분한 먹이를 얻지만 언제 그 먹이가 나타날지 모르면, 그것은 스트레스를 경험할 수 있다. 동물은 일관성 있는 시간 계획을 알 필요가 있다.

▶ doesn't know 다음에 when이 이끄는 간접의문문을 「주어＋조동사＋동사」의 어순으로 쓴다.

19 지문 해석 요전 날 나는 여러 해 동안 보지 못했던 것을 우연히 발견했다. 나는 예전에 쓰던 내 방의 침대 밑을 살펴보았고 커다란 플라스틱 상자를 보았다. 나는 그 상자를 끌어내면서 그 안에서 무엇을 발견하게 될 것인가를 궁금해했다. 그 상자 안에는 초등학교 시절의 오래된 미술 작품 더미가 놓여 있었다. 30분 후에 나는 스펀지밥 그림과 모네의 모방작들에 둘러싸이게 되었다. 또한 손으로 쓴 글씨가 가득한 꽃무늬 일기장들도 있었는데, 나는 그것의 대부분을 알아볼 수 없었다. 나는 대학 시절 동안 그 상자에 담긴 추억들에 대해 생각하지 않았다. 하지만 그 수집품을 분류하면서, 나는 즉시 그 순간들로 되돌아갔다.

▶ ⓐ 전치사 about의 목적어로 쓰인 간접의문문은 「의문사＋주어＋동사」의 어순을 취해야 하므로 I would find로 고쳐야 한다.

ⓑ 장소의 부사구 Inside the box가 문두에 쓰여 「동사＋주어(stacks ~ school)」의 어순을 취하는 도치 구문이 되어야 하므로, lying을 lay(lie의 과거형)로 고쳐야 한다.

ⓓ 관계사절에 부정어 hardly가 먼저 쓰여 「조동사＋주어＋동사」의 어순을 취해야 하므로, hardly could I로 고쳐야 한다.

ⓒ 유도부사 There가 이끄는 문장에서 주어가 복수인 flower-patterned journals이므로 복수동사를 쓴 것은 적절하다.

ⓔ 주절과 동시에 일어나는 동작을 나타내는 분사구문을 이끄는 분사이므로 적절하다.

20 지문 해석 어느 신상품도 사람들의 관심을 사로잡아 그들이 그것을 사고 싶게 만들어야 한다. 보통, 우리가 구매 결정을 내리는 것은 바로 몇 초 이내이다. 그래서 우리의 많은 선택은 깊은 생각보다는 직감에 기반한다. 우리는 식품 하나를 사서 실제로 그것의 맛을 보고 난 후에야 그것의 바람직함에 관한 판단을 내린다. 따라서 식품 회사들은 식품의 외관과 그것의 포장이 소비자들에게 매력적으로 보이도록 주의 깊게 디자인해야 한다. 우리가 식품을 사고 난 후, 그것의 외형은 우리가 그것을 얼마나 많이 즐길 것인가와 우리가 그것을 다시 살지의 여부에 영향을 미치는 토대와 기대를 설정한다.

▶ ⑤ 동사 influences의 목적어로 쓰인 간접의문문이고, 의문사 다음에 「주어＋동사」의 어순을 취해야 하므로 we will enjoy로 고쳐야 한다.

① 「사역동사＋목적어＋목적격보어(원형부정사)」의 구조이므로 적절하다.

② 「It is ~ that」 강조 구문으로 부사구 within a couple of seconds가 강조된 문장이므로 접속사 that은 적절하다.

③ Only가 포함된 부사절이 문두에 쓰였으므로 주절이 「do＋주어＋동사」의 어순을 취한 것은 적절하다.

④ design이 문장의 동사이므로 '~하려고'라는 목적을 나타내는 부사적 용법의 to부정사를 쓴 것은 적절하다.

Chapter Test
p. 27

1 will you　**2** To respect　**3** Send　**4** do
5 were　**6** were　**7** don't, it works　**8** are, is
9 are → is　**10** what → that[which]
11 are → is　**12** is → has, were → did
13 do they store → they store, being → is
14 ④　**15** ②　**16** ②　**17** ③
18 could Paul earn　**19** Neither Mike nor I have
20 The number of customers is
21 Never taking a risk means
22 did he agree with what she was arguing
23 were living at the site before the construction began
24 did I understand why the incident had happened
25 helping[to help] others is both satisfying and fulfilling
26 (1) ⓑ → are (2) ⓒ → seem
27 ⑤　**28** Not only do billions of people view sports
29 ⑤　**30** ②

1 여러분은 그렇게 아름다운 음악을 좀처럼 듣지 못할 것이다.
▶ 부정어 Rarely가 문장을 이끌고 있으므로 「조동사＋주어＋동사」의 어순을 취해야 한다.

2 한 사람을 존경하는 것은 그 사람에 대해 알지 못하면 가능하지 않다.
▶ is가 문장의 동사이므로 to부정사가 주어를 이끌어야 한다.

3 일단 완성하면 당신의 디자인 제안서를 우리에게 보내주세요.
▶ once 이하는 부사절이므로 동사원형을 써서 명령문을 구성해야 한다.

4 다른 사람들이 우리가 가진 것과 같은 걱정을 가지고 있다는 점을 명심하라.
▶ 앞에 나온 일반동사가 have를 대신해야 하므로 do를 대동사로 써야 한다.

5 여러 명의 새로운 직원들이 동시에 채용되었다.
▶ A number of로 시작하는 주어는 복수 취급하므로 복수동사를 써야 한다.

6 해변을 따라 각기 다른 색으로 칠해진 몇 채의 오두막집들이 있었다.
▶ 장소의 부사구가 문장을 이끌고 있으므로 「동사＋주어」의 어순을 취해야 하며, 주어가 some cottages이므로 복수동사를 써야 한다.

7 학생들이 알지 못하는데도 그 자료를 안다고 생각할 수도 있다. 한

가지 이유는 그들이 친숙함을 이해로 잘못 생각하는 것이다. 그것이 어떻게 작용하는지에 대한 설명이 있다.

▶(1) 일반동사가 know를 대신해야 하므로 do를 대동사로 써야 한다.
　(2) 전치사 about의 목적어로 쓰인 간접의문문이므로 「의문사+주어+동사」의 어순을 취해야 한다.

8 일정 수의 비율로 화학적으로 결합된 원자는 생명체와 무생물 모두에서 발견된다. 예를 들어 우리가 호흡하는 산소는 두 산소 원자의 화학적 결합으로 형성된다.

▶(1) 분사구 combined ~ numbers의 수식을 받는 Atoms가 문장의 핵심이 되는 주어이므로 동사가 이어져야 한다.
　(2) (that) we breathe의 수식을 받는 the oxygen이 핵심이 되는 주어이므로 단수동사를 써야 한다.

9 소리를 만들어내는 여러 각기 방식을 발견하는 것은 음악적 탐구의 중요한 단계이다.

▶동명사구 주어는 단수 취급하므로 are를 단수동사 is로 고쳐야 한다.

10 아름다움은 때때로 잠시만 지속된다는 것을 내게 깨닫게 해 준 것은 바로 일몰이었다.

▶「It is[was] ~ that」 강조 구문으로, 주어 the sunset이 강조된 형태이므로 선행사를 포함한 관계대명사 what은 사용할 수 없다. 따라서 that이나 which로 고쳐야 한다.

11 사람들은 친환경적인 선택을 하는 데 있어서 많은 장애물을 있다. 가장 커다란 것들 중 하나는 정보 부족이다.

▶One of로 시작하는 주어는 단수 취급하므로 are를 단수동사 is로 고쳐야 한다.

12 세계는 지금 이제껏 그런 것보다 훨씬 더 많은 '물자'를 소비하고 있다. 우리는 단 100년 전에 그랬던 것보다 금, 구리, 그리고 희귀 금속 같은 산업용 광물을 더 많이 사용한다.

▶(1) 문맥상 물자를 지금 그 전에 써온 것보다 더 쓴다는 의미의 has ever consumed가 적절하므로 대동사를 has로 고쳐야 한다.
　(2) 일반동사 use를 대신해야 하므로 do를 쓰되, just over a century ago가 있으므로 과거형 did로 써야 한다.

13 식물은 어디에 자양분을 저장하는가? 식물은 자양분을 저장하는 곳과 관련하여 서로 매우 다르다. 식물이 자양분을 저장하는 가장 흔한 곳 중 하나는 뿌리에 있다.

▶(1) with respect to의 목적어로 쓰인 간접의문문은 「의문사+주어+동사」의 어순을 취해야 하므로, do they store를 they store로 고친다.
　(2) 관계사절의 수식을 받은 One of ~ food가 주어이고 동사가 이어져야 하므로 being을 동사 is로 고쳐야 한다.

14 ④ 그 보고서는 젊은 사람들을 위한 스포츠의 중요성을 정말 강조한다.
▶동사 emphasize를 강조하기 위해 does를 썼으므로 적절하다.

① 바람에 휘어지는 나무가 생존하는 것이다.
▶관계사절 that bend with the wind의 수식을 받은 Trees가 문장의 핵심이 되는 주어이므로 복수동사 are를 써야 한다.

② 식물은 동물이 그러는 것과 같은 방식으로 돌아다닐 수 없다.
▶일반동사 move를 대신해야 하므로 do를 대동사로 써야 한다.

③ 그룹의 모든 구성원으로부터 참여와 협력을 장려하라.
▶문장에 동사가 없으므로 명령문을 이끄는 동사원형 Encourage를 써야 한다.

⑤ 불편한 것을 피하려는 여러분의 본능을 극복하는 것이 필수적이다.
▶is가 문장의 동사이므로 명사구 또는 to부정사로 주어를 써야 한다.

15 ⓑ 무슨 일이 있어도 너는 먼저 내게 묻지 않고 아무것도 할 수 없다.
▶부정어구 On no account가 문장을 이끌고 있으므로 「조동사+주어+동사」의 어순을 취해야 한다. 따라서 you should do는 should you do로 고쳐야 한다.

ⓒ 남성은 여성이 그런 것보다 만성 건강 질환에 더 걸리기 쉽다.
▶be동사 are를 대신해야 하므로 대동사로 do를 are로 고쳐야 한다.

ⓐ 여러분의 안락 지대 밖에 있는 새로운 것들을 하려고 시도하라.
▶동사원형이 명령문을 이끌고 있으므로 적절하다.

ⓓ 학교에는 괴롭힘, 폭력, 그리고 자금 부족과 같은 많은 문제가 있다.
▶유도부사 There가 이끄는 문장에서 주어가 many issues이므로 복수동사를 쓴 것은 적절하다.

ⓔ 두 나라가 영토 문제를 놓고 거의 전쟁 직전까지 간 것은 바로 1859년이었다.
▶「It is[was] ~ that」 강조 구문을 사용하여 부사구 in 1859를 강조하는 문장이므로 적절하다.

16 ⓑ 정말 저 친구들과 함께 시간을 보내고 싶은지 네 자신에게 물어보라.
▶명령문을 이끄는 동사 Ask의 목적어로 재귀대명사 yourself를 썼으므로 적절하다.

ⓓ 나는 내 옛 친구들을 자주 만나지는 않지만, 가끔 그들에게 정말 전화를 하기는 한다.
▶문장의 동사 call을 강조하기 위해 do를 쓴 것은 적절하다.

ⓐ 당신을 위해 우리가 할 수 있는 그 밖의 다른 것이 있다면, 주저하지 마시고 요청해 주십시오.
▶유도부사 there가 이끄는 문장에서 주어가 단수인 anything else이므로 are를 단수동사 is로 고쳐야 한다.

ⓒ 그 어느 곳에서도 그렇게 형편없는 서비스를 받아 본 적이 없다.
▶부정어 Nowhere가 이끄는 문장은 「have+주어+p.p.」의 어순을 취해야 하므로, I have ever had를 have I ever had로 고쳐야 한다.

ⓔ 사람들이 환경을 돕는 데 사용할 수 있는 웹사이트를 구축하라.
▶that people 이하가 목적어 a website를 수식하는 관계사절이므로 동사원형이 이끄는 명령문이 적절하다. 따라서 Setting을 Set으로 고쳐야 한다.

17 해석 감정에 호소하는 것은 설득에 있어서 매우 강력하고 필요한 기법이다. 우리는 감정적인 동물이며, 따라서 우리는 이성과 논리가 우리에게 그렇지 않다고 말하는데도 감정에 잘못 기반하여 흔히 결정을 내리고 믿음을 형성한다. 하지만 이성적이고 논리적인 주장을 위해 감정에 호소하는 것은 효과적이다. 그것은 의사소통에 뛰어난 모든 사람들이 소유한 기술이기도 하다.

▶ⓑ and에 의해 두 동사가 연결되는 형태이므로 make와 문법적 형태가 같은 동사원형 form으로 고쳐야 한다.
ⓒ is가 문장의 동사이므로 주어 역할을 하도록 use를 동명사로 고쳐야 한다.
ⓐ 동명사가 주어를 이끌고 있으므로 단수동사가 온 것은 적절하다.
ⓓ a skill을 수식하는 분사에 해당하므로 적절하다.

18 ▶Only가 포함된 부사구가 문장을 이끌고 있으므로 「조동사+주어+

「동사」의 어순으로 쓴다.

19 ▶ 주어가 「Neither A nor B」로 연결되면 B의 수에 동사의 수를 일치시켜서 쓴다.

20 ▶ '~의 수'를 나타내는 The number of로 주어를 구성하고 단수동사를 쓴다.

21 ▶ 동명사를 써서 주어를 구성하고 주어에 맞춰 단수동사를 쓴다. 부정어 Never는 동명사 앞에 위치한다.

22 ▶ 부정어구 In no way가 문장을 이끌고 있으므로 「do[does/did]+주어+동사」의 어순으로 쓴다.

23 ▶ 「the+형용사」가 복수 보통명사(노숙자들)의 뜻을 나타내므로 복수동사 were로 바꿔서 문장을 완성한다.

24 ▶ Only가 포함된 부사구가 문장을 이끌고 있으므로 「do[does/did]+주어+동사」의 어순으로 쓴다.

25 ▶ 문장의 주어 역할을 하도록 help를 동명사나 to부정사를 쓰고 그에 맞추어 단수동사를 써서 문장을 완성한다.

26 해석 운동선수들이 우리가 받아들일 수 없는 행동으로 여기는 일에 참여할 가능성이 선수가 아닌 사람들보다 더 적다는 것이 연구로 확인되었다. 그러나 선수가 더 높은 경쟁적 수준까지 올라감에 따라 도덕적 분별력과 바람직한 스포츠 행위가 감소하는 것처럼 보이는데, 부분적으로 그 수준에서는 승리에 대한 중요성이 늘어나기 때문이다.

(1) ⓑ that절의 동사가 are이므로 비교급 than 뒤의 대동사도 be동사가 와야 한다. 단, 주어가 non-athletes로 복수이므로 복수동사 are로 고쳐야 한다.

(2) ⓒ 주어 다음에 동사가 없으므로 동사 seem으로 고쳐야 한다.

ⓐ in의 목적어로 쓰인 what이 이끄는 간접의문문이므로 의문사 뒤에 「주어+동사」의 어순은 적절하다.

ⓓ 유도부사 there가 이끄는 문장에서 주어가 단수인 an increased emphasis이므로 단수동사를 쓴 것은 적절하다.

[27~28] 지문 해석
스포츠에 주어지는 언론의 관심은 사회에 스포츠가 널리 보급되어 있다는 하나의 지표이다. 수십억 명의 사람들이 스포츠를 시청할 뿐만 아니라, 수백만 명의 사람들이 라이브 스포츠 행사에 참석한다. 스포츠 행사에 참석하는 것은 그저 야구 경기에 가는 것보다 훨씬 더 큰 의미가 있다. 그것은 흔히 한 사람의 일일 또는 주간 일정을 계획하는 것과 조정하는 것을 수반하는 사회적인 행사이다. 미식축구나 자동차 경주 같은 스포츠는 또한 온종일의 테일게이트 파티(차량의 트렁크나 후미 부분을 열어 음식을 차린 간단한 야외 파티)를 의미한다. 현대 사회에서, 언론의 관심은 또한 운동선수와 구기 팀의 소셜 미디어의 존재감이라는 견지에서 측정된다. 게다가, 스포츠가 널리 보급되어 있다는 것은 스포츠 관련 영화와 비디오를 통해 드러난다.

27 ▶ ⓔ 핵심이 되는 주어가 단수형 the pervasiveness이므로 단수동사를 써야 하므로 is revealed로 고쳐야 한다.

ⓐ is가 문장의 동사이고, '스포츠에 주어진'이라는 수동의 의미로 과거분사구가 주어 The media attention을 수식하는 것은 적절하다.

ⓑ is가 문장의 동사이므로 동명사가 문장의 주어를 이끄는 것은 적절하다.

ⓒ 선행사가 단수형 a social event이므로 관계사절에 단수동사를 쓴 것은 적절하다.

ⓓ such as가 이끄는 어구를 동반한 Sports가 문장의 주어이므로 복수동사가 이어진 것은 적절하다. all-day tailgate parties는 목적어에 해당한다.

28 ▶ 뒤에 but also B가 이끄는 절이 있으므로, 앞은 Not only가 문장을 이끌도록 「Not only+do+주어+동사」의 어순으로 문장을 완성한다.

29 지문 해석 이산화탄소 배출이 기후에 커다란 영향을 미친다는 것은 명백하다. 하지만 많은 과학자는 기후 변화에 미치는 가장 큰 단기적 영향은 이산화탄소 배출이 아니라 토지 사용 변화라고 믿는다. 다시 말해, 중요한 것은 바로 우리가 농업을 어떻게 시행하는가이다. 농업 관행의 변화 필요성은 분명하고, 필수적이며, 긴급하다. 우리가 그러한 변화를 이루지 않으면, 결과는 점진적인 사막화일 것이다. 수십 년 전에 사막화가 다음 50년 안에 세계의 모든 빵 바구니의 10분의 1을 빼앗으리라고 예측되었다. 현재의 상업형 농업 체계에 대한 모든 대안을 탐색하는 것이 필수적이고도 몹시 긴급하다.

▶ ⑤ 동명사구 Exploring ~ agriculture가 문장의 주어로, 문장에서 동사가 없는 상태이므로 being을 동사 is로 고쳐야 한다.

① 주절의 동사 자리로, a number of로 시작하는 주어는 복수 취급하므로 복수동사가 온 것은 적절하다.

② 「It is ~ that」 강조 구문으로 문장의 주어가 강조된 형태이므로 접속사 that을 쓴 것은 적절하다.

③ for changes ~ practice의 수식을 받은 The need가 핵심이 되는 주어이므로 단수동사 is가 온 것은 적절하다.

④ it은 가주어이고 that절이 진주어인 문장에서 that절의 내용은 예측되는 대상이므로 수동태를 쓴 것은 적절하다.

30 지문 해석 새는 정말 우리의 뇌와는 매우 다른 뇌를 가지고 있는데, 전혀 놀랄 일이 아니다. 인간과 새는 3억 년 전의 우리의 마지막 공통 조상 이후로 매우 오랫동안 별개로 진화해 오고 있다. 하지만 사실 일부 새는 마치 우리가 그런 것처럼, 체구에 비해 상대적으로 커다란 뇌를 가지고 있다. 더욱이, 지력에 관한 한, (뇌의) 크기는 뉴런의 수, 뉴런이 위치하는 곳, 그리고 뉴런이 연결되는 방식보다 덜 중요한 듯 보인다. 그리고 일부 새의 뇌는 중요한 곳에 매우 많은 수의 뉴런으로 꽉 차 있다. 그것의 밀도는 영장류에서 발견되는 밀도와 비슷하며 그것의 연결은 우리의 것과 아주 흡사하다. 이것은 어떤 새들이 왜 그렇게 정교한 인지 능력을 갖고 있는지를 설명하는 것에 크게 도움이 될 수 있을 것이다.

▶ ② 앞에 나온 동사가 have이므로 일반동사를 대신하는 대동사 do로 고쳐야 한다.

① 주어가 Birds인 문장에서 일반동사 have를 do가 강조한 형태이므로 적절하다.

③ locate는 '위치시키다'라는 뜻의 타동사이므로 '위치하다'라는 뜻을 나타내려면 수동태로 쓰는 것이 적절하다.

④ those(neurons)를 수식하는 어구를 이끌어 '~에서 발견되는'이라는 수동의 의미를 나타내는 과거분사이므로 적절하다.

⑤ explaining의 목적어 역할을 하는 간접의문문이 이끄는 의문사로, 뒤에 완전한 절이 이어지고 이유를 나타내고 있으므로 why는 적절하다.

Chapter 2

동사

Warm-up

Q1 현재 Q2 ○ Q3 ○

Point 1   p. 34

예문 해석

1 19세기에 새로운 건축 아이디어가 등장했다.
2 20세기 이래로, 우리는 진단의 유전적 원인을 믿어 왔다.
3 그들은 세 시간 전에 도착했다.
4 나는 전에 캘리포니아를 방문한 적이 전혀 없다.

Check Up

정답 1 In the Middle Ages, were
     2 Since last week, has traveled

해석
1 중세에는 아이들이 신이 주신 선물로 여겨졌다.
2 지난주부터 그녀는 도시의 이곳저곳을 여행해 왔다.

Point 2

예문 해석

1 Jack은 결혼했을 때 그 회사에서 5년 동안 근무하고 있었다.
2 Sandy는 집에 휴대 전화를 두고 왔다는 것을 갑자기 깨달았다.
3 평화가 회복되자마자 다시 깨졌다.

Check Up

정답 1 rested 2 had 3 had

해석
1 그들은 휴식을 취하기 전에 다섯 시간을 일했다.
2 Amy는 할머니께 자신이 전에 사진에서 그녀를 본 적이 있다고 말씀드렸다.
3 나는 말하기가 무섭게 내 성급한 언급을 후회했다.

architectural 건축의 emerge 나타나다, 출현하다 genetic 유전자의; 유전학의 diagnosis 진단 (pl. diagnoses) hasty 성급한

Basic Practice   p. 35

A 1 disappeared 2 has 3 had been 4 had
    5 had 6 before 7 went

B 1 had 2 ○ 3 ○ 4 collected

C 1 had the game started
    2 have lived there
    3 has always inspired
    4 had left my passport

A

1 공룡은 약 6천5백만 년 전에 사라졌다.
  ▶ 과거를 나타내는 시간의 부사구 around 65 million years ago가 있으므로 과거시제를 써야 한다.

2 그 두 나라가 평화를 향해 나아가기 시작한 이후로 10년이 흘렀다.
  ▶ since가 이끄는 시간의 부사절이 쓰였으므로 현재완료를 써야 한다.

3 David가 사망했을 때, 그와 Julie는 결혼한 지 거의 50년이 되었다.
  ▶ David가 사망하기(passed away) 전의 상황을 나타내므로 과거완료를 써야 한다.

4 나는 이 상점에 왔을 때 3일간 굶은 상태였다.
  ▶ 상점에 오기(came) 전까지 계속된 상황을 나타내므로 과거완료를 써야 한다.

5 그녀는 경주를 마치자마자 땅바닥에 쓰러졌다.
  ▶ 쓰러지기(collapsed) 전에 일어난 상황을 나타내므로 과거완료가 적절하다.

6 나는 그 누구도 전에 그렇게 심각한 재난을 본 적이 없다고 확신했다.
  ▶ 종속절에 과거완료시제가 쓰였고, '전에' 보았다는 것이 문맥상 자연스러우므로 before를 써야 한다. ago는 기간을 나타내는 말과 함께 쓰여 과거시제와 쓴다.

7 우리는 날씨가 좋아서 지난 일요일에 바닷가에 갔다.
  ▶ 과거의 특정 시점(last Sunday)에 했던 일을 나타내므로 과거시제를 써야 한다.

B

1 그는 교도소를 나오기가 무섭게 다시 체포되었다.
  ▶ 다시 체포된(was arrested again) 것보다 먼저 일어난 상황을 나타내므로 과거완료로 고쳐야 한다.

2 내 이웃은 우리 가족에게 자신의 고양이를 보았는지를 물었다.
  ▶ 물은(asked) 것보다 먼저 일어난 상황을 나타내므로 과거완료를 쓴 것은 적절하다.

3 나는 어렸을 때부터 야외에서 시간을 보내는 것을 좋아했다.
  ▶ Since가 이끄는 부사절과 함께 쓰였으므로, 현재완료를 쓴 것은 적절하다.

4 6년 전에, 그 연구자들은 지원자 8만 명의 수면 패턴에 관한 자료를 수집했다.
  ▶ 과거를 나타내는 시간의 부사구 Six years ago가 있으므로 과거시제로 고쳐야 한다.

C

1 ▶ 부정어 Scarcely가 이끄는 문장으로 when이 이끄는 시간의 부사절에 과거시제가 쓰였으므로, 그보다 앞선 일을 나타내도록 과거완료를 쓰되 「had+주어+p.p.」의 어순으로 쓴다.

2 ▶ 주절이 현재시제이고, 평생을 지금까지 그곳에서 살아온 것이므로 현재완료로 쓴다.

3 ▶ 과거부터 현재까지 계속되는 일을 나타내도록 현재완료로 쓴다. always는 has와 p.p. 사이에 들어가야 한다.

4 ▶ 공항에 도착한(got) 것보다 먼저 일어난 상황을 나타내므로 과거완료로 쓴다.

Point 3 p. 36

예문 해석

1 당신이 준비되었을 때 음식과 음료를 시키겠어요.
2 네가 그 일자리에 지원하면, 너는 아마 그것을 얻을 것이다.
3 이제 그녀는 자신이 점심식사를 할 시간이 있을지 궁금해 한다.

Check Up

정답 **1** unless, comes **2** Next time, am **3** if, will be

해석

1 Paul은 Maggie가 파티에 오지 않으면 케이크를 자르지 않을 것이다.
2 다음 번에 내가 이 상황에 처하게 된다면, 침착함을 유지하려고 노력할 것이다.
3 나는 그들이 정각에 도착할 수 있을지 궁금하다.

Point 4

예문 해석

1 그의 어머니는 그가 그네 대신 미끄럼틀을 사용할 수 있다고 설명했다.
2 놀랍게도 그들은 지구가 공처럼 둥글다는 것을 몰랐다.
3 우리는 인간이 1969년에 최초로 달에 착륙했다는 것을 안다.

Check Up

정답 **1** would **2** comes **3** was

해석

1 그들은 자신들이 15퍼센트의 할인을 받을 거라고 들었다.
2 핼리는 그 혜성이 76년마다 돌아온다는 것을 발견했다.
3 판테온 신전은 2,000년 전에 지어진 것으로 여겨진다.

slide 미끄럼틀 swing 그네 comet 혜성 come around 돌아오다

Basic Practice p. 37

A 1 is 2 broke 3 would 4 will return
   5 leaves 6 will start 7 is
B 1 actually use 2 would lose 3 arrive 4 ○
C 1 would marry 2 cause
   3 ended 4 will be able to start

A

1 학생들은 자신의 성취가 만족스러울 때까지 계속 공부할 것이다.
▶ 접속사 until이 이끄는 시간의 부사절이므로 미래의 일이더라도 현재시제로 나타내야 한다.

2 한국인이라면 누구나 한국 전쟁이 1950년 6월 25일에 발발했다는 것을 안다.
▶ that절의 내용이 역사적 사건에 해당하므로 과거시제를 써야 한다.

3 많은 사람이 그가 정계에서 성공적인 경력을 쌓을 것이라고 기대했다.
▶ that절의 내용이 미래의 일을 나타내고 있는데, 주절에 과거시제가 쓰였으므로 조동사의 과거형을 써야 한다.

4 많은 산업들은 언제 정상 운영을 할지 확신하지 못한다.
▶ 접속사 when이 이끄는 절은 are not sure의 목적어로 쓰인

명사절이므로 미래의 일을 미래시제로 나타내야 한다.

5 우리는 기차가 떠나기 전에 역에 도착해 있을 것이다.
▶ 접속사 before가 이끄는 시간의 부사절이므로 미래의 일이더라도 현재시제로 나타내야 한다.

6 이 상황에서는 그 누구도 다음 시즌이 제때 시작할지 알 수 없다.
▶ 접속사 if가 이끄는 절은 tell의 목적어로 쓰인 명사절이므로 미래의 일을 미래시제로 나타내야 한다.

7 코페르니쿠스는 지구가 태양을 공전하는 행성 무리 중 하나라는 설을 제기했다.
▶ that절의 내용이 과학적 사실을 나타내고 있으므로 현재시제를 써야 한다.

B

1 정보는 당신이 그것을 실제로 사용하지 않는다면 쓸모가 없다.
▶ 접속사 unless가 이끄는 조건의 부사절이므로 미래의 일이더라도 현재시제로 고쳐야 한다.

2 그 잡지는 그 회사가 막대한 금액을 잃을 것이라고 보도했다.
▶ that절의 내용이 미래의 일을 나타내고 있는데, 주절에 과거시제가 쓰였으므로 조동사의 과거형으로 고쳐야 한다.

3 그들이 도착할 때쯤에는 우리는 준비를 마쳤을 것이다.
▶ By the time이 이끄는 시간의 부사절이므로 미래의 일이더라도 현재시제로 써야 한다.

4 우리는 벌이 수분과 우리의 생존을 위해서 필요하다는 것을 배웠다.
▶ that절의 내용이 과학적 사실을 나타내고 있으므로 현재시제로 쓴 것은 적절하다.

C

1 ▶ that절의 내용이 미래의 일을 나타내고 있는데, 주절에 과거시제가 쓰였으므로 「조동사의 과거형+동사원형」을 쓴다.

2 ▶ that절의 내용이 과학적 사실에 해당하므로 현재시제를 쓴다.

3 ▶ that절의 내용이 역사적 사건에 해당하므로 과거시제를 쓴다.

4 ▶ 접속사 if가 이끄는 절은 know의 목적어로 쓰인 명사절이므로 미래의 일을 미래시제로 쓴다. '~할 수 있을 것이다'는 'will be able to ~'로 표현한다.

Unit Test p. 38

1 starts 2 discovered 3 before 4 had 5 had
6 travels 7 have completed 8 ④ 9 ③, ④
10 had started → started
11 has not been → was not
12 will return → return, will have → have
13 should be made at least two days before the program starts
14 reported that the president would sign the bill
15 could notice that she had fed[had been feeding] the puppies

16 sooner had the aircraft landed than it caught fire
17 (1) does (2) are (3) deleted
18 people have viewed eating disorders as a problem
   for women
19 ④ 20 ②

1 공연이 시작할 때까지 단 30분이 남아 있다.
   ▶ 접속사 until이 이끄는 시간의 부사절이므로 미래의 일을 현재시제로 써야 한다.

2 보통 콜럼버스가 아메리카를 발견했다고 한다.
   ▶ that절의 내용이 역사적 사건에 해당하므로 과거시제를 써야 한다.

3 나는 전에 두바이에 가 본 적이 전혀 없어서 두바이 여행을 어서 가고 싶다.
   ▶ 시제가 현재완료이므로 before를 써야 한다. ago는 과거시제와 쓴다.

4 사무실에 돌아온 후에 Joe는 자신의 지갑이 사라진 것을 알게 되었다.
   ▶ discovered가 나타내는 시점보다 더 먼저 일어난 일을 기술하므로 과거완료를 써야 한다.

5 그 의사가 잠들자마자 그의 전화기가 응급 호출 신호를 울렸다.
   ▶ 「No sooner ~ than …」 구문에서 than 다음에 과거시제가 쓰였으므로 No sooner 다음에는 과거완료를 써야 한다.

6 그 물리학 교수는 자신의 학생들에게 빛이 엄청난 속도로 이동한다는 것을 상기시켰다.
   ▶ that절의 내용이 과학적 사실에 해당하므로 현재시제를 써야 한다.

7 이 강좌를 마칠 때쯤이면, 여러분은 새로운 지식을 얻게 될 것입니다.
   ▶ 접속사 역할을 하는 by the time이 이끄는 시간의 부사절이므로 미래에 완료될 일도 현재완료로 써야 한다.

8 ④ 그는 자신의 나라에 대한 어떤 공격도 용인하지 않을 것이라고 선언했다.
   ▶ 주절의 동사(declared)가 과거시제이므로 종속절(that절)의 동사도 과거시제를 써야 한다. 따라서 will not을 would not으로 고쳐야 한다.
   ① 만약 비가 오면 그 행사는 체육관에서 열릴 것이다.
   ▶ 접속사 if가 이끄는 조건의 부사절이므로 미래의 일을 현재시제로 쓴 것은 적절하다.
   ② 그때 이후로, 그녀는 가장 사랑 받는 작곡가 중 한 명이 되었다.
   ▶ since가 이끄는 부사구가 있으므로 현재완료를 쓴 것은 적절하다.
   ③ Peter가 정원 일을 시작하기가 무섭게 비가 퍼붓기 시작했다.
   ▶ 「Scarcely ~ when …」 구문에서 when이 이끄는 절에 과거시제가 쓰였으므로 Scarcely 다음에 과거완료를 쓴 것은 적절하다.
   ⑤ 관리들은 다섯 나라가 유엔에 이미 보고서를 제출했다고 말했다.
   ▶ said가 나타내는 시점보다 더 먼저 일어난 일을 나타내므로 과거완료를 쓴 것은 적절하다.

9 ③ 그 사원은 약 기원전 958년에서 951년 사이에 솔로몬에 의해 지어졌다.
   ▶ in about 958-951 B.C.라는 과거를 나타내는 부사구가 쓰였으므로 시제도 has been built를 과거시제 was built로

고쳐야 한다.
   ④ 나는 돌고래가 매우 영리하고 훈련하기 쉽다고 들었다.
   ▶ that절의 내용이 일반적인 사실이므로 were를 현재시제 are로 고쳐야 한다.
   ① 나는 네가 내일 언제 할아버지께 전화를 드릴지 궁금하다.
   ▶ when절이 wonder의 목적어인 명사절로 쓰였으므로 미래의 일을 미래시제로 나타낸 것은 적절하다.
   ② 그들이 극장에 도착했을 때, 공연은 이미 시작했다.
   ▶ 부사절의 동사(arrived)가 나타내는 시점보다 더 먼저 일어난 일을 주절에 나타내므로 과거완료를 쓴 것은 적절하다.
   ⑤ 연구는 감정이 사회적 관계망을 통해 전달될 수 있다는 것을 보여 주었다.
   ▶ that절의 내용이 일반적 사실이므로 현재시제를 쓴 것은 적절하다.

10 나는 인상주의가 19세기 후반 프랑스에서 시작했다고 배웠다.
   ▶ that절의 내용이 역사적 사실이므로 had started를 과거시제 started로 고쳐야 한다.

11 무려 13만 년 전에, 사람들이 거래하고 음식을 공유하기 위해 150마일이 넘게 여행하는 것은 드문 일이 아니었다.
   ▶ As far back as 130,000 years ago라는 과거를 나타내는 부사구가 쓰였으므로 has been을 과거시제 was로 고쳐야 한다.

12 고객님은 어떤 품목도 수령 30일 이내에 그것을 원래의 상태로 반품하는 한 교환 또는 환불을 요청하실 수 있습니다. 질문이 있으시면 저희에게 연락해 주십시오.
   ▶ 접속사 as long as와 if가 이끄는 조건의 부사절은 미래의 일을 현재시제로 나타내므로 각각의 동사 will return은 return, will have는 have로 고쳐야 한다.

13 ▶ 주절의 동사로 should be made를 쓰고 before가 이끄는 시간 부사절의 동사는 미래시제를 대신하는 현재시제 starts로 쓴다.

14 ▶ 주절의 동사로 reported를 쓰고 목적어 역할의 that절을 구성한다. that절에는 '서명할 것이다'라는 의미를 나타내도록 will의 과거형 would를 이용하여 would sign ~으로 쓴다.

15 ▶ 주절의 동사로 could notice를 쓰고 목적어 역할의 that절을 구성한다. that절에는 알아차린 시점의 이전부터 계속되고 있는 일을 나타내도록 과거완료 또는 과거완료진행형을 쓴다.

16 ▶ 「No sooner ~ than …」 구문을 사용하되 than 다음에 과거시제(caught)가 쓰였으므로, No sooner 다음에는 과거완료를 쓴다. 「No sooner+had+주어+p.p.」의 어순에 유의한다.

17 해석 이메일이나 다른 문서를 컴퓨터에서 삭제하는 것은 실제로 그것을 컴퓨터 메모리에서 제거하지 않는다. 다른 파일이 들어와서 그 문서가 위치했던 공간을 덮어쓸 때까지 전문가들은 당신이 삭제한 문서를 복구할 수 있다.
   ▶ (1) 동명사구 주어는 단수 취급하므로 단수동사로 고쳐야 한다.
     (2) 접속사 Until이 이끄는 시간의 부사절이므로 미래시제를 현재시제로 고쳐야 한다.
     (3) 문서를 삭제한 것은 과거의 일이므로 과거시제로 고쳐야 한다.

18 해석 전통적으로 사람들은 섭식 장애를 여성들의 문제이며 남성들에게는 덜 전형적인 것으로 여겨 왔다. 하지만 점점 더 많은

남성이 섭식 장애와 신체 불만족을 경험하고 있다.
- ▶ Traditionally는 의미상 예전부터 지금까지 지속되는 상황을 나타내고 조건에 맞게 view를 현재완료로 쓴다. 「view *A* as *B*(*A*를 *B*로 간주하다)」 구문을 활용하여 완성한다.

19 지문 해석 아무것도 즉시 일어나는 것은 없으므로, 처음에 우리는 우리가 실행하는 일로부터 어떤 결과도 볼 수 없다. 이것은 나무 막대기를 가지고 불을 피우려고 하는 사람의 예와 같다. 그는 어렸을 때 두 개의 나무 막대기를 마주 대고 문지르면 불이 일어난다고 배웠다. 그는 계속해서 문지르지만, 그는 별로 참을성이 없다. 그는 그 불을 갖고 싶어 하지만, 불은 쉽게 붙지 않는다. 그래서 그는 낙담해서 잠시 쉬기 위해 멈춘다. 그러고 나서 다시 시작하지만, 진행 속도가 더디다. 그때쯤에는 열이 사라져 버렸는데, 그것은 그가 그것을 충분히 오랫동안 계속하지 않았기 때문이다. 그는 문지르고 또 문지르지만 지치자마자 그는 완전히 멈춰 버린다.
- ▶ⓑ that절의 내용이 일반적 사실을 나타내므로 주절의 동사가 과거시제(learned)로 쓰인 것과 관계없이 현재시제 makes로 써야 한다.
  - ⓔ 접속사 as soon as가 이끄는 시간의 부사절이므로 미래의 일이더라도 현재시제 gets로 써야 한다.
  - ⓐ the man을 수식하는 현재분사를 쓴 것이므로 적절하다.
  - ⓒ '~하기 위해 하던 일을 멈추다'라는 뜻을 나타내려면 동사 stop 다음에 부사적 용법의 to부정사를 써야 하므로 적절하다.
  - ⓓ 과거의 어느 시점부터 현재까지 지속되어 완료된 일을 나타내도록 현재완료를 썼으므로 적절하다.

20 지문 해석 산업혁명 동안 발생한 주요한 일은 기계가 개발되었다는 것이었다. 기계는 이전에는 사람들에 의해 이루어졌던 일과 과업 중 많은 것을 수행할 수 있었다. 이것은 경제적 결과 이외에도 사회적 결과도 낳았다. 사람들이 가정에서 물건을 만들기 위해 손 연장을 사용하는 대신에, 공장들이 그 새로운 제조용 기계를 수용하기 위해 우후죽순으로 생겨났다. 인간 개입의 필요 또한 극단적으로 줄어들었다. 작업 관행이 점점 더 기계의 필요에 따라 결정되었다. 사람들은 매일 공장을 오가야 했는데, 그곳에서 효율성을 위해 그들의 시간과 노력이 세밀하게 감시되었다.
- ▶② 주절의 시제가 과거시제(could)이므로 그 이전(previously)에 일어난 일을 나타내려면 과거완료를 써야 한다. 따라서 had로 고쳐야 한다.
  - ① 관계사절의 수식을 받는 The main thing이 문장의 핵심 주어이고, 동사 자리에 과거의 일을 설명하므로 과거시제의 단수동사를 쓴 것은 적절하다.
  - ③ 문맥상 '~하기 위해'라는 목적을 나타내도록 부사적 용법의 to부정사를 쓴 것은 적절하다.
  - ④ Working practices는 결정되는 대상이므로 수동태가 되도록 과거분사를 쓴 것은 적절하다.
  - ⑤ the factories에 대한 부연 설명을 하는 계속적 용법의 관계사절로 뒤에 완전한 절이 오므로 관계부사 where를 쓴 것은 적절하다.

UNIT 4 수동태

Warm-up

Q1 능동태 **Q2** ○ **Q3** 보어

Point 1

예문 해석
1 그의 주변 사람들 모두 그의 사려 깊음에 감동했다.
2 그녀는 거의 6개월간 전문 코치의 훈련을 받았다.

Check Up

정답 **1** was invented by
  2 have been conducted
  3 with

해석
1 전자레인지는 1946년에 레이더 엔지니어에 의해 발명되었다.
2 여러 연구들이 학자들에 의해 수행되어 왔다.
3 우리는 호텔 서비스에 매우 만족했다.

Point 2

예문 해석
1 독일 셰퍼드는 모습이나 크기에서 코요테를 닮았다.
2 유럽행 항공권을 구매하는 데 비용이 얼마나 드는지 나는 모르겠다.

Check Up

정답 **1** lack **2** occurred
해석
1 관리자들과 직원들 사이에 의사소통이 부족할 수 있다.
2 어젯밤에 주택 화재가 Chestnut 가에서 발생했다.

move 감동시키다 thoughtfulness 사려 깊음 scholar 학자

Basic Practice

A **1** was discovered by **2** are opposed **3** resembles
  4 consists **5** been supported **6** resulted **7** belong
B **1** ○ **2** disappeared **3** was married **4** ○
C **1** was located **2** is being cooked
  3 can be observed **4** has been used

A

1 그 혜성은 한 영국 천문학자에 의해 19세기에 발견되었다.
- ▶ The comet은 발견된 대상이므로 수동태를 써야 한다.

2 미국인 다수가 이 전쟁에 반대한다.
- ▶ '~에 반대하다'라는 뜻은 「oppose+목적어」 또는 「be opposed to+목적어」로 나타낸다.

3 여러 면에서, 그 영화는 퍼즐 책을 닮았다.
- ▶ resemble은 수동태로 쓸 수 없는 타동사이다.

4 우리가 숨 쉬는 공기는 산소와 질소로 이루어져 있다.
- ▶ consist는 수동태로 쓸 수 없는 자동사이다. consist of는 '~로 구성되다'라는 뜻이다.

5 이 아이디어들은 학습에 관한 연구에 의해 지지 되어 왔다.
▶ These ideas는 지지 되는 대상이므로 수동태로 쓰되, 현재완료 수동태는 「have[has] been+p.p.」이다.

6 그 개선은 여러 요인의 결과였다.
▶ result는 수동태로 쓸 수 없는 자동사이다. result from은 '~가 원인이다'라는 뜻이다.

7 모든 인간은 생존을 위해 다른 이들에게 속하기를 원한다.
▶ belong은 수동태로 쓸 수 없는 자동사이다. belong to는 '~에 속하다'라는 뜻이다.

B

1 디지털카메라는 요즘 전문 사진작가들에 의해 선호된다.
▶ Digital cameras는 사용하는 주체가 아니라 사용되는 대상이므로 수동태를 쓴 것은 적절하다.

2 20달러짜리 지폐가 사라진 날까지는 모든 것이 순조로웠다.
▶ disappear는 수동태로 쓸 수 없는 자동사이므로 disappeared로 고쳐야 한다.

3 Andrea는 고등학교 선생님과 결혼하여 다섯 명의 자녀를 두었다.
▶ '~와 결혼하다'라는 뜻은 「marry+목적어」 또는 「be married to+목적어」로 써야 한다.

4 외딴 곳에서 마을 사람들은 일찍 자고 일찍 일어나는 것에 익숙하다.
▶ '~에 익숙하다'라는 뜻은 be accustomed[used] to로 나타내므로 적절하다.

C

1 ▶ '~에 위치하다'라는 뜻은 be located at[in, on]으로 나타낸다.

2 ▶ your food은 요리되는 대상이며 동작이 진행 중이므로 현재진행형 수동태를 쓴다.

3 ▶ Very distant stars는 관찰되는 대상이며 '할 수 있다'라는 뜻을 추가해야 하므로 「can be+p.p.」의 형태의 수동태로 쓴다.

4 ▶ Salt는 사용되는 대상이며 기간을 나타내는 부사구(for thousands of years)가 있으므로 현재완료 수동태를 쓴다.

Point 3 p. 44

예문 해석
1 각 아이에게 과자가 든 작은 나무 그릇이 주어졌다.
2 물과 의약품이 지진 피해자들에게 보내졌다.
3 한 실험에서 배우들은 분노를 연기해 보라는 요청을 받았다.
4 선수들은 여름의 더위 속에서 몇 시간 동안 훈련하게 되었다.
5 그가 길을 건너는 것이 목격되었다.

Check Up
정답 **1** are offered **2** to land **3** were forced
해석
1 음식과 음료가 모든 참가자에게 제공된다.
2 두 마리의 커다란 새가 나무 꼭대기에 내려앉는 것이 보였다.
3 주민 대다수가 고향을 떠나지 않을 수 없었다.

Point 4

예문 해석
1 우리는 웃을 수 있는 능력이 특유하게 인간에게만 있는 특징이라고 믿는다.
→ 웃음의 능력은 특유하게 인간에게만 있는 특징이라고 여겨진다.

Check Up
정답 **1** It **2** is expected **3** care of
해석
1 기후 변화가 인간 건강에 가장 큰 위험이라고 한다.
2 내년은 올해보다 훨씬 더 힘겨울 것으로 예상된다.
3 그녀는 자신의 삼촌 Otto와 숙모 Hulda에게 돌봄을 받았다.

portray 연기하다; 묘사하다 beverage 음료 resident 주민 capacity 능력, 재능, 역량 peculiarly 특유하게

Basic Practice p. 45

A **1** was sent **2** is considered **3** to pass
4 laughed at **5** were required **6** It **7** were made
B **1** was provided to each patient **2** ○
3 was seen to break[breaking] **4** ○
C **1** been called **2** be paid attention to
3 is expected to participate **4** were made to work

A

1 문자 메시지가 알려지지 않은 발신자로부터 그녀의 휴대 전화로 전송되었다.
▶ A text message는 전송되는 대상이므로 수동태로 써야 한다.

2 아담 스미스는 현대 경제학의 아버지라고 여겨진다.
▶ Adam Smith는 여겨지는 대상이고, 전치사 as가 이어지므로 수동태를 써야 한다. 능동태는 동사 consider 다음에 목적어가 이어져야 한다. cf. be considered as ~로 여겨지다

3 트럭 한 대가 늦은 시각에 지나가는 소리가 들렸다.
▶ 지각동사 hear가 수동태로 쓰였으므로 능동태에서 목적격보어로 사용된 원형부정사를 to부정사로 전환해야 한다.

4 그 선수는 자신의 첫 축구 시도에서 코치에게 비웃음을 받았다.
▶ 동사구 laugh at(~를 비웃다)의 수동태는 be laughed at으로 나타낸다. 뒤에 전치사 at이 빠지지 않도록 유의한다.

5 매일 아침 우리는 우리의 침구를 완벽하게 정리하도록 요구받았다.
▶ we는 요구받는 대상이고, 뒤에 목적격보어로 쓰인 to부정사가 이어지므로 수동태를 써야 한다. 능동태는 동사 require 다음에 목적어가 이어져야 한다.

6 경제가 내년에 회복을 시작할 것으로 예상된다.
▶ 목적어가 that절인 문장의 수동태는 가주어 it을 사용하여 「It is+p.p.+that절」로 나타낸다.

7 학생들은 시험장에서 1.5미터씩 떨어져 앉게 되었다.
▶ The students가 동작의 대상이므로 사역동사 make를 수동태로 써야 한다. 능동태에서 목적격보어로 사용된 원형부정사는 to부정사로 전환된다.

B

1 치료는 훌륭했으며 의약품이 각 환자에게 제공되었다.
▶수동태 다음에 간접목적어가 이어지므로 그 앞에 전치사를 넣어야 한다.

2 목욕은 상처가 완전히 나을 때까지 미뤄져야 한다.
▶Bathing은 미뤄지는 대상이고, 조동사 should가 함께 쓰였으므로 조동사의 수동태(should be+p.p.) 형태로 쓴 것은 적절하다.

3 그 남자가 한밤중에 그 건물에 침입하는 것이 목격되었다.
▶지각동사 see가 수동태로 쓰였으므로 능동태에서 목적격보어로 사용된 원형부사를 to부정사로 전환해야 한다. 또는 능동태에서 사용된 현재분사를 그대로 쓴다.

4 승객들이 차 안에서 음식을 섭취하는 것은 허용되지 않는다.
▶Passengers는 허용되는 대상이므로 수동태로 쓰였고, 뒤에 목적격보어인 to부정사가 남겨진 형태로 적절하다.

C

1 ▶「call A(목적어) B(목적격보어)」가 수동태로 전환되면 동사 뒤에 목적격보어가 남는 형태가 된다. 의미상 현재완료 수동태가 적절하다.

2 ▶pay attention to가 수동태로 사용되면 be paid attention to의 형태가 된다.

3 ▶Every member가 예상되는 대상이므로 수동태로 쓰고, 그다음에는 to부정사를 쓴다. cf. We expect every member to participate ~.

4 ▶문맥에 맞게 사역동사 make를 수동태로 전환하고 동사 뒤에 to부정사를 쓴다. 능동태에서 목적격보어로 쓰인 원형부사가 to부정사로 전환된 형태이다.

Unit Test
p. 46

1 planned **2** were asked **3** depends **4** was offered
5 composed **6** received **7** have been
8 ④ **9** ③, ⑤ **10** are resembled by → resemble
11 has left → has been left
12 was happened → happened,
widely believes → is widely believed
13 is located in the north of the city
14 will be announced on the website on July 15th
15 was believed to attract many viewers, but it didn't
16 were made to leave their homes during the earthquake
17 (1) was considered (2) is categorized
(3) has been debated and discussed
18 were seen to get[getting] out of the car **19** ② **20** ①

---

1 그 특별 전시회는 거의 3년 동안 계획되어 왔었다.
▶The special exhibition은 계획되는 대상이므로 수동태를 써야 한다.

2 참가자들은 밀의 가격 변동을 예측해 보라고 요청 받았다.
▶Participants는 요청 받는 대상이므로 「ask+목적어+to부정사」가 수동태로 전환된 「be asked+to부정사」의 형태로 써야 한다.

3 기본적인 생존은 원인을 인식하고 결과를 예측하는 능력에 달려 있다.
▶depend는 수동태로 사용할 수 없는 자동사이다.

4 그녀는 그 일자리를 제의받았을 때 정말 놀랐다.
▶「offer+간접목적어+직접목적어」에서 간접목적어를 주어로 삼아 수동태로 전환된 형태이다.

5 아이작 뉴턴 경은 빛이 일곱 색깔로 구성되어 있다는 것을 1665년에 발견했다.
▶consist는 자동사이므로 수동태로 쓸 수 없다. 따라서 '구성하다'라는 뜻의 타동사 compose를 수동태로 써야 한다.
cf. be composed of ~로 구성되다

6 우리는 일부 주민들이 개 짖는 소음으로 인해 방해받아 왔다는 신고를 받았다.
▶reports가 동사의 목적어이고, We가 신고를 받는 주체이므로 능동태를 써야 한다. that은 reports를 부연 설명하는 동격의 that이다.

7 전통적으로 남성은 밥벌이하는 사람, 여성은 가정을 돌보는 사람으로 기대되어 왔다.
▶men과 women 둘 다 기대되어 온 대상이므로 수동태가 적절하다.

8 ④ 두 동반자는 여정이 끝날 때까지 침묵을 지켰다.
▶remain은 자동사로 수동태로 쓸 수 없으므로 remained로 고쳐야 한다.
① 지도 제작의 역사는 5천 년도 더 넘는 것으로 밝혀졌다.
▶The history of map making은 기원이 밝혀지는 대상이므로 수동태로 쓴 것은 적절하다.
② 객실을 교체해 달라는 우리의 요구는 즉각 거절되었다.
▶Our request는 거절된 대상이므로 수동태를 쓴 것은 적절하다.
③ 그 목마른 여행자들을 위해 가까운 우물에서 물을 가져왔다.
▶「bring+간접목적어+직접목적어」가 직접목적어를 주어로 삼아 수동태로 전환되어 동사 뒤에 「전치사+간접목적어」를 썼으므로 적절하다.
⑤ 강우량 감소가 품질이 낮은 차가 생산된 원인인 것으로 여겨져 왔다.
▶Reduced rainfall은 여겨져 온 대상이므로 수동태를 쓴 것은 적절하다.

9 ③ 여성들이 투표를 할 수 있기도 전에 한 여성이 미국 의회에 선출되었다.
▶A woman은 선출된 대상이므로 elected를 수동태 was elected로 고쳐야 한다.
⑤ 기후와 관련하여 북부 이탈리아와 남부 이탈리아 사이에 커다란 차이가 존재한다.
▶exist는 수동태로 사용할 수 없는 자동사이므로 are existed를 exist로 고쳐야 한다.
① 그녀의 휴대 전화는 전 세계를 여행한 사진들로 가득 차 있다.
▶be filled with는 '~로 가득 차다'라는 뜻의 수동태 관용 표현으로 적절하다.
② 그는 자전거에 부딪쳐서 오른쪽 다리가 부러졌다.
▶He는 부딪친 대상이고, his right leg는 부러진 대상이므로 두 절에 동사를 수동태로 쓴 것은 적절하다.
④ 인간의 아기는 무력하고, 애정에 굶주리고, 의존적인 것으로 여겨진다.

▶「look upon *A* as *B*(*A*를 *B*로 간주하다)」가 수동태로 전환된 형태이므로 적절하다. *B*의 자리에는 흔히 형용사가 쓰인다.

10 카스트 제도와 닮은 다른 제도는 무엇이 있을까?
▶resemble은 타동사이지만 수동태로 쓸 수 없으므로, are resembled by를 resemble로 고쳐야 한다.

11 온도를 측정하는 한 가지 방법은 불에 남겨진 금속 부지깽이 같이 사물이 눈에 보이도록 빨갛게 타오를 만큼 뜨거운 경우에 생긴다.
▶a metal poker는 남겨진 대상이므로 수동태로 써야 한다. 따라서 has left를 has been left로 고쳐야 한다.

12 1929년 10월 24일 검은 화요일에 미국 역사상 가장 충격적인 주식 시장 붕괴가 발생했다. 이 재정적 위기는 자살로 인한 무수한 죽음을 초래한 것으로 널리 여겨지지만, 이것은 사실이 아니었다. 단 두 명이 있었을 뿐이었다.
▶(1) happen은 자동사로 수동태로 쓸 수 없으므로, was happened를 happened로 고쳐야 한다.
(2) that절의 내용은 여겨지는 대상이므로 widely believes를 is widely believed로 고쳐야 한다.

13 ▶locate는 '(위치에) 두다'라는 뜻의 타동사이므로 '위치하다'라는 의미를 나타내도록 수동태 be located를 쓴다.

14 ▶announce는 '발표하다'라는 뜻의 타동사이므로 '발표될 것이다'라는 의미를 나타내도록 수동태 will be announced로 쓴다.

15 ▶「It is[was]+p.p.+that절」의 구조에서 that절의 주어 the movie를 주어로 하여 수동태로 전환된 형태로, was believed 뒤에 to attract를 써서 완성한다.

16 ▶사역동사 make를 수동태로 쓰고 to부정사를 그다음에 쓴다.

17 해석 한때 명왕성은 우리의 태양계에서 아홉 번째 행성이며 태양으로부터 가장 멀리 있는 것으로 여겨졌다. 최근에 그것은 가장 큰 왜소행성으로 분류된다. 이 재분류는 2006년에 있었다. 그 결정은 그때 이후로 논쟁되고 논의되어 왔으며 장차 뒤집힐지도 모른다.
▶(1) Pluto는 아홉 번째 행성으로 여겨진 대상이므로 수동태로 써야 한다. to be 이하는 능동태 문장의 목적격보어에 해당한다.
(2) it(Pluto)은 분류되는 대상이므로 수동태를 써야 한다.
(3) The decision은 논쟁되고 논의되는 대상이므로 수동태를 쓰되, 부사구 since then을 고려하여 현재완료 수동태로 쓴다.

18 해석 경찰은 한 리무진이 토요일 19시 50분 경 Queen's Road를 따라 운행하다가 미끄러져 언덕 아래쪽 부근의 벽돌 벽에 부딪혔다고 말했다. 두 남자가 다치지는 않은 것으로 보이는데 그 차에서 나오는 것이 목격되었다. 그들은 경찰이 도착하기 전에 현장을 떠났다.
▶지각동사 see를 수동태로 쓰고 이어서 목적격보어로 to부정사 또는 현재분사를 쓴다.

19 지문 해석 많은 전통적인 직업의 소실은 새로운 인간 직업의 창출에 의해 부분적으로 상쇄될 것 같다. 밝혀진 질병을 진단하고 일반적인 처방을 내리는 일을 주로 하는 의사들은 아마도 AI 의사에 의해 대체될 것이다. 그러나 그것 때문에, 연구를 하고 신약을 개발하도록 인간 의사에게 지급할 돈이 훨씬 더 많을 것이다. AI는 또 다른 방식으로 인간의 새로운 직업을 만드는 것을 도울 수 있다. 인간은 AI와 경쟁하는 대신에, AI를 활용하는 것에 집중할 수 있다. 예를 들면,

드론에 의한 인간 조종사의 대체는 일부 직업을 없애 왔지만, 정비, 원격 조종, 그리고 데이터 분석에서 많은 새로운 기회를 만들었다.
▶ⓐ 핵심이 되는 주어가 단수형 The loss로 단수동사가 와야 하므로 is likely to be로 고쳐야 한다.
ⓔ some jobs가 eliminate의 목적어이므로 능동태가 되어야 한다. 따라서 has eliminated로 고쳐야 한다.
ⓑ Doctors는 대체되는 대상이므로 수동태를 쓴 것은 적절하다.
ⓒ '~하도록'이라는 목적을 나타내는 부사적 용법의 to부정사에 해당하므로 적절하다.
ⓓ help의 목적어로 쓰인 원형부정사이므로 적절하다.

20 지문 해석 1941년 6월 8일에 나의 할머니 Helen Corrigan은 그녀의 오랜 연인인 나의 할아버지 Eddie Power와 결혼했다. Helen은 15년 경력의 1학년 선생님이었으며 37세였다. 그녀가 늦은 나이에 결혼한 것은 부분적으로 보스턴 공립학교 교사들에 대한 결혼 빗장(기혼 여성의 취업 제한) 때문이었다. 결혼한 교사에 대한 이러한 금지는 너무도 절대적이어서 학년이 끝나기 단 몇 주가 남았지만 Helen이 학년을 마치기 위해 자신의 1학년 학생들에게 돌아오는 것은 허용되지 않았다. 그런 정책의 경제적 영향은 심각했다. 결혼 빗장은 내 할머니가 자신의 교육 투자에 대한 수익을 벌어들이는 능력을 심각하게 제한했다.
▶① 동사 marry는 바로 뒤에 목적어를 취하거나 수동태 be married to로 써야 한다. 따라서 was[got] married to나 married로만 써야 한다.
② 이어지는 어구가 주어와 동사가 없는 명사구이므로 전치사 because of를 쓴 것은 적절하다.
③ This prohibition to married teachers was so absolute that ~에서 보어인 so absolute가 문두에 와서 주어와 동사가 도치된 구조이므로, 동사 was는 적절하다.
④ 주어의 핵심이 되는 명사는 implications이므로 복수동사를 쓴 것은 적절하다.
⑤ my grandmother's ability를 수식하는 형용사적 용법의 to부정사에 해당하므로 적절하다.

Chapter Test

p. 49

1 appeared **2** orbit **3** is composed **4** will attend
5 announced **6** providing **7** have
8 is strengthened, often occurs
9 will choose → choose
10 brought up → was brought up
11 will visit → visit
12 first invented → was first invented, found → were found
13 has begun → began, needed → were needed
14 ③ **15** ② **16** ③ **17** ③
18 is considered as **19** It has rained[been raining]
20 had the police officer seen
21 if the band will have a concert
22 had already closed when they got there

23 sooner had Becky entered the building than a guard approached her

24 I moved here, I have made some good friends

25 learned that water freezes at zero degrees Celsius

26 (1) ⓑ is relied → rely, (2) ⓓ obtains → is obtained

27 ④

28 people are asked to identify which pleasures are most important

29 ④ **30** ③

---

1 그 표현은 19세기 중반에 나타났다.
▶ appear는 자동사이므로 수동태로 쓸 수 없다.

2 그 천문학자는 많은 소행성이 목성 주위를 공전한다고 설명했다.
▶ that절의 내용이 과학적 사실에 해당하므로 현재시제를 써야 한다.

3 유럽 연합은 27개 회원국으로 구성되어 있다.
▶ compose는 타동사이므로 of를 수반할 때는 수동태로 써야 한다.
cf. be composed of ~로 구성되다

4 우리는 시장이 내일 개회식에 참석할지를 모른다.
▶ if가 이끄는 절이 know의 목적어로 사용된 명사절이므로 미래의 일은 미래시제로 써야 한다.

5 비행기가 이륙하기가 무섭게 조종사는 비상사태를 알렸다.
▶ Hardly로 시작하는 주절에 과거완료가 쓰였으므로 when이 이끄는 부사절에는 과거시제를 써야 한다.

6 우리는 10년 동안 재능 있는 아이들에게 음악 교육을 제공해 왔습니다.
▶ music education이 provide의 목적어이므로 능동태가 되도록 현재분사를 써야 한다. 따라서 동사의 시제는 현재완료진행형이 된다.

7 우리는 그 검사들이 과학적으로 유효하다고 확신할 수 있다. 하지만 우리의 모든 검사가 끝날 때까지 당신이 어떤 물질을 들이마셨는지 말하지 않을 것이다.
▶ until이 이끄는 절은 시간의 부사절이므로 미래에 완료될 일을 기술하고 있어도 현재완료로 써야 한다.

8 근심의 영향은 그것이 흔히 여러분이 다중 작업을 하고 있는 동안 생긴다는 사실에 의해 훨씬 더 강화된다.
▶ (1) The effect of worry는 강화되는 대상이고 뒤에 by가 있으므로, 수동태로 써야 한다.
(2) occur는 자동사이므로 수동태로 쓸 수 없다.

9 평생 안전한 선택권만을 고른다면, 여러분은 결코 성장할 수 없다.
▶ If가 이끄는 조건의 부사절에서는 미래의 일도 현재시제로 나타내므로 will choose를 choose로 고쳐야 한다.

10 나는 숲속에서 길을 잃으면, 내가 시작한 자리로 결국 돌아온다고 믿도록 길러졌다.
▶ I는 길러진 대상이므로 brought up을 수동태 was brought up으로 고쳐야 한다.

11 다음번에 당신이 같은 웹사이트에 방문하면 그 브라우저는 쿠키를 보내서 당신을 인식할 것이다.

▶ The next time이 이끄는 시간의 부사절에서는 미래의 일도 현재시제로 나타내므로 will visit을 visit으로 고쳐야 한다.

12 많은 세월 동안 고고학자들은 도기류가 기원전 9,000년에 근동에서 최초로 발명되었다고 믿었다. 하지만 1960년대에 기원전 10,000년의 더 오래된 도기가 일본에서 발견되었다.
▶ (1) that절의 주어 pottery는 발명된 대상이므로 was first invented로 고쳐야 한다.
(2) older pots는 발견된 대상이므로 were found로 고쳐야 한다.

13 산업혁명은 18세기에 여러 기술적 혁신과 더불어 대영제국에서 시작했다. 영국은 또한 많은 석탄과 철광석을 보유했는데, 그것들은 산업하에 의해 요구되는 기계를 작동시키고 만드는 데 필요했다.
▶ (1) 역사적 사실을 설명하고 있으므로 has begun을 과거시제 began으로 고쳐야 한다.
(2) 관계사절의 선행사 lots of coal and iron ore는 필요한 대상이므로 needed를 수동태 were needed로 고쳐야 한다.

14 ③ 남편은 아내가 귀가하기 전에 설거지를 해 놓았다.
▶ had washed는 came이 나타내는 동작보다 먼저 일어난 동작을 나타내므로 과거완료를 쓴 것은 적절하다.
① 그가 느꼈던 기대는 눈 깜짝할 사이에 사라졌다.
▶ disappear는 자동사로 수동태로 쓸 수 없으므로 disappeared로 고쳐야 한다.
② 그 배가 항구를 떠나기가 무섭게 끔찍한 폭풍이 닥쳤다.
▶ No sooner 다음에 과거완료가 쓰였으므로 than 뒤에는 과거시제 came을 써야 한다.
④ 여러분이 지침을 차근차근 따르는 한 그것은 매우 쉽다.
▶ as long as가 이끄는 조건의 부사절은 미래의 일은 현재시제로 나타내므로 follow로 고쳐야 한다.
⑤ 그 이후로 그 권고는 거의 모든 곳에서 채택되어 왔다.
▶ the recommendation은 채택되어 온 대상이므로 수동태 has been adopted로 고쳐야 한다.

15 ⓐ 나는 네가 다음 주까지 갚는다는 조건으로 네게 그 돈을 빌려주겠다.
▶ provided가 이끄는 조건의 부사절에서는 미래의 일은 현재시제로 나타내므로 will pay를 pay로 고쳐야 한다.
ⓔ 그 여배우는 자신이 더는 텔레비전 시리즈에 출연하지 않을 것이라고 발표했다.
▶ 주절에 과거시제를 썼으므로 that절도 시제를 일치시켜 과거형 조동사를 써야 한다. 따라서 would로 고쳐야 한다.
ⓑ 연구는 90퍼센트 이상의 미국 십대들이 현재 스마트폰을 가지고 있다는 것을 발견했다.
▶ 주절에 과거시제를 썼더라도 that절의 내용이 일반적인 사실에 해당하고, now가 있으므로 현재시제를 쓴 것은 적절하다.
ⓒ 미국에 갈 때까지, Dorothy는 영어를 쓰지 않았다.
▶ went가 나타내는 동작보다 먼저 일어난 일이므로 과거완료(had spoken)를 쓴 것은 적절하다.
ⓓ 사람들은 외적 보상보다는 내적 보상에 의해 더 동기부여가 잘 될 수 있다.
▶ People은 동기 부여를 받는 대상이므로 수동태로 쓴 것은 적절하다.

16 ⓐ 그 백신은 그 바이러스로부터 가장 위험한 사람들에게 제공될 것이다.

▶The vaccine은 제공되는 대상이므로 수동태를 쓴 것은 적절하다.

ⓑ 그는 지난번 부모님이 자신을 휴가에 데리고 간 것을 기억할 수 없었다.

▶couldn't remember가 나타내는 동작보다 먼저 일어난 일이므로 과거완료(had taken)를 쓴 것은 적절하다.

ⓓ Taif는 사우디아라비아의 비공식적인 여름 수도라고 불리어 왔다.

▶Taif는 불리는 대상이므로 수동태를 쓴 것은 적절하며, 과거부터 지금까지 계속되는 일이므로 현재완료를 쓴 것도 적절하다.

ⓒ 어떤 과학자가 태양이 우주의 중심이라는 이론을 발달시켰는가?

▶주절에 과거시제를 썼더라도 that절의 내용이 과학적 사실에 해당하므로 was를 현재시제 is로 고쳐야 한다.

ⓔ 심각한 정신 건강 문제들은 전문가들에 의해 돌봐져야 한다.

▶동사구의 수동태는 부사나 전치사를 모두 써야 하므로 should be taken care of로 고쳐야 한다.

17 해석 심해에 사는 유기체는 자기 몸에 물을 저장함으로써 높은 압력에 적응해 왔다. 그중 일부는 거의 완전히 물로 구성되어 있다. 대부분의 심해 유기체는 부레가 없다. 그것들은 자기 체온을 환경에 맞추는 냉혈 유기체인데, 낮은 신진대사를 유지하면서 차가운 물에서 생존하도록 한다.

▶ⓑ consist는 자동사로 수동태로 쓸 수 없으므로 consist로 고쳐야 한다.

ⓒ lack은 자동사로 수동태로 쓸 수 없으므로 lack으로 고쳐야 한다.

ⓐ Organisms가 핵심이 되는 주어이므로 복수동사(have)를 쓴 것은 적절하며, 오랜 기간 지속되어 온 일을 기술하므로 현재완료를 쓴 것도 적절하다. adapt는 전치사 to를 동반하여 '~에 적응하다'라는 뜻으로 쓰인 자동사이다.

ⓓ a low metabolism이 목적어에 해당하므로 능동태로 쓴 것은 적절하다.

18 ▶An atom은 여겨지는 대상이므로 수동태로 쓴다.

19 ▶전치사 since가 '~ 이후로'라는 뜻의 부사절을 이끌고 있고 현재까지 계속되고 있는 상황이므로 현재완료 또는 현재완료진행형을 쓴다. 주어 it은 비인칭주어이다.

20 ▶부정어 Scarcely가 문장을 이끌고 있고 when이 이끄는 절에 과거시제가 쓰였으므로, 그보다 먼저 일어난 동작을 나타내도록 과거완료를 쓰되 「had+주어+p.p.」의 도치 어순을 취한다.

21 ▶if가 이끄는 절이 '~인지'라는 뜻을 나타내면서 Are you sure의 목적어 역할을 하는 명사절에 해당하므로 미래의 일은 미래시제로 나타낸다.

22 ▶when이 이끄는 부사절은 과거시제로 나타내고, 가게가 문을 닫은 것이 도착한 것보다 먼저 일어난 일이므로 주절의 동사 close는 과거완료로 써야 한다. already는 「had+already+p.p.」의 어순으로 쓴다.

23 ▶「No sooner ~ than …」 구문을 사용하되 먼저 일어난 일은 과거완료, 나중에 일어난 일은 과거시제로 쓴다. 부정어구 No sooner가 문장을 이끌고 있으므로 「had+주어+p.p.」의 도치 어순을 취한다.

24 ▶since가 이끄는 부사절에는 과거시제로 쓰고, 주절에는 현재완료 시제로 쓴다.

25 ▶주절은 과거시제로 쓰고 learned의 목적어 역할을 하는 that절을 구성한다. that절의 내용은 과학적 사실에 해당하므로 동사는 현재시제로 써야 한다.

26 해석 별의 색깔은 그것의 온도와 관련이 있다. 사람들이 아직은 별까지의 엄청난 거리를 여행하여 더 정밀한 방법으로 그것의 온도를 측정할 수 없으므로, 천문학자들은 그것의 색깔에 의존한다. 별의 내부는 감추어져 있지만 훨씬 더 높은 온도에 있다. 하지만 별의 색깔에서 얻어진 정보는 여전히 유용하다.

▶(1) ⓑ rely는 자동사이므로 수동태로 쓸 수 없다.

(2) ⓓ 관계사절의 선행사 the information은 얻어지는 대상이므로 수동태를 써야 한다.

ⓐ The color of stars는 온도와 관련된 대상이므로 수동태를 쓴 것은 적절하다. relate to: ~와 관계가 있다

ⓒ 주어 it은 the interior of the star를 가리키며, 이것은 감추어진 대상이므로 수동태를 쓴 것은 적절하다.

[27~28] 지문 해석

인간은 사회적 종이다. 우리의 소속되고자 하는 욕구는 우리의 음식과 수면에 대한 욕구와 같은 범주에 있는 것처럼 보이지 않을 수도 있다. 하지만 많은 연구는 소속이 다른 동기와 비슷하게 작용한다는 것을 보여준다. 사람들이 자신들의 행복에 어떤 즐거움이 가장 중요한지를 찾으라고 요청 받을 때, 압도적인 다수가 사랑, 친밀감, 사회적 소속을 부, 명성, 그리고 심지어 신체 건강보다 더 높이 평가했다. 사람들은 소속을 소중하게 여길 뿐만 아니라, 다른 사람들과의 연결성 부족은 파괴적인 결과를 낳을 수 있다. 단독 감금은 인간이 다른 사람에게 가하는 최악의 벌 중 하나로 여겨진다. 사회적 고립의 영향은 양호한 건강에 고혈압, 운동 부족, 비만, 또는 흡연만큼 해로운 듯 보인다.

27 ▶ⓓ 주어인 Solitary confinement는 여겨지는 대상이므로 수동태 is viewed로 고쳐야 한다.

ⓐ belong은 자동사이므로 능동태로 쓴 것은 적절하다.

ⓑ 동사 works를 수식하여 '비슷하게 작동하다'라는 뜻을 나타내는 부사이므로 적절하다.

ⓒ 「not only ~, but (also) …」 구문에서 not only가 이끄는 절이 「not only+do+주어+동사」로 도치된 형태이므로 적절하다.

ⓔ 주어에서 핵심이 되는 명사가 the effects이므로 복수동사를 쓴 것은 적절하다.

28 ▶'요청 받다'라는 뜻을 나타내도록 ask를 수동태로 써야 한다. identify의 목적어로는 which pleasure ~의 간접의문문으로 쓴다.

29 지문 해석 고대 이후로 인간은 다양한 이름과 의식으로 태양의 움직임을 표시해 왔다. 하지는 6월 22일에 일어난다. 그것은 태양이 북쪽으로 가장 많은 진행을 이룬 날을 표시한다. 12월 22일 동지는 그것이 (태양이) 남쪽으로 가장 많이 진행한 것을 표시한다. 중간 지점 또한 추분(9월 22일)과 춘분(3월 22일)으로 표시된다. 역사적으로, 한 해는 추분 후에 시작하는 것으로 여겨졌다. 그것은 좋은 시절이 끝나고 길고 추운 겨울밤이 다가오는 때였다.

▶④ 주어 the year는 여겨지는 대상이므로 수동태 was believed로 고쳐야 한다.

① Since가 이끄는 부사구와 더불어 쓰인 현재완료이므로 적절하다.

② occur는 자동사이므로 능동태로 쓴 것은 적절하다.

③ 주어 The halfway points가 표시되는 대상이므로 행위자를 나타내는 전치사 by와 과거분사를 써서 수동태가 되도록 한 것은

적절하다.

⑤ cold nights of winter는 다가오는 동작의 주체이므로 현재분사를 써서 진행형이 되도록 한 것은 적절하다.

30 지문 해석 얼마 전 BBC의 헤드라인 뉴스는 "더 건강한 삶을 살고 싶다면, 개를 얻어라."였다. 개를 소유한 사람들은 이것을 읽고 놀라지 않았을 것이다. 그리고 개와 그 주인 사이의 관계를 연구한 사람들은 이러한 특별한 핵심을 상당히 오랫동안 알고 있었다. 개 연구자인 Deborah Wells가 관찰해 온 것에 따르면, 개는 우리가 병드는 것을 예방할 수 있고, 아픈 것으로부터 회복하는 것을 도울 수 있으며, 우리에게 병이 날지도 모른다는 것을 심지어 경고해 줄 수 있다고 한다. 심장 발작을 겪는 개 주인들은 개를 소유하지 않은 이들보다 그다음 해에 생존할 가능성이 거의 9배나 높다(여기서 고양이는 전혀 도움이 되지 않는다). 치료용 개는 그것의 방문을 받는 사람들의 스트레스 수위를 낮추고 사회적 상호작용을 증가시킨다. 그 리스트는 계속된다.

▶③ become은 자동사이므로 수동태로 쓸 수 없으므로 being[becoming]으로 고쳐야 한다.

① If가 이끄는 부사절 다음에 주절을 이루는 명령문을 이끄는 동사원형이므로 적절하다.

② for quite some time이라는 기간을 나타내는 부사구가 있으므로 현재완료를 쓴 것은 적절하다.

④ 문장의 주어가 who가 이끄는 관계사절의 수식을 받는 Dog owners이므로 복수동사를 쓴 것은 적절하다.

⑤ 관계사절의 선행사 people은 방문을 받는 대상이므로 행위자를 나타내는 전치사 by와 과거분사를 써서 수동태가 되도록 한 것은 적절하다.

Chapter 3
준동사

UNIT 5 **to부정사 / 동명사** p. 55

Warm-up
Q1 ○ Q2 × Q3 (동)명사

Point 1 p. 56

예문 해석
1 나는 꼭 당신처럼 친절한 말을 더 많이 쓰기로 결심했다.
2 Anna는 나이 많은 개를 보호소에서 입양할 것을 고려하고 있다.

Check Up
정답 **1** to give **2** coming **3** worrying
해석
1 그는 돈을 거지에게 주는 것을 거부했다.
2 네가 어렸을 때 여기에 온 것을 기억하니?
3 네 미래에 대해서 걱정하는 것을 멈춰. 괜찮을 거야.

Point 2

예문 해석
1 나는 낯선 이에게 말하는 것이 어렵다고 생각한다.
2 Thomas는 범죄와 싸우고 사람들을 안전하게 지키는 것이 자신의 의무라고 생각한다.
3 사랑하면서 현명해지는 것은 불가능하다.

Check Up
정답 **1** to chew with your mouth open during a meal
2 to take a walk every day
해석
1 나는 식사 중에 입을 벌린 채로 음식을 씹는 것을 무례하다고 생각한다.
2 그는 매일 산책하는 것을 규칙으로 삼는다.

adopt 입양하다 shelter 보호소

Basic Practice p. 57

A **1** to give **2** to bring **3** being **4** to go
5 using **6** to provide **7** It
B **1** ○ **2** to sleep **3** buying **4** ○
C **1** regret to inform **2** forgot to take
3 find it hard to believe **4** remember sitting

A
1 Mary가 그것을 한 번 시도해 보고 싶다고 말한다.
▶동사 want는 to부정사를 목적어로 취한다.

2 나는 내 노트북을 가져오는 것을 잊었어. 돌아가서 가져올게.
▶해야 할 일을 잊었다는 의미이므로 동사 forget의 목적어로 to부정사가 와야 한다.

3 우리는 아이들과 함께 있는 것을 즐거워하는 봉사자들을 찾고 있습니다.
▶동사 enjoy는 동명사를 목적어로 취한다.

4 그녀는 9시에 잠자리에 드는 것을 규칙으로 삼고 있다.
▶가목적어 it이 있으므로 진목적어로 to부정사를 써야 한다.

5 우리는 환경을 위해 플라스틱 빨대를 사용하는 것을 멈출 필요가 있다.
▶하던 동작을 멈춘다는 의미이므로 동사 stop의 목적어로 동명사가 와야 한다.

6 전기는 전자 기기에 에너지를 공급하는 것을 가능하게 했다.
▶to부정사는 가목적어 it을 대신하는 진목적어로 쓸 수 있다.

7 그들이 원하는 종류의 침묵을 얻는 것은 불가능했다.
▶뒤에 진주어 to get이 있으므로 가주어 It을 써야 한다.

B
1 그들은 서로에게 말하기를 거부하고 떠나 버렸다.
▶동사 refuse는 to부정사를 목적어로 취하므로 to speak는 적절하다.

2 각성제를 너무 많이 섭취하면, 당신은 잠을 자기 어려워질 것이다.
▶앞에 가목적어 it이 있으므로 진목적어는 to sleep으로 고쳐야 한다.

3 어머니 생신이 다가오고 있다. 나는 선물을 사는 것을 미루고 싶지 않다.
▶ put off는 동명사를 목적어로 취하므로 buying으로 고쳐야 한다.

4 덥고 습한 날에 여벌의 재킷을 입는 것을 시도하고, 1마일을 달려라.
▶ 문맥상 여벌의 재킷을 입도록 시도하라는 의미이므로 동사 try의 목적어로 동명사가 온 것은 적절하다.

C

1 ▶ '~하게 되어 유감이다'라는 의미이므로 동사 regret 뒤에 목적어로 to부정사 to inform을 쓴다.

2 ▶ 동사 forget의 과거 형태인 forgot을 쓰고, 해야 할 일을 잊었다는 맥락이므로 to부정사 to take를 목적어로 쓴다.

3 ▶ 동사 find 뒤에 가목적어 it, 목적격보어 자리에 형용사 hard를 쓴다. 진목적어로 to부정사 to believe를 쓴다. 주어진 that절은 believe의 목적어 역할을 한다.

4 ▶ 과거에 있었던 일을 기억하는지를 묻는 맥락이므로 동사 remember 뒤에 동명사 sitting을 쓴다.

Point 3 p. 58

예문 해석

1 그 주제들은 학생들이 이해하기 매우 쉽다.
2 그 노부인에게 자리를 양보하다니 당신은 사려가 깊군요.
3 내 딸은 잠자기 전에 내가 책을 읽어 주는 것을 좋아한다.
4 파티에 와 주셔서 감사합니다.
5 여기서 수영하는 것은 위험하다.

Check Up

정답 **1** of **2** him

해석

1 여우가 호랑이를 속이다니 현명했구나.
2 그의 엄마는 그가 경찰관이 된 것을 자랑스러워한다.

Point 4

예문 해석

1 그녀는 지난주에 그를 직접 만난 것 같다.
2 도둑은 지갑을 훔쳤다고 시인한다.
3 이 총은 2차 세계 대전에서 사용되었던 것으로 보인다.
4 그는 마침내 팀에서 제외되었던 것을 인정했다.

Check Up

정답 **1** have lied **2** to be washed **3** being punished

해석

1 그는 어제 내게 거짓말을 한 것 같다.
2 이 셔츠는 세탁되어야 한다.
3 그 아이는 학교에서 벌을 받는 것을 두려워한다.

---

considerate 사려 깊은 careless 부주의한 naive 순진한

A **1** of **2** him **3** for **4** having cheated
5 have had **6** for **7** to be
B **1** have been domesticated **2** ○ **3** for me **4** ○
C **1** being given
2 to have been deleted
3 imagine them playing
4 naive of her to think

A

1 오늘 우리와 함께 시간을 보내 주시다니 당신은 친절하군요.
▶ 사람의 성격이나 태도를 나타내는 형용사가 올 경우 to부정사의 의미상 주어는 「of+목적격」으로 써야 한다.

2 그의 어머니는 그가 다치는 것을 두려워했다.
▶ 동명사의 의미상 주어는 목적격 또는 소유격으로 나타낸다.

3 그가 모든 회의에 참석하는 것은 불가능하다.
▶ 사람의 성격이나 태도를 나타내는 형용사가 아니므로 의미상 주어는 「for+목적격」으로 써야 한다.

4 그 학생은 지난 시험에서 부정행위를 했던 것을 후회했다.
▶ 과거에 했던 일을 후회한다는 의미이고, 학생이 부정행위를 한 주체이므로 완료형 동명사를 써야 한다.

5 그들은 어제 파티에서 즐거운 시간을 보낸 것 같다.
▶ 문장의 동사의 시제보다 과거에 있었던 일에 대한 언급이므로 완료형 to부정사를 써야 한다.

6 당신은 마음을 열고 다른 사람들을 믿는 것이 더 좋다.
▶ 사람의 성격이나 태도를 나타내는 형용사가 아니므로 의미상 주어는 「for+ 목적격」으로 써야 한다.

7 메뉴가 야외에 전시되려면 우리는 그것을 몇 가지 변경할 필요가 있다.
▶ 「for+목적격」은 to부정사의 의미상 주어를 나타내므로 뒤에 to be가 와야 한다. 메뉴가 전시되는 대상이므로 수동태로 쓰였다.

B

1 닭은 약 8,000년 전에 사육된 것으로 보인다.
▶ 닭은 과거에 사육된 대상이고, 문장의 시제보다 앞선 시점이므로 완료형 수동태로 써야 한다. 따라서 have been domesticated로 고쳐야 한다.

2 신생아는 부드러운 흔들림을 젖을 먹는 것과 연관시키게 된다.
▶ 신생아는 젖 먹이는 행위(feed)의 대상이므로 전치사 with 뒤에 동명사구의 수동태 형태인 being fed가 온 것은 적절하다.

3 내가 그 수비적인 선수들을 상대로 이기는 것이 어렵다는 것을 안다.
▶ 사람의 성격이나 태도를 나타내는 형용사가 아니므로 의미상 주어는 「for+ 목적격」 형태인 for me로 고쳐야 한다.

4 지금의 사원은 1900년경에 재건축된 것으로 여겨진다.
▶ 사원이 재건축된 것이 문장의 동사의 시제보다 더 앞서 일어난 일이므로 to부정사의 완료형 수동태를 쓴 것은 적절하다.

C

1 ▶ 학생들이 기회를 얻는다는 의미이므로 수동태를 써야 하며, 전치사 in의 목적어이므로 동명사 형태 being given을 쓴다. more students는

동명사의 의미상 주어이다.

2 ▶동사 seem은 목적어로 to부정사를 취하고, 문장의 동사의 시제보다 더 과거에 지워졌다는 의미이므로 완료형 수동태 형태인 to have been deleted를 쓴다.

3 ▶동사 imagine을 쓰고, 동명사의 의미상 주어를 나타내는 목적격 them을 쓴다. 그 뒤에 imagine의 목적어로 동명사 playing을 쓴다.

4 ▶형용사 naive는 사람의 성격, 태도를 나타내는 말이므로 to부정사구의 의미상 주어로 of her를 뒤에 쓴다. 이어서 to think를 쓴다.

Point 5　　　　　　　　　　　　　p. 60

예문 해석

1 해결책을 필요로 하는 문제들은 우리로 하여금 두뇌를 사용하도록 강요한다.
2 관광객들은 그에게 자신들의 사진을 찍어 달라고 부탁했다.
3 아이들은 새로운 것을 시도하도록 장려된다.

Check Up

정답 **1** to go to the ceremony
　　 2 to take a writing course
　　 3 to register online

해석
1 그들은 그에게 행사에 참석하라고 설득했다.
2 선생님은 그 학생에게 작문 과정을 수강하라고 조언했다.
3 이 행사는 여러분이 온라인으로 등록하기를 요구한다.

Point 6

예문 해석

1 당신은 식품점에서 눈높이에 맞춰 놓인 물건을 구매할 가능성이 있다.
2 우리는 여러분들에게서 훌륭한 작품을 보기를 고대한다.

Check Up

정답 **1** email　**2** walking　**3** help

해석
1 나는 이것에 대해 네게 이메일을 보낼 참이었다.
2 그 아이는 아침에 학교에 걸어가는 것에 익숙하다.
3 저 친절한 여자아이는 다른 사람들을 늘 기꺼이 돕는다.

---

ceremony 의식, 행사　register 등록하다

Basic Practice　　　　　　　　　p. 61

A **1** to touch　**2** help　**3** visiting　**4** launch
　　5 to perform　**6** to stay　**7** to eat
B **1** ○　**2** ○　**3** throw　**4** to do
C **1** persuaded her to change
　　2 is used to running
　　3 were eager to go
　　4 been devoted to providing

A

1 그는 그 건축물을 지었고 아무도 그것을 만지지 못하게 했다.
▶동사 forbid는 to부정사를 목적격보어로 취한다.

2 그 기금은 건강한 음식을 필요로 하는 사람들을 돕는 데 사용된다.
▶문맥상 '~하는 데 사용되다'라는 의미이므로 「be used to+동사원형」이 와야 한다.

3 그녀는 서울에 사시는 삼촌 댁을 방문하기를 기대하고 있다.
▶look forward to는 전치사 to가 쓰인 표현이므로 뒤에 동명사를 쓴다.

4 그 회사는 신제품을 온라인으로 출시할 준비가 되었다.
▶문맥상 '~할 준비가 되어 있다'라는 의미이므로 be ready to 뒤에 동사원형을 써야 한다.

5 이 프로그램은 학생들이 팀에서 수행을 잘 할 수 있도록 해 줄 것이다.
▶동사 enable은 to부정사를 목적격보어로 취한다.

6 주민들은 지붕이 수리될 때까지 실내에 머물도록 요청 받았다.
▶동사 ask가 사용된 수동태 문장으로, ask는 to부정사를 목적격보어로 취한다.

7 어떤 식당이 대체로 붐빈다는 것을 알게 되면 우리는 그 식당에서 식사할 가능성이 더 있다.
▶「be likely to+동사원형」은 '~할 것 같다, ~할 가능성이 있다'라는 의미의 표현이므로 to eat을 써야 한다.

B

1 나는 습지의 파괴에 강력히 반대한다.
▶object to는 전치사 to가 쓰인 표현이므로 뒤에 명사 the destruction이 온 것은 적절하다.

2 우리는 다른 사람들이 우리의 선택에 영향을 미치도록 허용한다.
▶동사 allow는 to부정사를 목적격보어로 취하므로 to influence는 적절하다.

3 나는 나가면서 냅킨을 막 버리려던 참이었다.
▶「be about to+동사원형」은 '막 ~하려고 하다'라는 의미로, throw로 고쳐야 한다.

4 학생들은 기술을 향상시키기 위해 추가 공부를 하도록 요구되었다.
▶동사 require가 사용된 수동태 문장으로, require는 to부정사를 목적격보어로 취하므로 to do로 고쳐야 한다.

C

1 ▶「persuade+목적어+to+동사원형(~에게 …하라고 설득하다)」의 형태로 쓴다.

2 ▶'~에 익숙하다'라는 의미의 「be used to -ing」는 전치사 to가 쓰인 표현이므로 run을 동명사 running으로 바꿔 쓴다.

3 ▶'몹시 ~하고 싶어 하다'라는 의미의 「be eager to+동사원형」을 이용하여 쓰되, 과거시제이므로 be동사를 were로 바꿔 쓴다.

4 ▶「be devoted to -ing」는 '~에 전념[헌신]하다'라는 의미로, 문맥상 현재완료시제가 적절하므로 have 뒤에 been devoted to providing을 쓴다.

1 writing **2** to say **3** to adjust **4** of

5 to accept **6** having opened **7** to discuss

8 ④ **9** ③, ⑤ **10** using → to use **11** lose → to lose

12 she going → her going,
   admitted being → admitted having been

13 The problem appears to have been solved

14 The officer forced the soldiers to march with no food.

15 Long-term drought is likely to have a big effect on agriculture.

16 It was easy for the smart student to solve the problem.

17 (1) for me (2) hearing (3) to compose

18 It was selfish of her to do so.

19 ③ **20** ⑤

---

1 그 유튜버는 의사소통 기술에 관한 책을 쓰는 것을 고려하고 있다.
▶ 동사 consider는 동명사를 목적어로 취한다.

2 친절해지고 기분이 좋지 않은 사람에게 친절한 말을 할 것을 기억하라.
▶ 앞으로 할 일을 기억하라는 의미이므로 remember 뒤에 to부정사를 써야 한다.

3 Tara는 대도시에 사는 것에 적응하는 데 어려움을 느꼈다.
▶ 가목적어 it이 있으므로 진목적어 자리에 to부정사를 써야 한다.

4 그 원숭이가 막대기를 사용해서 과일을 따는 것은 영리했다.
▶ 가주어 it과 진주어 to부정사가 쓰인 구문으로, clever는 성격, 태도를 나타내므로 to부정사의 의미상 주어 앞에 of를 써야 한다.

5 나는 다른 사람들의 생각을 받아들이고 내 관점을 바꿀 용의가 있다.
▶ '~할 용의가 있다, 기꺼이 ~하다'라는 표현은 「be willing to+동사원형」이므로 to accept를 써야 한다.

6 그 남자아이는 어제 상자가 도착했을 때 그것을 열었던 것을 인정했다.
▶ 동사 admit는 동명사를 목적어로 취하고, 상자를 열었던 것은 인정한 것보다 먼저 일어난 일이므로 완료형 동명사를 써야 한다.

7 그 장교는 내 말을 듣고 싶어 하지 않았고 그 문제를 나와 논의하는 것을 거부했다.
▶ 동사 refuse는 to부정사를 목적어로 취한다.

8 ④ 인터넷은 우리가 전 세계 사람들과 소통할 수 있게 해 준다.
▶ 동사 enable 뒤에는 목적격보어로 to부정사가 오므로 to communicate로 고쳐야 한다.
① 사람들은 사랑 받고 칭찬 받는 것을 좋아한다.
▶ 사랑을 받는 것을 좋아한다는 수동의 의미이고, to like 뒤에 목적어가 없으므로 수동태인 to be liked는 적절하다.
② 우리 할아버지는 소방관이었던 것을 자랑스러워 하신다.
▶ 전치사 of는 동명사를 목적어로 취하고, 할아버지가 이전에 소방관이었던 것을 자랑스러워한다는 맥락이 가능하므로 완료형 having been은 적절하다.
③ 제한 속도보다 더 빨리 운전하는 것은 불법이다.

▶ 가주어 It과 진주어 to부정사가 쓰였으므로 적절하다.
⑤ 우리 아버지는 1년 전에 담배를 끊으셨고, 건강이 좋아지셨다.
▶ 담배 피는 것을 멈추었다는 의미이므로, 동사 stop의 목적어로 동명사가 온 것은 적절하다.

9 ③ 나는 어렸을 때 돌과 막대기를 가지고 놀았던 것을 기억한다.
▶ 과거의 일을 기억한다는 의미이므로, 동사 remember 뒤에 동명사가 와야 한다. 따라서 to play는 playing으로 고쳐야 한다.
⑤ 내 친구 Lisa는 낯선 사람들과 의사소통하는 것을 어렵다고 생각한다.
▶ 동사 considers 뒤에 가목적어 it이 왔고 진목적어로 to부정사를 써야 하므로, communicating은 to communicate로 고쳐야 한다.
① 늦여름까지 결정이 내려지지 않을 것 같다.
▶ '~할 것 같다'라는 표현은 「be likely to+동사원형」이고, 결정이 내려지는 수동의 의미이므로 to부정사의 수동태 to be made가 온 것은 적절하다.
② 그는 아직 일본에서 왼쪽으로 운전하는 것에 익숙하지 않다.
▶ 「be accustomed to -ing」는 '~에 익숙하다'라는 뜻으로, 전치사 to 뒤에 동명사 driving이 온 것은 적절하다.
④ 그곳의 사람들이 친절하고 관대해서 나는 떠난 것이 슬프다.
▶ 슬픈 것보다 떠난 것이 먼저 일어난 일이라는 맥락이 가능하므로 완료형 to부정사가 쓰인 것은 적절하다.

10 도서관의 오래된 신문을 저희가 사용할 수 있도록 허락해 달라는 것이 저의 겸손한 요청입니다.
▶ 동사 allow는 to부정사를 목적격보어로 취하므로 using은 to use로 고쳐야 한다.

11 많은 사람들은 규칙적으로 운동하고 제대로 먹더라도 살을 빼는 것이 매우 어렵다고 생각한다.
▶ 동사 find 뒤에 가목적어 it이 온 구조이므로 진목적어 to부정사가 필요하다. 따라서 lose는 to lose로 고쳐야 한다.

12 내 딸 Sophie는 늦게 일어나서 스쿨버스를 놓칠 뻔했다. 내가 그녀를 꾸짖자 그녀는 울었다. 나는 그녀가 화난 상태로 학교에 가는 것이 싫다. 그녀가 학교에서 돌아왔을 때, 나는 아침에 그녀에게 너무 심하게 대했던 것을 인정했고 미안하다고 말했다.
▶ (1) going은 동사 hate의 목적어 역할을 하는 동명사로, 동명사의 의미상 주어는 소유격이나 목적격으로 나타내므로 her going으로 고쳐야 한다.
   (2) 글쓴이가 딸에게 너무 심하게 대했던 일은 그것을 인정한 것보다 먼저 일어난 일이므로 완료형 admitted having been으로 고쳐야 한다.

13 ▶ '~인 것 같다'라는 의미의 「appear to+동사원형」의 표현을 이용하여 쓴다. 단, 주어 The problem은 해결된 대상이므로 수동태로 쓰되, 문제가 해결된 것은 동사의 시제보다 앞서 일어난 일이므로 완료형 수동태로 쓴다.

14 ▶ '~에게 …하도록 강요하다'라는 의미인 「force+목적어+to+동사원형」의 표현을 이용하여 완성한다.

15 ▶ '~할 것 같다'라는 의미의 「be likely to+동사원형」의 표현을 이용하여 완성한다.

16 ▶ 「It ~ for+목적격+to+동사원형」 구문을 이용하여 쓴다.

17 해석 작곡가로서, 나는 좋은 가수를 찾아 왔다. 하지만, 내가 그런 사람을 찾는 것이 매우 어려웠다. 그때 Jayden이 와서 내 앞에서 노래를 불렀다. 나는 그녀가 노래하는 것을 들었던 것을 결코 잊지 않을 것이다. 나는 반복해서 듣고 싶었다. 나는 그녀를 위해 많은 노래를 작곡할 작정이다. 나는 세상이 그녀의 목소리를 듣는 것이 정말 기다려진다!

▶(1) difficult는 사람의 성격, 태도를 나타내는 형용사가 아니므로 to부정사의 의미상 주어는 for me로 고쳐야 한다.

(2) 그녀의 노래를 들었던 것을 잊지 못할 것이라는 의미이므로 동사 forget의 목적어로 동명사 hearing을 써야 한다.

(3) 동사 intend는 to부정사를 목적어로 취하므로 to compose로 고쳐야 한다.

18 해석 나는 은행에서 온라인 계좌를 관리하는 일을 한다. 어느 날, 우리 부서는 전화 응대 및 고객과의 문제 해결로 매우 바빴다. 그러다가 갑자기 나의 상사가 모든 일을 내게 맡기고 퇴근했다. 그녀가 그렇게 한 것은 이기적이었다.

▶가주어 it과 진주어 to부정사를 사용하여 it was selfish to do so를 쓰되, 사람의 성격, 태도를 나타내는 표현이므로 to부정사의 의미상 주어는 「of+목적격」으로 쓴다.

19 지문 해석 우리들 중 많은 사람들이 왜 우리가 습관적으로 하던 것을 하고 생각하던 것을 생각하는지에 대한 고찰 없이 삶을 살아간다. 왜 우리는 하루 중 그렇게 많은 시간을 일하면서 보낼까? 왜 우리는 돈을 저축할까? 만약 그러한 질문들에 대해 대답하기를 강요받는다면, 우리는 '그것이 우리와 같은 사람들이 하는 것이기 때문이다.'라고 대답할지도 모른다. 하지만 이런 것들 중 어떤 것에 있어서도 필수적인 것은 없다. 대신에, 우리가 속해 있는 문화가 우리에게 그렇게 하도록 강요하기 때문에 우리는 이와 같이 행동한다. 우리가 살고 있는 문화는 가장 널리 스며 있는 방식으로 우리가 생각하고, 느끼고, 행동하는 방식을 형성한다. 즉 우리의 문화 때문에 지금의 우리가 되는 것 같다.

▶ⓒ 동사 compel은 to부정사를 목적격보어로 취하므로 to do로 고쳐야 한다.

ⓔ '~할 것 같다'라는 표현은 「be likely to+동사원형」이므로 to be로 고쳐야 한다.

ⓐ 「spend+시간+-ing」는 '~를 하며 시간을 보내다'라는 의미로, so much of each day 뒤에 동명사 working이 온 것은 적절하다.

ⓑ 주절의 주어인 we를 의미상 주어로 하는 과거분사로, 'If we are pressed ~'의 의미이므로 적절하다.

ⓓ 의문사 how가 이끄는 명사절로 동사 shapes의 목적어 역할을 하므로 적절하다.

20 지문 해석 새로운 프로그램은 어린 고등학교 2학년 학생들이 대학에 일찍 입학할 수 있도록 허용할 것이다. 이 프로그램에는 많은 이점이 있지만, 안타깝게도 단점도 있다. 2학년 학생들은 일반적으로 성인 생활에 준비가 되어 있지 않다. 그들은 성숙해지고 대학에 갈 준비를 하기 위해 고등학교의 나머지 2년이 필요하다. 세계의 학생들은 대학 생활에 내몰리기 전에 조금 더 성장할 기회가 필요하다. 어려운 과제들, 파티들, 바쁜 일정들은 15살이나 16살에게는 모두 벅찰 것이다. 나는 학생들이 어린 나이에 대학에 가는 것을 반대한다.

▶⑤ object 뒤의 to는 맥락상 전치사로 쓰였으므로 뒤에 동명사구가 목적어로 와야 한다. 따라서 going으로 고쳐야 한다.

① 동사 allow는 to부정사를 목적격보어로 취하므로 to enter가 쓰인 것은 적절하다. as young as sophomores는 목적어인 high school students를 수식하는 전치사구이다.

② 부사 generally가 be동사 뒤에 위치하여 수식하는 것은 적절하다.

③ mature과 prepare for college가 접속사 and를 통해 「be able to+동사원형」 구문의 to 뒤에 대등하게 이어져 있으므로 동사원형 prepare는 적절하다.

④ 핵심이 되는 주어는 The students로 복수명사이므로 복수동사 need가 쓰인 것은 적절하다.

UNIT 6 분사   p. 65

Warm-up

Q1 능동   Q2 완료   Q3 ○

Point 1   p. 66

예문 해석
1 아이들은 굴러가는 공을 따라 달렸다.
2 그녀는 유명한 작가에 의해 쓰인 책을 읽고 있었다.
3 공원에서 놀고 있는 그 남자아이들은 쌍둥이이다.
4 우리는 균형 잡힌 식단을 유지해야 한다.

Check Up
정답 1 handing 2 provided
해석
1 Tony에게 상을 건네주는 저 남자는 누구인가요?
2 당신은 웹사이트에서 제공된 양식을 사용해야 한다.

Point 2

예문 해석
1 이 맛있는 음식들은 우리 요리사들의 놀라운 재능을 보여줄 것이다.
2 매니저는 불만족한 고객에게 사과했다.

Check Up
정답 1 frightening 2 excited 3 annoyed
해석
1 나는 나를 울게 만든 무서운 이야기를 들었다.
2 아이들은 선물에 흥분했다.
3 그녀는 그가 짜증난 것을 알 수 있었지만 계속 얘기했다.

balanced 균형 잡힌 diet 식단, 음식

Basic Practice   p. 67

A 1 stolen 2 exhausting 3 containing
   4 distracted 5 thrilled 6 built 7 surprising

B 1 ○ 2 traveling 3 needed 4 embarrassed

C 1 through the broken window
   2 are annoying
   3 were amused, taking place
   4 crossing the road, breaking

A

1 나는 그를 따라가서 그의 주머니에서 도난 당한 지갑을 발견했다.
▶ purse는 도난 당한 대상이므로 과거분사를 써야 한다.

2 피곤한 하루였기 때문에 나는 일찍 자기로 결심했다.
▶ day가 피곤한 감정을 일으키는 주체이므로 현재분사를 써야 한다.

3 그녀는 맑은 물이 담긴 그릇에 음식을 담았다.
▶ the bowl은 물을 담고 있는 주체이므로 현재분사를 써야 한다.

4 긴 강의는 쉽게 학생들이 산만함을 느끼도록 만들 수 있다.
▶ 학생들이 산만함을 느끼는 대상이므로 과거분사를 써야 한다.

5 그녀는 그 유명한 예술가를 직접 보게 되어 감격했다.
▶ She가 감격을 느낀 대상이므로 과거분사를 써야 한다.

6 1990년에 지어진 그 극장은 건축의 걸작이다.
▶ The theater는 지어진 대상이므로 과거분사를 써야 한다.

7 저는 동물에 대한 놀라운 이야기를 좀 여러분과 나누고 싶습니다.
▶ stories가 놀라운 감정을 일으키는 주체이므로 현재분사를 써야 한다.

B

1 오트밀과 설탕을 섞고 끓는 물을 넣어라.
▶ 물이 끓고 있다는 진행의 의미이므로 현재분사 boiling은 적절하다.

2 우리는 외딴 열대 지방으로 여행하는 사람들에게 이 제품을 추천한다.
▶ people은 여행하는 행위의 주체이므로 현재분사 traveling으로 고쳐야 한다.

3 건강을 유지하는 데 필요한 모든 비타민을 섭취하는 것을 명심하라.
▶ all the vitamins는 필요한 대상이므로 과거분사 needed로 고쳐야 한다.

4 그 아이들이 날 비웃고 놀리고 창피하게 만들었다.
▶ 내(me)가 창피한 감정을 느끼는 대상이므로 과거분사 embarrassed로 고쳐야 한다.

C

1 ▶ 창문이 깨진 상태이므로 break는 과거분사 broken으로 바꿔서 window를 수식하는 형태로 쓴다.

2 ▶ 주어 These interruptions가 짜증나는 감정을 일으키는 주체이므로 현재분사 annoying으로 바꿔 쓴다.

3 ▶ 주어 The diners가 즐거운 감정을 느끼는 대상이므로 과거분사 amused로 쓴다. the show는 열리는 행위의 주체이므로 현재분사로 바꿔 taking place를 이어서 쓴다.

4 ▶ the ducks는 길을 건너는 행위와 교통 규칙을 어기는 행위의 주체이므로 현재분사로 쓴다.

Point 3   p. 68

예문 해석

1 펜을 집어 들고 그 여자아이는 숫자를 쓰기 시작했다.
2 중국어로 쓰여 있어서 그 책은 읽기 어려웠다.
3 일이 그를 바쁘게 해서, Jason은 가정생활과 일의 균형을 맞출 수 없었다.

Check Up

정답 **1** going **2** Known
해석
1 거기에 가지 않으면, 당신은 이 훌륭한 기회를 놓칠 것이다.
2 Evita로 알려진 아르헨티나의 전 영부인은 70년 전에 사망했다.

Point 4

예문 해석

1 아이들이 부모들이 자신들을 지켜보는 가운데 운동장을 뛰어다녔다.
2 Thomas는 그곳에 앉아서 눈을 감은 채 음악을 듣고 있었다.
3 입에 음식을 가득 물고 말하지 마라.
4 그녀는 신발을 신은 채 내 방에 들어왔다.
5 손에 망치를 들고 있으면 모든 것이 못처럼 보인다.

Check Up

정답 **1** running **2** following **3** crossed
해석
1 그는 얼굴에 눈물을 흘리는 채로 그저 거기에 서 있었다.
2 Ellie는 개가 자신을 따라오게 하면서 공원 주위를 산책했다.
3 그 선생님은 팔짱을 낀 채로 그를 응시했다.

hammer 망치 nail 못

Basic Practice   p. 69

A **1** Tired **2** Going **3** Worn **4** left
    5 Published **6** raised **7** approaching
B **1** folded **2** ○ **3** Elected **4** ○
C **1** most of the land covered
    2 Mostly made of wood
    3 With the Internet expanding
    4 consuming more than half

A

1 수면 부족으로 피곤해서 나는 머리가 너무 아팠다.
▶ 분사구문의 의미상 주어는 주절의 주어와 동일한 I이고, I가 피곤함을 느끼는 대상이므로 과거분사를 써야 한다.

2 외국에 나갈 때는 짐을 싸야 할 것들의 목록을 만들어야 한다.
▶ 주절의 주어와 분사구문의 의미상 주어가 you로 동일하고, you가 해외에 가는 행위의 주체이므로 현재분사를 써야 한다.

3 며칠 동안 입어서, 이 셔츠는 매우 더럽고 냄새가 난다.
▶ 주절의 주어와 분사구문의 의미상 주어가 this shirt로 동일하고, this shirt는 입혀지는 대상이므로 과거분사를 써야 한다.

4 5분을 남겨 둔 가운데 나는 모든 질문에 대답할 수 있었다.
▶ 「with+(대)명사+분사」 구문에서 명사 5 minutes는 남겨진 대상이므로 과거분사를 써야 한다.

5 2015년에 출판된 이 책은 국제적인 베스트셀러가 되었다.
▶ 분사구문의 의미상 주어와 주절의 주어는 this book으로 동일하고, this book이 출판된 대상이므로 과거분사를 써야 한다.

6 그들은 팔을 머리 위로 올린 채 원을 그리며 춤을 추고 있었다.

▶「with+(대)명사+분사」구문에서 명사 their arms는 올려지는 대상이므로 과거분사를 써야 한다.

7 휴일이 다가오면서 사람들은 선물을 사느라 바쁘다.
▶「with+(대)명사+분사」구문에서 명사 the holidays는 다가오는 주체이므로 현재분사를 써야 한다.

B

1 그 남자는 팔짱을 낀 채 벽에 기대어 서 있었다.
▶ his arms는 팔짱을 끼는 대상이므로 과거분사 folded로 고쳐야 한다.

2 유럽에서 교육을 받은 그는 스위스에서 공학을 공부했다.
▶ 분사구문의 의미상 주어와 주절의 주어가 동일한 he이고, he가 교육을 받는 대상이므로 과거분사 Educated는 적절하다.

3 그 도시를 이끌기 위해 선출되어, 그는 자랑스럽고 겸손한 마음이 들었다.
▶ 분사구문의 의미상 주어와 주절의 주어는 동일한 he이고, he는 선출되는 대상이므로 과거분사 Elected로 고쳐야 한다.

4 이 도시에서 자전거 타는 사람들의 수가 급증하면서, 따라야 할 몇 가지 안전 규칙이 여기 있다.
▶「with+(대)명사+분사」구문에서 명사구 the number of cyclists는 급증하는 행위의 주체이므로 현재분사 soaring은 적절하다.

C

1 ▶「with+(대)명사+분사」구문을 이용하여 쓴다. With 뒤에 명사구 most of the land를 쓴 후, 명사가 덮이는 대상이므로 과거분사 covered를 쓴다.

2 ▶ 분사구문의 의미상 주어는 주절의 주어 the temple과 일치하고, the temple은 만들어진 대상이므로 과거분사구 made of wood로 쓴다. 부사 Mostly는 made 앞에 쓴다.

3 ▶「with+(대)명사+분사」구문을 이용하여 쓴다. the Internet은 확장하고 있는 능동의 의미이므로 현재분사 expanding을 쓴다.

4 ▶ 분사구문을 쓰되, 주절의 주어인 Television은 소비하는 행위의 주체이므로 현재분사 consuming을 써서 완성한다.

예문 해석
1 판사의 해결책을 듣고 농부는 동의했다.
2 5년 전에 사서 그 셔츠는 이제 유행이 지났다.
3 뉴욕에서 일할 기회에 너무 신나서, 그는 기쁨에 펄쩍 뛰었다.
4 미시간 주에서 나고 자라서, 나는 추운 날씨에 익숙하다.

Check Up
정답 **1** being injured **2** Having known **3** Being faced
해석
1 부상을 당하지는 않았지만 그는 여전히 얼음을 다리에 댔다.
2 수년간 그를 알아 와서 나는 그가 거짓말을 하지 않고 있다고 믿는다.
3 지구 온난화에 직면하여 우리는 지구를 구해야 한다.

예문 해석
1 나는 그녀의 가족이 함께 즐겁게 노래하는 것을 들었다.
2 아버지는 곧 차를 수리하겠다고 약속하셨다.
3 시동이 안 걸려요. 좀 도와줄래요?
4 그녀는 결코 이 일을 끝내지 못할 것이다.

Check Up
정답 **1** beating **2** mended
해석
1 그녀는 심장이 너무 빠르게 뛰어서 거의 삼킬 수가 없었다.
2 가서 이 시계를 고쳐다 수시겠어요?

judge 판사 merrily 즐겁게 swallow 삼키다

Basic Practice   p. 71

A **1** Being left **2** fixed **3** Surrounded
4 Having seen **5** printed **6** been lost
7 been abandoned

B **1** ○ **2** Having met **3** ○ **4** amusing

C **1** <u>have the problem solved</u>
2 <u>get my room cleaned</u>
3 <u>Seen from the sky</u>
4 <u>when being asked</u>

A

1 어둠 속에 홀로 남겨져서 그는 공황 상태에 빠지지 않으려고 애썼다.
▶ 분사구문의 의미상 주어는 주절의 주어 he와 동일하고, he가 남겨진 대상이므로 과거분사를 써야 한다.

2 전기 기술자가 내일까지 기계를 수리할 것이다.
▶ 사역동사 have의 목적어 the machine은 수리되는 대상이므로 목적격보어로 과거분사를 써야 한다.

3 사람들에게 둘러싸였지만 그녀는 완전히 외롭다고 느꼈다.
▶ 분사구문의 의미상 주어는 주절의 주어와 동일한 she이고, she는 둘러싸이는 대상이므로 수동을 나타내는 (Being) Surrounded를 써야 한다.

4 전에 그 영화를 본 적이 있기 때문에, 나는 대신 컴퓨터 게임을 하기로 결정했다.
▶ 주절보다 분사구문의 일이 먼저 일어난 맥락이므로 완료형 분사구문을 써야 한다.

5 졸업식에서 학생들은 졸업장에 자신들의 이름이 인쇄된 것을 몰 수 있었다.
▶ 지각동사 see의 목적어 their names가 인쇄된 대상이므로 목적격보어로 과거분사를 써야 한다.

6 그 역사적 문헌은 번역본으로만 남아 있고, 원본은 분실되었다.
▶ 분사구문의 주어 the original은 분실된 대상이므로 수동형 been lost로 써야 한다. 분사구문의 일이 주절보다 먼저 일어난 일이므로 완료형 수동태를 쓴다.

7 거의 10년 동안 버려져 있어서 그 건물은 안락해 보이지 않고 위험해 보인다.

▶ 주절의 주어와 분사구문의 의미상 주어가 the building으로 동일하고, the building은 버려진 대상이므로 수동태로 써야 한다.

B

1 그들은 폭풍이 다가오는 것을 보자 뛰기 시작했다.

▶ 목적어 the storm은 다가오는 행위의 주체이므로 현재분사 approaching은 적절하다.

2 전에 그를 만났기 때문에 나는 그를 단번에 알아볼 수 있었다.

▶ 주절의 주어와 분사구문의 의미상 주어는 I로 동일하고, I는 그를 만난 행위의 주체이므로 현재분사로 쓰되, 전에 그를 만난 것은 주절보다 먼저 일어난 일이므로 완료형 Having met으로 고쳐야 한다.

3 프로젝트를 끝내지 못했기 때문에 그는 사무실에 남기로 결정했다.

▶ 프로젝트를 끝내지 못한 것은 사무실에 남기로 결정한 것보다 앞에 일어난 일이므로 완료형 분사구문 Not having finished는 적절하다.

4 그녀는 옷을 차려 입고 친구들과 춤을 추는 것이 재미있다고 생각했다.

▶ to dress up 이하는 동사 found의 진목적어로, 진목적어가 재미있다는 감정을 불러일으키는 주체이므로 목적격보어인 분사와 능동 관계를 이룬다. 따라서 현재분사 amusing으로 고쳐야 한다.

C

1 ▶ 사역동사 have 뒤에 목적어 the problem을 쓰고, 목적어는 풀리는 대상이므로 목적격보어로 과거분사 solved를 쓴다.

2 ▶ 동사 get 뒤에 목적어 my room을 쓰고, my room은 청소되는 대상이므로 목적격보어로 과거분사 cleaned를 쓴다.

3 ▶ 분사구문의 의미상 주어는 주절의 주어 the city와 동일하고, the city는 보이는 대상이므로 과거분사 Seen을 써서 완성한다.

4 ▶ 접속사 when을 먼저 쓰고, 질문을 받는다는 의미이므로 수동태(be asked)가 필요하다. 주절의 주어 people과 종속절의 주어가 일치하므로 when 뒤의 주어는 생략하고, 동사는 분사로 바꿔 being asked로 쓴다.

Unit Test
p. 72

1 caring **2** annoyed **3** completed **4** bothering

5 been broken **6** closed **7** interested

8 ③ **9** ①, ⑤ **10** treat → treated

11 Having chosen → Having been chosen

12 given → giving, amazed → amazing

13 Touched by their kindness, I will visit them again.

14 I walked across the platform, I could hear my name called.

15 These teenagers argue that they can study better with the TV playing.

16 Having failed to contact her by phone, he decided to visit her office.

17 (1) published (2) reaching (3) surprised

---

18 with her back turned to the camera

19 ⑤ **20** ③

1 배려하는 사람은 아무런 대가도 기대하지 않고 친절한 행동을 보인다.

▶ 분사의 수식을 받는 person은 배려하는 행위의 주체이므로 현재분사를 써야 한다.

2 짜증날 때마다, 우리는 기분을 좋게 하기 위해 음식에 의지한다.

▶ 주어 we가 짜증나는 감정을 느끼는 대상이므로 과거분사를 써야 한다.

3 그녀는 30분 후에 서류 작업을 완성할 수 있었다.

▶ 사역동사 have의 목적어 the paperwork는 완성되는 대상이므로 목적격보어로 과거분사를 써야 한다.

4 남동생이 너무 성가시게 해서, 그녀는 문을 닫았다

▶ 분사구문의 주어 Her brother가 성가시게 하는 행위의 주체이므로 현재분사를 써야 한다.

5 발목이 부러져서 Judy는 분명히 매우 아팠다.

▶ 분사구문의 주어 Her ankle은 부러진 대상이므로 수동태로 써야 한다.

6 입을 다물고 자는 것은 또한 당신이 코를 골지 않도록 도와줄 것이다.

▶ your mouth는 다물어지는 대상이므로 과거분사를 써야 한다.

7 내가 시계에 흥미 있는 것처럼 보였음에 틀림없다. 왜냐하면 점원이 나에게 그 시계를 보고 싶은지 물었기 때문이다.

▶ 주어 I가 흥미를 느끼는 대상이므로 과거분사를 써야 한다.

8 ③ 두 살에 고향을 떠나서 Josh는 그곳에 대해 아무것도 기억하지 못한다.

▶ 고향을 떠난 것은 기억하지 못하는 것보다 먼저 일어난 일이므로 완료형 분사구문 Having left는 적절하다.

① 그는 자신을 해치겠다고 위협하는 그 짖는 개를 볼 수 있었다.

▶ dog는 짖는 행위의 주체이므로 현재분사 barking으로 고쳐야 한다.

② 그의 얼굴에 당황한 표정을 지은 채, 그는 "무슨 말이죠?"라고 물었다.

▶ look(표정)이 당황하게 보이는 대상이므로 과거분사 confused로 고쳐야 한다.

④ 그 박물관은 언덕 꼭대기에 위치해서 찾기 어려울 수 있다.

▶ 분사구문의 의미상 주어와 주절의 주어는 The museum으로 동일하고, 박물관은 위치되는 대상이므로 과거분사 located로 고쳐야 한다.

⑤ 내 생일날 내 친구들은 내 눈을 가린 채 나를 카페에 데려갔다.

▶ 사역동사 have의 목적어 me는 눈이 가려지는 대상이므로 과거분사 blindfolded로 고쳐야 한다.

9 ① 쇠막대기를 두드리는 망치 소리가 그 남자아이를 겁먹게 만들었다.

▶ 남자아이는 겁먹는 감정을 느끼는 대상이므로 frightening은 과거분사 frightened로 고쳐야 한다.

⑤ 퀘벡에서 자라서 나는 프랑스어를 모국어로 한다.

▶ 분사구문의 의미상 주어는 주절의 주어와 일치하는 I이고, 퀘벡에서 길러진 대상이다. 따라서 완료형 수동태 Having been raised로 고쳐야 한다.

② 망원경을 통해 별을 관찰하면서, 그들은 공원에서 즐거운 시간을 보냈다.
  ▶분사구문의 의미상 주어는 주절의 주어와 일치하는 they이고, they는 관찰하는 행위의 주체이므로 현재분사 Observing은 적절하다.

③ 그는 입학시험에 1년 일찍 합격하고 2022년에 입학했다.
  ▶입학시험에 1년 일찍 합격한 것은 입학한 것보다 더 먼저 일어난 일이므로 완료형 분사구문인 having passed는 적절하다.

④ 잠시 후 소년은 농부의 시계를 손에 들고 밖으로 나왔다.
  ▶「with+목적어+전치사구」의 구문이 쓰여 동시 상황을 나타내므로 적절하다.

10 병원에서 환자들은 의사에게 상처를 치료 받았다.
  ▶사역동사 had의 목적어 their wounds는 치료되는 대상이므로 동사원형 treat는 과거분사 treated로 고쳐야 한다.

11 팀의 리더로 선택되어 그녀는 자신이 매우 자랑스러웠다.
  ▶분사구문의 의미상 주어는 주절의 주어와 일치하는 she이고, she가 리더로 선택된 것은 주절보다 먼저 일어난 일이므로 완료형 수동태 「Having been+p.p.」가 적절하다. 따라서 Having chosen은 Having been chosen으로 고쳐야 한다.

12 크리스마스 날, Lucas는 집에 크리스마스 트리를 세웠다. 그는 또한 옷을 차려입고 어린 사촌들에게 선물을 나눠 주면서 환상적인 산타 역할을 했다. 그의 관대함은 놀라웠다.
  ▶(1) 분사구문의 의미상 주어는 주절의 주어와 일치하는 He이고, He는 나눠주는 행위의 주체이므로 과거분사 given은 현재분사 giving으로 고쳐야 한다.
  (2) His generosity는 놀라운 감정을 불러일으키는 주체이므로 과거분사 amazed는 현재분사 amazing으로 고쳐야 한다.

13 ▶주어 I가 감동을 받은 대상이므로 touch를 과거분사 touched로 바꿔 분사구문을 쓰고, 그 뒤에 주절을 연결한다.

14 ▶주절에서 「지각동사+목적어+목적격보어」의 구문을 이용하여 쓴다. 목적어인 my name은 불리는 대상이므로 call을 과거분사 called로 바꿔 쓴다.

15 ▶「주어+동사+that절」의 구문으로 쓰되, that절에서 「with+(대)명사+분사」를 이용하여 완성한다. the TV는 나오는 주체이므로 현재분사 playing으로 바꿔 쓴다.

16 ▶전화로 연락하는 것에 실패한 것은 사무실을 방문하기로 결심한 일보다 먼저 일어난 일이므로 동사 fail을 완료형 분사구문 Having failed로 바꿔 문장 앞에 써서 완성한다.

17 해석 사람들은 내 책을 출판하려는 내 꿈을 비웃었다. 나는 그들이 웃음소리를 듣지 않았다. 나는 인내했고, 여러 번 실패했지만, 실패 없이는 성공이 없다는 것을 깨달았을 뿐이었다. 그 책이 시장에 나오자, 사람들은 그것의 메시지를 좋아하기 시작했다. 나는 기분 좋게 놀랐다.
  ▶(1) 사역동사 have의 목적어 my book은 출판되는 대상이므로 과거분사 published로 고쳐야 한다.
  (2) The book으로 시작하는 분사구문이고, The book은 시장에 나오는 행위의 주체이므로 현재분사 reaching으로 고쳐야 한다.
  (3) 주어 I는 놀라운 감정을 느끼는 대상이므로 과거분사 surprised로 고쳐야 한다.

18 해석 Thomas는 화장실을 사용하기 위해 일어났다. 대부분의 사람들이 가족사진을 놓는 복도에는 한 여성의 사진이 있었다. 그 여성은 카메라를 등진 채로 검은 셔츠를 입고 있었다. 그 실루엣은 익숙했다.
  ▶「with+(대)명사+분사」 구문을 쓰되, her back은 카메라를 등지는 행위의 대상이므로 과거분사구 turned to the camera를 쓴다.

19 지문 해석 Laura는 비를 좋아했다. 그녀는 신선한 비 냄새를 좋아했고 비가 온 후에는 모든 것이 매우 깨끗해 보였다. 저녁에 Laura는 창가에 앉아 선생님이 내주신 공부를 하곤 했다. 비가 올 때, 그녀의 어머니는 빗물이 창문 앞의 카펫을 적시는 것을 원하지 않았기 때문에 그녀에게 창문을 닫아 두라고 말하곤 했다. Laura는 그 생각에 실망했지만 어머니의 걱정은 이해할 수 있었다. 하지만, 비가 오면, 그녀는 창문을 통해 폭풍 구름이 하늘을 가로질러 모이는 것을 바라보곤 했다. 그것들은 훌륭했다.
  ▶ⓒ 「keep+목적어+목적격보어」 구문으로, 목적어 the window는 닫히는 대상이므로 과거분사 closed로 고쳐야 한다.
  ⓔ 지각동사 watch의 목적어 the storm clouds는 모이는 행위의 주체이므로 현재분사 gathering으로 고쳐야 한다.
  ⓐ 동사 seemed 뒤에 주격보어로 형용사 clean이 온 것은 적절하다.
  ⓑ 조동사 would는 '~하곤 했다'라는 의미로 과거의 습관을 나타내므로 적절하다.
  ⓓ 주어 Laura가 실망스러운 감정을 느낀 대상이므로 과거분사 disappointed는 적절하다.

20 지문 해석 Charlie는 바람이 빗방울을 창문으로 날리는 소리를 들을 수 있었다. 빗방울은 작은 돌들이 창문에 부딪히는 것처럼 들렸다. 그녀는 학교에서 집으로 돌아왔을 때보다 바람이 훨씬 더 강하게 불고 있을 것이라고 생각했다. 생각에 잠겨서 그녀는 천둥소리에 대비하는 것을 잊었다. 천둥소리가 요란하게 울렸을 때, 그녀는 거의 침대에서 뛰쳐나올 뻔했다. 그녀는 겁먹는 것을 정말 싫어했다. 폭풍우가 점점 가까워지는 것처럼 들렸다. 그녀는 용감해지는 연습을 해야겠다고 생각했다. 그러고 나서 그녀는 침대 옆에 있는 전등이 깜박이는 것을 보았고, 그래서 그녀는 양초를 좀 가지러 일어났다.
  ▶③ 주절의 주어 she는 분사구문의 의미상 주어와 일치하고 she가 생각에 잠겨지는 것이므로 과거분사 Lost로 고쳐야 한다.
    cf. be lost in thought 생각에 잠기다
  ① little stones는 부딪히는 행위의 주체이므로 현재분사 hitting은 적절하다.
  ② 비교급 harder를 부사 much가 수식하는 것은 적절하다.
  ④ 부사 loudly가 동사 boomed를 수식하는 것은 적절하다.
  ⑤ 지각동사 saw의 목적어 the lamp는 깜박이는 행위의 주체이므로 현재분사 blinking은 적절하다.

Chapter Test   p. 75

1 to pay **2** Encouraged **3** to come **4** for
5 challenging **6** satisfied **7** crashing
8 having been painted, amazed
9 be created → have been created

10 pull → to pull 11 closing → closed

12 play → playing, distracted → distracting

13 helping → to help, tiring → tired

14 ④ 15 ④ 16 ③ 17 ⑤

18 The train approaching the platform

19 my taking a picture of her

20 was confused about

21 Found in the forest

22 Having missed the bus, Kathy knew she would be late for work.

23 Most people find it hard to keep secrets.

24 A candle appears to have started the fire.

25 It was impossible for them to get complete silence.

26 (1) ⓐ → Known (2) ⓓ → it 27 ④

28 it will be impossible for you to win the argument

29 ⑤ 30 ④

---

1 10월 1일 전에 세금을 납부해야 한다는 것을 기억하세요.
▶ 앞으로 해야 할 일을 기억한다는 의미이므로 동사 remember의 목적어로 to부정사를 써야 한다.

2 원하는 것을 하도록 격려 받아서, 그는 안전함과 자신감을 느꼈다.
▶ 분사구문의 의미상 주어는 주절의 주어와 일치하는 he이고, he는 격려를 받는 대상이므로 과거분사를 써야 한다.

3 학생들은 그녀의 신나는 수업에 오는 것을 보상으로 여긴다.
▶ 가목적어 it이 쓰였으므로 진목적어로 to부정사를 써야 한다.

4 교육 없이, 그들이 자신의 삶을 바꾸는 것은 어렵다.
▶ 가주어 it과 진주어 to부정사가 쓰인 구문으로, 사람의 성격이나 태도를 나타낼 때를 제외하고 to부정사의 의미상 주어는 「for+목적격」으로 나타낸다.

5 힘든 시간에도 우리는 기분이 좋을 수 있는 이유를 생각해낼 필요가 있다.
▶ time은 힘들게 하는 행위의 주체이므로 현재분사를 써야 한다.

6 만족하는 고객들이 올해 판매 성장을 주도할 것이다.
▶ 고객들이 만족감을 느끼는 감정의 대상이므로 과거분사 satisfied를 써야 한다.

7 한 연구에서, 심리학자 Laurence Steinberg와 그의 공동 저자는 사람들을 세 그룹으로 나누었다. 피실험자들은 경고 없이 나타나는 벽에 부딪히는 것을 선수가 피해야 하는 컴퓨터 운전 게임을 했다.
▶ The player가 부딪히는 행동의 주체이므로 crashing을 써야 한다.

8 그 건물들의 색깔은 균일하지 않았다. 수년간 조금씩 다른 색조로 칠해져 있어서 그 건물들은 신비롭게 보였다. 그것의 아름다움은 내가 놀라움을 느끼게 했다.
▶ (1) 분사구문의 의미상 주어 The buildings는 칠해지는 대상이고, 칠해진 것이 먼저 일어난 일이므로 완료형 수동태를 써야 한다.
(2) 목적어 me가 놀라운 감정을 느끼는 대상이므로 과거분사가 적절하다.

9 가족이 함께 모이는 이 전통은 오래전에 만들어진 것 같다.
▶ 전통이 만들어진 것은 문장의 동사의 시제보다 더 과거의 시점에 일어난 일이므로 to부정사의 완료형 수동태가 필요하다. 따라서 be created는 have been created로 고쳐야 한다.

10 그 경찰관은 그 남자에게 길가에 차를 세우게 했다.
▶ 동사 force는 to부정사를 목적격보어로 취하므로 동사원형 pull은 to pull로 고쳐야 한다.

11 그 목소리는 친절하고 부드러웠다. 눈을 감은 채 그 소리를 듣고 그녀는 그것이 여자의 목소리라고 생각했다.
▶ 「with+(대)명사+분사」 구문에서 her eyes는 감기는 대상이므로 현재분사 closing은 과거분사 closed로 고쳐야 한다.

12 우리는 게임을 시작하기 위해 얼음 위로 갔다. 관중석에는 약 200명의 사람들이 앉아 있었다! 나는 이것에 익숙하지 않았다. 나는 친구들과 가족들 앞에서 경기를 하는 것에만 익숙했다. 나는 관중석을 보지 않으려고 했지만 관중석에서 나는 소음이 정신을 산란하게 했다.
▶ (1) 문맥상 '~에 익숙하다'라는 의미가 적절하므로 「be used to -ing」를 써서 play를 동명사 playing으로 고쳐야 한다.
(2) 소음은 정신을 산란하게 하는 행위의 주체이므로 distracted는 현재분사 distracting으로 고쳐야 한다.

13 한 농부가 시계를 잃어버려서 밖에서 놀고 있는 한 무리의 아이들에게 자신을 도와달라고 부탁했다. 아이들은 그 시계를 찾아 건초 더미 전체를 뒤졌지만, 그들 중 일부는 지쳐서 포기했다.
▶ (1) 동사 ask는 to부정사를 목적격보어로 취하므로 helping은 to help로 고쳐야 한다.
(2) 아이들 중 일부는 지치는 감정을 느낀 대상이므로 tiring은 과거분사 tired로 고쳐야 한다.

14 ④ 밴드가 연주하고 사람들이 웃고 즐거운 시간을 보내는 것을 보는 것은 재미있었다.
▶ 가주어 it과 진주어 to부정사구가 쓰인 문장으로 어법상 적절하다. 지각동사 watch 뒤에는 두 개의 목적어와 목적격보어가 and를 통해 대등하게 연결되어 있다.
① 학생들은 제시간에 과제를 제출하도록 요구된다.
▶ 동사 require는 to부정사를 목적격보어로 취하므로 to turn으로 고쳐야 한다.
② 용서하는 법을 배우는 것은 놀랄 만큼 만족스러운 삶의 방법 중 하나이다.
▶ life는 만족스러운 감정을 일으키는 주체이므로 현재분사 satisfying으로 고쳐야 한다.
③ 우리는 그 장소에 찬 공기가 들어가지 않도록 충분히 구멍을 잘 막았다.
▶ 사역동사 had 뒤의 목적어 the hole은 막히는 대상이므로 과거분사 covered로 고쳐야 한다.
⑤ 그들은 그가 허가 없이 거리에서 채소를 파는 것 때문에 화가 났다.
▶ 전치사 because of 뒤에는 동명사가 와야 하므로 selling으로 고쳐야 한다. him은 동명사의 의미상 주어이다.

15 ⑥ 네가 그런 나쁜 사람을 멀리하는 것은 현명하다.
▶ 가주어 it과 진주어 to부정사가 쓰인 구문으로, 사람의 성격, 태도를 나타내는 형용사 뒤의 to부정사의 의미상 주어는 「of+목적격」으로 나타내므로, for는 of로 고쳐야 한다.

ⓔ 그 변호사는 의뢰인의 무죄를 확신하며 그가 유죄가 아니라고 주장했다.
▶ 분사구문의 의미상 주어는 주절의 주어와 일치하는 the lawyer로 the lawyer는 확신을 갖게 되는 대상이므로 Convincing은 과거분사 Convinced로 고쳐야 한다.

ⓐ 그녀는 적임자를 찾는 데 어려움을 겪었다고 인정한다.
▶ 동사 admit은 동명사를 목적어로 취하고, 어려움을 겪은 것은 그것을 인정하는 것보다 먼저 일어난 일이므로 완료형 동명사 having had는 적절하다.

ⓒ 그의 가족은 그에게 스스로의 삶을 살기 위해 고향으로 돌아가라고 재촉했다.
▶ 동사 urge는 to부정사를 목적격보어로 취하므로 to return은 적절하다.

ⓓ 나는 초인종이 울리는 소리를 듣고 현관으로 달려갔다.
▶ 초인종은 울리는 행위의 주체이므로 현재분사 ringing은 적절하다.

16 ⓑ 안타깝게도 나는 자동차 열쇠를 집에 두고 온 것 같다.
▶ 자동차 열쇠를 집에 두고 온 것은 문장의 동사의 시제보다 더 먼저 일어난 일이므로 완료형 to부정사 to have left는 적절하다.

ⓓ 나는 우리 동네 공원 주변에 더 많은 도로를 건설하는 것에 분명히 반대한다.
▶ object to(~에 반대하다)는 전치사 to가 쓰인 표현이므로 동명사 constructing이 온 것은 적절하다.

ⓔ 그녀의 학위는 그녀가 나중에 직업을 바꾸는 것을 가능하게 했다.
▶ 「It(가주어) ~ for+목적격+ to부정사(진주어)」 구문으로, 사람의 성격, 태도를 나타내는 것이 아니므로 의미상 주어를 「for+목적격」으로 쓴 것은 적절하다.

ⓐ 멈추라는 말을 듣고 그는 그저 그대로 서 있었다.
▶ 분사구문의 의미상 주어는 주절의 주어와 일치하는 he이고, he가 멈추라는 말을 들은 대상이므로 Having told는 수동태 Having been told로 고쳐야 한다.

ⓒ 모든 음식은 재료들이 명확하게 열거된 채 포장되어 도착해야 한다.
▶ 「with+(대)명사+분사」 구문에서 the ingredients는 열거되는 대상이므로 listing은 과거분사 listed로 고쳐야 한다.

17 해석 Olivia는 달리면서 군중들이 그녀를 응원하는 것을 들을 수 있었다. 그녀는 또한 자신이 경주를 끝내는 것이 물리적으로 거의 불가능했기 때문에 자신의 몸이 멈추라고 비명을 지르는 것을 느낄 수 있었다. 마침내 결승선을 통과하여, 그녀는 달리기를 멈추었고 트랙 근처의 풀밭에 토했다. 그녀는 몸을 돌려 흥분한 군중을 바라보고 그들에게 희미한 미소를 지어 보였다.
▶ ⓒ 문맥상 달리는 행위를 멈추었다는 뜻이므로 목적어로 동명사가 와야 한다. 따라서 running으로 고쳐야 한다.
ⓓ 군중은 흥분한 감정을 느끼는 대상이므로 과거분사 excited로 고쳐야 한다.
ⓐ 지각동사 hear의 목적어 the crowd가 응원하는 행위의 주체이므로 현재분사 cheering은 적절하다.
ⓑ 가주어 it과 진주어 to부정사구가 쓰인 형태로 적절하다.

18 ▶ 분사구문의 주어는 The train이고, 접근하는 행위의 주체이므로 현재분사 approaching으로 바꿔 완성한다.

19 ▶ 동사 mind는 동명사를 목적어로 취하므로 taking a picture로 바꿔

쓰고, 동명사의 의미상 주어 my를 동명사 앞에 둔다.

20 ▶ 주어 He는 혼란스러운 감정을 느끼는 대상이고, 과거 상황이므로 was confused about을 쓴다.

21 ▶ 분사구문의 의미상 주어는 주절의 주어와 일치하는 the chest이고, the chest는 발견된 대상이므로 과거분사 Found로 바꿔 완성한다.

22 ▶ 주절은 Kathy knew가 이끌도록 쓴다. 분사구문의 의미상 주어는 주절의 주어와 일치하므로 생략하고, 버스를 놓친 것은 직장에 늦을 것이라는 것을 안 시점보다 더 앞선 일이므로 완료형 분사구문으로 쓴다.

23 ▶ Most people find 뒤에 「it(가목적어)+형용사+to부정사 (진목적어)」의 형태를 이용하여 쓴다. to keep secrets가 진목적어이다.

24 ▶ '~인 것 같다'라는 의미인 「appear to+동사원형」을 이용하여 쓰되, 화재를 일으킨 것은 문장의 동사의 시제보다 더 먼저 일어난 일이므로 완료형 to부정사로 쓴다.

25 ▶ 가주어 It을 추가하고 진주어 to부정사를 써서, It was impossible to get ~으로 쓰되, to부정사 앞에 의미상 주어는 for them을 쓴다.

26 해석 채식주의 조리법으로 알려진 Anna는 전국에 10개 이상의 음식점을 소유하고 있다. 그녀는 올바른 칼을 사용하는 것이 필수적이라고 생각한다. 그녀는 부주의하게 고른 칼들로 인해 식사가 엉망이 되는 것을 보는 것이 가슴 아프다고 생각한다. 또한 식당을 운영할 때, 그녀는 항상 손을 씻는 것을 원칙으로 하고 있는데, 특히 쓰레기통을 만진 후에는 더욱 그렇다.
▶ (1) ⓐ 분사구문의 의미상 주어는 주절의 주어와 일치하는 Anna이고, Anna는 알려진 대상이므로 과거분사 Known으로 고쳐야 한다.
(2) ⓓ 진목적어인 to wash her hands를 대신할 수 있는 가목적어가 필요하므로 that은 it으로 고쳐야 한다.
ⓑ 앞에 가주어 it이 쓰였으므로 진주어 to use를 쓴 것은 적절하다.
ⓒ 지각동사 see의 목적어 a meal이 엉망이 되고 있다는 의미이므로 목적격보어로 being ruined가 온 것은 적절하다. *cf.* A meal is being ruined by ~.

27 지문 해석 많은 논쟁에서 첫 번째로 잃는 것 중에 하나가 화이다. 침착함을 유지하라고 말하는 것은 쉽지만, 당신은 어떻게 침착함을 유지하는가? 기억해야 할 점은 때로는 논쟁에서 상대방이 당신을 화나게 하려고 한다는 것이다. 그들은 여러분을 화나게 하기 위해 의도적으로 계획된 말을 하고 있을지도 모른다. 그들은 만약 자신들이 당신의 침착함을 잃게 한다면 당신은 무언가 어리석은 말을 할 것이며, 그래서 화를 낼 것이고 그러면 당신이 그 논쟁에서 이기는 것은 불가능할 것이란 것을 안다. 그러니 속아 넘어가지 마라. 당신의 화를 불러일으키기 위해 어떤 말을 할지도 모르지만, 제기된 문제에 초점을 맞춘 침착한 답변으로 대응하는 것이 가장 효과적인 것 같다. 정말로, 주의 깊은 청자라면 누구나 당신이 '미끼를 물지' 않았다는 사실에 감탄할 것이다.
▶ ⓓ the issue는 제기되는 대상이므로 과거분사 raised로 고쳐야 한다.
ⓐ one of the first things는 잃는 대상이므로 과거분사 lost는 적절하다.

ⓑ 앞에 가주어 It이 있고, to say 이하가 진주어이므로 적절하다.

ⓒ 동사 get은 목적어와 목적격보어가 능동 관계이면 to부정사를 목적격보어로 취하므로 to be는 적절하다.

ⓔ the fact에 대한 부연 설명을 하는 동격의 that절을 이끄는 접속사 that은 적절하다.

28 ▶ 가주어 it과 진주어 to부정사구를 이용하며 문장을 쓰되, to부정사구의 의미상 주어는 「for+목적격」으로 나타내므로 for you를 to부정사구 앞에 쓴다.

29 지문 해석 완전 자율주행 자동차는 사람의 어떠한 도움 없이 센서와 카메라를 사용하여 스스로 작동하는 자동차로 정의된다. 완전 자율주행 자동차는 자동 주행 제어 시스템이나 충돌 경고와 같은 첨단 운전자 보조 시스템(ADAS) 기술과 혼동된 것으로 보인다. 그러한 기능은 자동 운전의 특징이지만 여전히 사람이 차량을 운전하는 것을 요구한다. 오늘날의 도로에 있는 자동차들은 많은 첨단 안전 기능을 제공하고 있고, 막연히 '자율주행'이라고 불리지만, 여전히 항상 도로를 주시할 사람이 필요하다. 현재 점점 더 많은 차량이 특정 조건에서 운전자를 보조하도록 설계된 일부 자동화된 기능을 제공하지만, 이러한 차량은 완전히 자동화된 것은 아니다.

▶⑤ some automated features는 설계되는 대상이므로 과거분사 designed로 고쳐야 한다.

① 동사 operates의 목적어는 that절의 의미상 주어와 일치하는 one이므로 재귀대명사 itself는 적절하다.

② Fully autonomous cars는 혼동된 대상이므로 to have been confused는 적절하다.

③ 동사 require는 to부정사를 목적격보어로 취하므로 to drive는 적절하다.

④ While절의 주어는 복수명사인 the cars이고, 그 뒤에 동사 offer와 are가 접속사 and를 통해 대등하게 연결되어 있으므로 복수동사 are는 적절하다.

30 지문 해석 기후 변화는 까다로운 주제이며, 매우 논쟁이 많이 벌어질 수 있기 때문에 당신은 그것을 토론하는 것조차 피할 수 있는 것이다. 이것은 부분적으로 사람들이 세계가 기후 변화의 최악의 영향을 피하기에 충분히 할 수 있을 것이라고 믿지 않는다는 사실 때문일 수도 있다. 하지만 한 집단은 놀랍도록 낙관적이고 동기부여가 되어 있는데 그들은 바로 30세 미만의 사람들이다. 이러한 친환경적인 사람들 중 일부는 왜 우리가 환경을 보호해야 하는지에 대한 인식을 높이기 위해 소셜 미디어를 사용하고 있다. 이러한 소셜 미디어 활동가들은 업사이클링, 재활용, 그리고 더 많은 활동들을 통해 다른 사람들이 더 지속 가능하게 살 수 있도록 도움으로써 세상을 바꾸고 있다.

▶④ 사역동사 have의 목적어 the environment는 보호되는 대상이므로 과거분사 protected로 고쳐야 한다.

① 동사 avoid는 동명사를 목적어로 취하므로 동명사 discussing은 적절하다.

② to avoid는 to부정사의 부사적 용법으로 사용되어 적절하다. *cf.* enough+ to부정사: ～하기에 충분한

③ one group은 동기를 부여 받는 대상이므로 과거분사 motivated는 적절하다.

⑤ 동사 live를 수식하는 부사 sustainably는 적절하다.

◆ Chapter 4
조동사 / 가정법

UNIT 7 조동사　　　　　　　p. 81

Warm-up
Q1 동사원형 **Q2** ○ **Q3** ○

Point 1　　　　　　　p. 82
예문 해석
1 참가자는 4인 1조로 입장해야 하며 한 팀에만 참여할 수 있다.
2 나는 그 소문이 사실일지도 모른다는 의심이 들기 시작했다.

Check Up
정답 **1** make **2** should
해석
1 당신은 안전하게 유턴할 수 없는 한 유턴을 해서는 안 된다.
2 여러분은 직접 과제를 제출해야 한다. 그것이 우리의 규칙이다.

Point 2
예문 해석
1 그녀는 이미 떠났음에 틀림없다. 그녀의 신발이 보이지 않는다.
2 당신은 나에게 그 문제에 대해 더 일찍 말했어야 했다. 지금은 너무 늦었다.
3 나는 어떤 식으로든 당신의 기분을 상하게 했을지도 모를 모든 것을 후회한다.
4 그 질병은 간단한 백신으로 예방했을 수도 있다.
5 그가 그런 기본적인 실수를 했을 리가 없다.
6 나는 그 재킷을 사지 말았어야 했다. 나는 그것을 전혀 입지 않는다.

Check Up
정답 **1** must **2** shouldn't
해석
1 너는 시험에 합격했기 때문에 네 자신에게 기분이 좋았음에 틀림없다.
2 내가 그렇게 말하지 말았어야 했는데. 그녀는 그것으로 언짢았을 수도 있다.

Basic Practice　　　　　　p. 83

A 1 Can 2 must 3 cannot 4 have been
　5 should 6 cannot 7 have to
B 1 come 2 have bought
　3 ○ 4 ought not to
C 1 didn't have to wait 2 must be very tired
　3 could have been avoided 4 shouldn't have changed

A

1 대기 오염에 대해 제게 좀 더 설명해 주시겠어요?
▸ 설명해 줄 수 있는지 상대방의 의사를 묻는 것이므로, Can이 적절하다.

2 그녀는 오기로 약속했던 것을 잊었음에 틀림없다.
▸ 문맥상 과거 사실에 대한 강한 추측(~했음에 틀림없다)을 나타내는 must have p.p.가 적절하다.

3 그는 겨우 10분 전에 점심을 먹었다. 그가 배가 고플 리가 없다.
▸ 문맥상 부정적 추측의 의미를 나타내야 하므로 cannot을 써야 한다.

4 그녀는 회의에 늦었다. 그녀는 교통 체증으로 꼼짝 못했을지도 모른다.
▸ 회의에 늦은 것보다 이전의 사실에 대한 추측이므로 might 뒤에 have p.p.가 와야 한다.

5 사과드릴 게 있습니다. 제가 사용한 단어들에 대해 좀 더 신중했어야 했습니다.
▸ 과거 사실에 대한 후회, 유감을 나타내는 내용이므로 should have p.p.를 써야 한다.

6 Thomas가 그 돈을 훔쳤을 리가 없다. 그는 그것이 사라졌을 때 나와 함께 있었다.
▸ 문맥상 과거 사실에 대한 부정적 추측(~했을 리가 없다)을 나타내는 cannot have p.p.가 적절하다.

7 삶에 대한 열정을 되찾기 위해서는 당신의 선택에 대한 통제력을 회복해야 할 것이다.
▸ 조동사 will이 쓰였으므로 조동사 must는 같이 쓸 수 없고, must와 같은 의무를 나타내는 have to를 써야 한다.

B

1 그는 내일 올지도 모른다고 말했다. 두고 보자.
▸ 조동사 뒤에는 동사원형이 오므로 come으로 고쳐야 한다.

2 냉장고에 우유가 있다. 엄마가 어제 좀 사다 두셨음에 틀림없다.
▸ 과거 사실에 대한 강한 추측을 나타내는 내용이므로 must have bought로 고쳐야 한다.

3 경찰은 그 화재가 흡연으로 인해 일어났을지도 모른다고 말했다.
▸ 과거 사실에 대한 불확실한 추측을 나타내는 내용이므로 might have been caused는 적절하다.

4 '주차 금지'라는 표지판이 게시된 곳에 차량을 주차해서는 안 된다.
▸ 조동사 ought to의 부정형은 ought not to로 쓴다.

C

1 ▸ '~할 필요는 없었다'라는 의미의 didn't have to를 쓰고, 뒤에 동사원형 wait를 쓴다.

2 ▸ 강한 추측을 나타내는 내용이므로, 조동사 must와 동사원형 be를 함께 쓴다. He가 감정을 느끼는 대상이므로 과거분사 tired를 써야 한다.

3 ▸ 과거에 일어날 수도 있었던 일은 could have p.p.로 나타내고, 주어인 Those events는 피해지는 대상이므로 수동태를 써서 could have been avoided를 쓴다.

4 ▸ 하지 말았어야 할 과거에 대한 후회는 shouldn't have p.p.로 나타내므로 shouldn't have changed를 쓴다.

Point 3   p. 84

예문 해석

1 우리는 뇌가 결코 변하지 않는다고 생각했지만, 이제 우리는 이것이 사실이 아니라는 것을 안다.

2 '내성적'이라는 단어는 혼자 있는 것을 좋아하는 사람을 묘사하기 위해 사용된다.

3 우리 가족은 야외에서 많은 시간을 보내는 데 익숙하다.

4 예전에 여기에 극장이 있었다. 지금은 도서관이 있다.

Check Up

정답 **1** used   **2** remove

해석

1 그녀는 그와 데이트를 하곤 했지만, 그것은 오래 전 일이었다.

2 이 칼은 빠른 속도로 회전하면서 물질을 제거하는 데 사용된다.

Point 4

예문 해석

1 당신은 지속할 것을 선택하는 것이 더 낫다.

2 나는 이 지루한 게임을 하느니 차라리 숙제를 하겠다.

3 그 배우가 자신의 좋지 않은 연기에 대해 부끄러워하는 것은 당연하다.

4 그녀의 미소를 본다면 당신도 그녀에게 미소 지을 수밖에 없다.

5 늦고 싶지 않다면 서두르는 것이 낫다.

6 당신은 토요일마다 일할 필요가 없다.

Check Up

정답 **1** stand   **2** explain   **3** not go

해석

1 우리는 정의를 옹호할 수밖에 없다.

2 나는 사람들에게 내 문제를 설명하느니 차라리 조용히 있겠다.

3 이런 나쁜 날씨에 너는 나가지 않는 게 낫다.

introvert 내향적[내성적]인   stand up for ~을 지지[옹호]하다

Basic Practice   p. 85

A **1** was used   **2** laughing   **3** ask   **4** be
    5 used to   **6** need not   **7** view

B **1** had better not believe   **2** to living   **3** ○   **4** ○

C **1** used to spend
    2 cannot but accept
    3 would always tell me
    4 may as well go

A

1 그녀는 두 여동생을 돌보는 데 익숙했다.
▸ '~에[~하는 데] 익숙하다'라는 표현은 「be used to+(동)명사」이므로 was used를 써야 한다.

2 나는 우리의 첫 만남을 생각할 때마다 웃지 않을 수 없다.
▸ '~하지 않을 수 없다, ~할 수밖에 없다'는 「cannot help+-ing」로 나타내므로 laughing을 써야 한다.

3 이 구절이 무엇을 의미하는지 물어보는 것이 당연하다. 그것은 이해하기 어렵다.
▶ '~하는 것이 당연하다'는 「may well+동사원형」으로 나타내므로 ask를 써야 한다.

4 너는 제시간에 오는 게 나을 거야, 그렇지 않으면 우리는 너 없이 떠날 거야.
▶ '~하는 것이 낫다'라는 표현은 「had better+동사원형」이므로 be가 와야 한다.

5 여기에 탑이 있었지만 몇 년 전에 붕괴되었다.
▶ 과거의 지속된 상태를 나타낼 때는 조동사 used to를 써야 한다.

6 감정적으로 굴 필요는 없다. 그것은 상황을 더 악화시킬 것이다.
▶ 감정적으로 굴지 말라는 문맥이므로 '~할 필요가 없다'라는 뜻의 need not을 써야 한다.

7 망원경은 우리의 눈이 볼 수 없는 먼 행성을 보는 데 사용된다.
▶ '~하는 데 사용되다'는 「be used to+동사원형」으로 나타내므로 view를 써야 한다.

B

1 너는 그가 말하는 것을 믿지 않는 것이 낫다. 그는 거짓말쟁이이다.
▶ '~하는 것이 낫다'라는 의미의 「had better+동사원형」에서 부정형은 not을 동사원형 앞에 쓰므로, had better not believe로 고쳐야 한다.

2 비록 나는 도시에 사는 것에 익숙하지만, 시골에 사는 것을 좋아한다.
▶ 문맥상 '~에[~하는 데] 익숙하다'라는 의미가 적절하므로 「be used to+동명사」로 써야 한다. 따라서 to living으로 고친다.

3 나쁜 여행 파트너가 있는 위험을 감수하느니 차라리 혼자 여행하겠다.
▶ 「would rather A(동사원형) than B(동사원형)」는 'B하느니 차라리 A하겠다'라는 의미로 than 뒤의 동사원형 risk는 적절하다.

4 몸이 나아지면 더 이상 약을 먹지 않아도 된다.
▶ need는 부정문에서 동사원형과 함께 쓰여 조동사 역할을 할 수 있으므로 need not take는 적절하다.

C

1 ▶ '~하곤 했다'라는 표현은 「used to+동사원형」이므로 used to spend를 쓴다.

2 ▶ '~하지 않을 수 없다'라는 표현은 「cannot but+동사원형」이므로 cannot but accept를 쓴다.

3 ▶ would는 '~하곤 했다'라는 의미로, would 뒤에 always tell me를 쓴다.

4 ▶ '~하는 것이 더 낫다[좋겠다]'라는 표현은 「may as well+동사원형」이므로 may as well go를 쓴다.

Unit Test p. 86

1 ought not **2** have used **3** be used **4** cannot
5 take **6** do **7** might **8** ④ **9** ②, ④ **10** buying → buy
11 could responded → could have responded

---

12 must have being → must have been, may well to be → may well be
13 You had better not ignore his advice
14 He might have forgotten about the meeting
15 He cannot have lied about his family to
16 would rather work on a team than search
17 (1) have worked (2) ought not to want (3) look
18 I may as well talk to the wall!
19 ③ **20** ⑤

1 체벌이 학생들에게 가해져서는 안 된다.
▶ 뒤에 to가 있으므로 「ought to+동사원형」이 알맞다. 부정의 표현은 「ought not to+동사원형」이다.

2 이곳에 살았던 고대인들은 석기를 사용했을지도 모른다.
▶ 과거에 대한 추측을 나타내는 내용이므로 may have p.p.를 써야 한다.

3 개인 정보는 상업적 목적으로 사용돼서는 안 된다.
▶ 개인 정보는 사용되는 대상이므로 수동태로 써야 하고, 문맥상 현재의 의무를 나타내므로 be used가 적절하다.

4 그는 분별 있는 사람이다. 그가 그런 어리석은 결정을 내렸을 리가 없다.
▶ 문맥상 '~했을 리가 없다'의 의미가 자연스러우므로 cannot have p.p.를 써야 한다.

5 그녀는 케이크 장식하는 법을 배우기 위해 야간 수업을 듣곤 했다.
▶ 「used to+동사원형」은 과거의 습관 또는 상태를 나타내므로 take를 써야 한다.

6 네 자신을 생산적으로 유지하고 싶다면 규칙적으로 운동을 하는 것이 낫다.
▶ '~하는 것이 낫다'라는 표현은 「had better+동사원형」이므로 do를 써야 한다.

7 Samantha는 Dorothy가 전화기를 떨어뜨린 후 무언가 잘못되었을 수도 있다고 의심했다.
▶ 무언가 잘못되었음을 의심하는 내용이므로 추측을 나타내는 조동사 might를 써야 한다.

8 ④ 당신은 쉽게 대답할 수 없는 질문에 대답할 필요가 없다.
▶ need는 부정문에서 동사원형과 함께 쓰여 조동사 역할을 할 수 있으므로 need not respond는 적절하다.

① 나는 눈 속에서 운전하느니 차라리 걷겠다.
▶ 'B하느니 차라리 A하겠다'라는 표현은 「would rather A(동사원형) than B(동사원형)」이므로 drive로 고쳐야 한다.

② 긴 하루 후에는 졸릴 수밖에 없다.
▶ '~할 수밖에 없다'라는 표현은 「cannot help+-ing」이므로 feeling으로 고쳐야 한다.

③ 나는 기계 안에서 무슨 일이 일어났을지도 모른다고 생각했다.
▶ 과거에 대한 추측을 나타내는 표현은 might have p.p.이므로 happened로 고쳐야 한다.

⑤ 차가 막히니까 당신은 기차를 타는 게 더 낫겠어요.
▶ '~하는 것이 더 낫다'라는 표현은 「may as well+동사원형」이므로 take로 고쳐야 한다.

9 ② 그들은 그때 그 사고를 보고했어야 했다. 이제 너무 늦었다.
▶ 과거 사실에 대한 후회를 나타내는 맥락이므로 should have p.p.를 써야 한다. 따라서 report는 have reported로 고쳐야 한다.

④ 나에게 진실을 말해줘서 고맙다. 나는 너의 정직함에 감탄하지 않을 수 없다.
▶ '~하지 않을 수 없다, ~할 수밖에 없다'라는 표현은 「cannot but+동사원형」이므로 to admire는 admire로 고쳐야 한다.

① 거의 10시가 다 되었다. 그녀는 지금쯤이면 집을 떠났음에 틀림없다.
▶ 과거 사실에 대한 강한 추측은 must have p.p.로 나타내므로 적절하다.

③ 내가 학교에서 집으로 돌아오면 아버지가 내게 요리해 주시곤 했다.
▶ 조동사 would는 동사원형과 함께 쓰여 과거의 습관을 나타내므로 would cook은 적절하다.

⑤ 온라인 수강생들은 교직원들과 이야기하고 도서관을 이용하기 위해 캠퍼스를 방문하는 것이 당연하다.
▶ 「may well+동사원형」은 '아마 ~일 것이다, ~하는 것이 당연하다'라는 의미이므로 문맥상 적절하다.

10 생산되는 어느 것에서든지 나오는 돈은 다른 것을 사는 데 사용된다.
▶ '~하는 데 사용되다'라는 맥락이므로 「be used to+동사원형」을 써야 한다. 따라서 buying은 buy로 고쳐야 한다.

11 그 나라는 바이러스가 처음 유입되었을 때 대유행의 경고 신호에 더 잘 대응할 수도 있었을 것이다.
▶ 과거에 대유행의 경고 신호에 더 잘 대응할 수도 있었을 것이라는 맥락이므로 could have p.p.를 쓴다. 따라서 could responded는 could have responded로 고쳐야 한다.

12 호텔 지배인인 Lisa가 문을 두드렸을 때, 그녀는 손님들이 사라진 것을 발견했다. 그들은 서둘러서 떠났음에 분명한데, 그들이 여권을 잊어버렸기 때문이다. 그들은 곧 그녀와 연락을 취할 것이 당연하다.
▶ (1) 과거에 대한 강한 추측은 must have p.p.를 써야 하므로 being은 been으로 고쳐야 한다.
(2) '아마 ~할 것이다, ~하는 것이 당연하다'라는 표현은 「may well+동사원형」이므로 to be는 be로 고쳐야 한다.

13 ▶ '~하는 것이 낫다'라는 표현인 「had better+동사원형」을 쓰되, not은 동사원형 앞에 쓴다.

14 ▶ '~했을지도 모른다'라는 표현인 might have p.p.를 써서 완성한다.

15 ▶ '~했을 리가 없다'라는 표현인 cannot have p.p.를 써서 완성한다. 전치사 to는 an audience 앞에 둔다.

16 ▶ 'B하느니 차라리 A하겠다'라는 표현인 「would rather A(동사원형) than B(동사원형)」를 써서 완성한다.

17 해석 나는 대부분의 사람들이 자신과 똑 닮은 사람들을 고용하는 것을 좋아한다는 것을 발견했다. 이것은 과거에는 통했을 수도 있지만, 오늘날에는 상호 연결된 팀의 업무 과정으로, 우리는 전원이 똑같은 사람이기를 원해서는 안 된다. 우리는 아마 구성원들이 서로를 보완해

주는 다양한 팀을 찾을 것이다. 새로운 팀원을 고용할 때, 우리는 각 개인을 보고 그 사람이 우리 팀 목표 전체에 어떻게 부합하는지 살펴보는 것이 낫다.
▶ (1) 과거에 대한 추측을 나타내므로 may have worked로 고쳐야 한다.
(2) 「ought to+동사원형」의 부정은 to부정사 앞에 not을 쓴다.
(3) had better 뒤에는 동사원형을 써야 하므로 look으로 고쳐야 한다.

18 해석 Ted가 집에 도착하자마자 10대 딸 Laura가 그를 맞이한다. 그녀는 숙제를 할 수 있도록 Ted가 집에 가져다 주기로 약속한 책 몇 권을 기다리고 있는 중이다. Ted는 책을 잊어버렸고, 이것은 그녀를 화나게 했다. Laura는 소리쳤다. "아빠는 제 말을 절대 듣지 않아요! 저는 벽에 대고 말하는 편이 더 낫겠어요!"
▶ '~하는 편이[것이] 더 낫다'라는 표현인 「may as well+동사원형」을 이용하여 완성한다.

19 지문 해석 그 작은 가게에 구름이 끼었다. Steve는 뭔가 잘못되고 있다고 느끼기 때문에 불안해 한다. 그의 딸은 지난 3개월 동안 너무 많이 변해서 그는 그것을 알아채지 않을 수 없다. 그렇게 활기찼던 그녀가 이제는 말이 없어졌다. 만약 아버지가 자신을 지켜보고 있다는 것을 알아차린다면, 그녀는 갑자기 부자연스럽게 말하고 웃을 것이다. 그는 지난 3개월에 대해 생각하고 무엇이 잘못될 수 있었는지 궁금해 한다. Steve는 마침내 무엇이 그녀의 마음에 있었을지에 대해 결론에 도달한다. 연애를 제외하면 그녀를 불행하게 만들 수 있는 것은 아무 것도 없을 것이 분명하다.
▶ ⓑ 예전의 상태를 나타내는 문맥이므로 used to be로 고쳐야 한다.
ⓔ 주어가 nothing이므로 이미 부정의 의미를 포함하고 있다. 따라서 cannot은 can으로 고쳐야 한다.
ⓐ 「so+형용사/부사+that ~」은 '너무 ~해서 …하다'라는 뜻으로 접속사 that은 적절하다.
ⓒ 조동사 would 뒤에는 동사원형이 오며, talk, laugh 두 동사원형이 접속사 and로 대등하게 연결되어 있으므로 적절하다.
ⓓ could have p.p.는 과거에 대한 추측을 나타내는 표현으로, 문맥상 could have gone은 적절하다.

20 지문 해석 대부분의 역사학자들은 고대 이집트인들이 어두운 갈색이나 검은 머리를 가졌을 것이라고 믿는다. 하지만, 몇몇 희귀한 발견들은 금발인 고대 이집트인들의 증거를 보여주었다. 원래, 역사학자들은 미라화 과정의 결과로 머리카락이 밝아졌다고 생각했다. 미라화 과정 동안, 천연 탄산 소다와 같은 광물질이 미라를 말리는 데 사용된다. 천연 탄산 소다의 사용이 어두운 머리색을 붉은색이나 금발로 바꾸었을 수도 있다. 하지만 과학자들은 발견된 미라들 중 일부가 자연적인 붉은색 또는 금발이라는 것을 발견했다. 이것은 그들의 조상 때문이지 미라화 과정 때문이 아니었다. 일부 역사학자들에 따르면, 무역상뿐만 아니라 그리스인과 로마인도 당시 이집트에 북유럽의 유전자를 가져왔을 것이다. 고대 이집트인들은 서로 다른 민족이 섞여 있었을 것이다.
▶ ⑤ cannot have p.p.는 과거에 대한 부정적인 추측(~했을 리가 없다)인데, 문맥상 다른 민족이 섞여 있었을 것이라는 내용이 와야 적절하므로 may[might] have been 또는 must have been으로 고쳐야 한다.
① 주절의 시제가 과거이고 that절은 그 이전에 일어난 일을 나타내므로 대과거 had lightened는 적절하다.

② '~하기 위해[~하는 데] 사용되다'라는 의미이므로 「be used to+동사원형」 구문의 to dry는 적절하다.

③ mummies는 발견되는 대상이므로 과거분사 found가 수식하는 것은 적절하다.

④ may have p.p.는 과거에 대한 추측을 나타내므로 may have brought는 적절하다.

UNIT 8 가정법   p. 89

Warm-up

Q1 × **Q2** have p.p. **Q3** ○

Point 1   p. 90

예문 해석

1 내가 집에 있다면 더 편안할 텐데.
2 당신이 파티에 왔더라면 그것을 즐겼을 텐데.
3 그가 더 열심히 공부했더라면 그는 지금 그 질문에 대답할 수 있을 텐데.
4 날씨가 좋지 않으면 수업은 취소될 것이다.
5 날씨가 더 따뜻하다면 우리는 밖에서 저녁을 먹을 텐데.

Check Up

정답 **1** start **2** be
해석
1 두렵지 않다면, 나는 내 사업을 시작할 텐데.
2 그녀가 내 충고를 받아들였다면, 그녀는 지금 곤경에 처하지 않을 텐데.

Point 2

예문 해석

1 내가 그녀를 더 오래 사랑할 수 있도록 더 빨리 만났다면 좋았을 텐데.
2 Zoe는 마치 천국에 있는 것처럼 느꼈다.
3 그녀는 마치 아픈 것처럼 보인다. (아마도 아프다.)

Check Up

정답 **1** were **2** had been
해석
1 나는 너무 당황스럽다. 내가 여기가 아닌 어느 곳에라도 있으면 좋을 텐데.
2 Dalton은 마치 떠나라고 요청을 받은 것처럼 등을 돌렸다.

unfavorable 알맞지 않은 turn away 외면하다

Basic Practice   p. 91

A **1** control **2** had **3** feel **4** hadn't
 5 had believed **6** are **7** knew

B **1** ○ **2** had made **3** had visited **4** had gone

C **1** had followed my childhood dream
 2 were courageous enough **3** as if it were summer
 4 they were told

A

1 우리 삼촌이 여기 계신다면 현재 상황을 통제할 수 있을 텐데.
 ▶ 현재 상황에 대해 반대로 가정하는 맥락이므로 가정법 과거를 써야 한다. 따라서 주절의 조동사 could 뒤에는 동사원형 control을 써야 한다.

2 만약 그가 회의에 참석했더라면 그는 아주 잘했을 것이다.
 ▶ 과거 사실에 대한 반대의 가정을 나타내는 맥락이므로 가정법 과거완료를 써야 한다. 따라서 if절의 주어 뒤에는 had가 적절하다.

3 만약 당신이 발표를 준비했더라면 지금 불안감을 느끼지 않을 텐데.
 ▶ 과거의 행동이 현재에 미치는 영향에 대해 가정하는 것이므로 혼합 가정법을 써야 한다. 따라서 주절의 would not 뒤에는 동사원형을 써야 한다.

4 모든 곳이 마치 수 개월간 비가 오지 않았던 것처럼 건조해 보인다.
 ▶ 주절의 시제보다 앞선 일에 대한 가정을 나타내므로 as if 뒤에 가정법 과거완료를 써야 한다.

5 내가 파일을 지우지 않았다고 말했을 때 당신이 나를 믿어줬더라면 좋을 텐데.
 ▶ 바라고 있는 시점보다 더 먼저 있었던 일에 대한 소망을 나타내는 맥락이므로 과거완료를 써야 한다.

6 지금 공원에 가실 수 없다면 온라인으로 참여하십시오.
 ▶ 가정이 아닌 조건을 나타내는 문장이므로 시제와 인칭에 맞는 시제를 쓴다. 따라서 are가 적절하다.

7 그녀는 마치 무슨 일이 있었는지 알고 있는 것처럼 말한다. 사실, 그녀는 그것에 대해 아무것도 모른다.
 ▶ 주절의 시제와 같은 시점에서의 가정이므로 as if절에는 가정법 과거가 적절하다.

B

1 마치 그가 그 재난에 책임이 있는 것처럼 들린다.
 ▶ 주절의 시제와 같은 시점의 일에 대한 가정이므로 as if절에는 가정법 과거를 써야 하므로 과거동사는 적절하다.

2 당신이 예약을 했더라면 우리는 지금 그 유명한 파스타를 먹고 있을 텐데.
 ▶ 과거의 행동이 현재에 미친(단서: now) 영향에 대해 가정하고 있는 맥락이므로 혼합 가정법을 쓴다. 이 경우 if절에는 과거완료시제를 써야 하므로 had made로 고쳐야 한다.

3 그는 그녀가 어제 사무실에 자신을 만나러 왔더라면 좋았을 것이라고 생각한다.
 ▶ 바라고 있는 시점보다 더 과거의 일(단서: yesterday)에 대한 바람을 나타내므로 가정법 과거완료가 적절하다. 따라서 had visited로 고쳐야 한다.

4 내가 도서관에 갔더라면 보고서를 끝낼 수 있었을 텐데.
 ▶ 과거 사실에 대한 반대의 가정을 나타내는 맥락이므로 가정법 과거완료를 써야 한다. 따라서 had gone으로 고쳐야 한다.

C

1 ▶ 과거의 행동이 현재에 미치는 영향에 대한 가정이므로 혼합 가정법을 쓴다. 따라서 had followed를 써서 완성한다.

2 ▶ 바라고 있는 시점에서의 사실과 반대되는 것에 대한 바람을 나타내는 맥락이므로 wished 뒤에 가정법 과거를 써야 한다. 또한 '~할 만큼 충분히 …한'의 의미의 「형용사+enough to+동사원형」을 이용하여 쓴다.

3 ▶ '마치 ~인 것처럼'을 나타내는 as if를 먼저 쓰되, 주절의 시제와 같은 시점의 일에 대한 가정이므로 가정법 과거를 써서 it were summer를 쓴다.

4 ▶ 현재 상황에 대한 가정을 나타내는 가정법 과거로 쓰되, 주어가 말을 듣는 대상이므로 수동태 형태인 were told를 쓴다.

Point 3   p. 92

예문 해석

1 그가 자신의 잘못을 안다면 다른 사람을 비난하지 않을 텐데.
2 그때 그녀가 나를 도와주지 않았다면 나는 길을 잃었을 것이다.
3 어떤 질문이라도 있으면 부담 갖지 말고 제게 알려 주세요.
4 이제 당신은 은퇴해서 새로운 취미를 찾아야 할 때이다.
5 기술이 없다면 삶은 훨씬 더 힘들 것이다.
6 당신이 없었다면 그녀는 그 문제를 극복할 수 없었을 것이다.

Check Up

정답 **1** Were | **2** went

해석
1 내가 더 똑똑하다면 같은 실수를 반복하지 않을 텐데.
2 그는 이제 잠을 자러 가야 할 시간이다.

Point 4

예문 해석

1 그녀는 아들에게 매일 개를 산책시키라고 제안한다.
2 당신이 제시간에 거기에 도착하는 것이 필수적이다.
3 선생님은 시험 일정이 지난달에 발표되었다고 주장했다.

Check Up

정답 **1** be **2** participate

해석
1 그녀는 과제를 금요일까지 제출하도록 요구했다.
2 나는 그녀가 행사에 참여하는 것이 중요하다고 생각한다.

Basic Practice   p. 93

A **1** Had **2** be **3** Without **4** have
   5 arrived **6** Were you **7** had
B **1** Had he taken **2** ○ **3** (should) join **4** ○
C **1** about time he finished
   2 demanded that she leave
   3 not have become
   4 Had you chosen

A

1 내가 좀 더 조심했더라면 이 부러진 팔은 피할 수 있었을 텐데.
   ▶ 과거 사실에 대한 반대의 가정을 나타내는 가정법 과거완료 구문이고, if가 생략되었으므로 「Had+주어+p.p.」의 도치 형태가 되어야 한다.

2 그녀는 그 상자를 즉시 옮겨 달라고 요청했다.
   ▶ 주절의 동사에 요구의 의미가 있고 that절에 당위성이 있으므로 that절의 should가 생략된 것으로 볼 수 있다. 따라서 동사원형 be를

써야 한다.

3 돈이 없다면, 우리는 상품을 다른 상품과 직접 교환할 것이다.
   ▶ 맥락상 돈이 없는 상황에 대한 가정이므로 Without을 써야 하다.

4 모든 아이들이 양질의 교육을 받는 것은 필수적이다.
   ▶ 형용사 essential이 쓰였고 that절에 당위성이 있으므로 that절의 should가 생략된 것으로 볼 수 있다. 따라서 동사원형 have를 써야 한다.

5 이제 뉴욕행 기차가 도착할 시간이다.
   ▶ '이제 ~해야 할 시간이다'라는 뜻의 「It's about time (that)+가정법 과거」 구문이므로 동사의 과거형을 써야 한다.

6 당신이 더 부지런하다면 당신의 삶은 어떻게 다를까?
   ▶ 현재 사실에 대한 반대의 가정이므로 가정법 과거인 Were you를 써야 한다.

7 그는 자신의 행동에 대해 사과하고 어떤 해를 끼칠 의도도 없었다고 주장했다.
   ▶ 동사 insisted에 주장의 의미가 있지만 that절에 당위성이 없이 과거 사실에 대한 설명을 하고 있으므로, 시제에 맞춰 과거동사를 쓰는 것이 적절하다.

B

1 만약 그가 시간을 내서 모든 페이지를 읽었다면, 그는 그 오류를 발견했을 것이다.
   ▶ 과거에 대한 반대의 가정을 나타내는 가정법 과거완료 구문이면서 if가 생략된 표현이므로 Had he taken으로 고쳐야 한다.

2 이제 네가 이 방을 치우기 시작해야 할 시간이다.
   ▶ 「it is high time (that)+가정법 과거」는 '이제 ~해야 할 시간이다' 라는 의미로, 동사의 과거형 started는 적절하다.

3 선생님은 그가 그룹 토론에 참여할 것을 제안했다.
   ▶ 동사 suggested가 쓰였고 that절에 당위성이 있으므로, that절의 동사는 (should) join으로 고쳐야 한다.

4 그들의 열정이 그들을 계속하게 했다. 그러한 열정이 없었다면, 그들은 아무것도 이루지 못했을 것이다.
   ▶ 과거 사실에 대해 반대로 가정하는 맥락이므로 가정법 과거완료를 쓴 것은 적절하다.

C

1 ▶ 「It is about time (that)+가정법 과거」 구문을 써서 about time 뒤에 he finished를 쓴다.

2 ▶ 문장에 당위성이 있으므로 demanded 다음의 that절에 조동사 should를 생략하여 동사원형 leave를 쓴다.

3 ▶ 과거 사실에 대한 반대의 가정을 나타내는 가정법 과거완료 구문의 주절이므로, 조동사 뒤에 not을 쓰고, have p.p. 형태를 쓴다.

4 ▶ 과거 사실에 대한 반대의 가정이므로 가정법 과거완료를 쓰되, if가 생략되어 주어와 동사가 도치된 「Had+주어+p.p.」의 형태로 쓴다.

1 had had　**2** were　**3** Had　**4** walk

5 took　**6** had　**7** take　**8** ⑤　**9** ③, ⑤

10 Am → Were　**11** have → had

12 was transferred → (should) be transferred,
were not transferred → had not been transferred

13 you had offered me this job, would have accepted it

14 as if he were not affected by her words

15 I had married her, would be very different

16 he fail to finish the project, he would ask me

17 (1) have drawn　(2) (should) be　(3) stopped

18 It is about time we did something to stop global
warming. [It's about time that we did 이하 동일]

19 ①　**20** ⑤

1 내가 좀 더 경험이 있었더라면 그 일을 얻을 수 있었을 텐데.
▶ 과거 사실에 대한 반대의 가정을 하는 가정법 과거완료 구문이므로
if절에는 had p.p.를 써야 한다.

2 만약 한국이 열대 지방이라면 사람들은 자신의 정원에서 파인애플을
재배할 텐데.
▶ 현재 사실에 대한 반대의 가정을 하는 가정법 과거 구문이므로
if절에는 were를 써야 한다.

3 내가 그날 기분이 좋았더라면 너에게 더 잘해 줬을 텐데.
▶ 과거 사실에 대한 반대의 가정을 하는 가정법 과거완료 구문으로 if가
생략되었으므로, 「Had+주어+p.p.」의 형태가 되어야 한다.

4 교장 선생님은 그 학생이 복도의 오른쪽으로 걸어야 한다고 주장한다.
▶ 주절의 동사가 주장을 나타내고 that절에 당위성이 있으므로,
that절의 should가 생략된 것으로 보아 동사원형을 써야 한다.

5 이제 네가 건강을 증진하기 위한 조치를 취해야 할 때이다.
▶ '이제 ~해야 할 때이다'라는 뜻의 「it is high time (that)+가정법
과거」 구문이므로, 동사의 과거형을 써야 한다.

6 그 남자는 마치 전에 결코 만난 적이 없는 것처럼 그녀를 바라봤다.
▶ 주절의 시제보다 앞선 일에 대한 가정이므로 as if절에는 과거완료를
써야 한다.

7 그가 그 일을 완성하기 위해 필요한 시간을 들이는 것이 중요하다.
▶ 주절에 형용사 vital이 쓰였고, that절에 당위성이 있으므로 that절의
should가 생략된 것으로 볼 수 있다. 따라서 동사원형을 써야 한다.

8 ⑤ 상처가 제대로 치료되었더라면 그는 지금 멀쩡할 텐데.
▶ 과거의 행동이 현재에 미치는 영향에 대한 가정이므로 혼합
가정법을 쓴다. 주절에는 가정법 과거를 써야 하므로, 동사원형
be로 고쳐야 한다.
① 의사소통이 없다면 인간관계는 불가능할 것이다.
▶ without이 가정의 의미를 나타내고, 현재 상황에 대한
반대의 가정을 나타내는 가정법 과거 구문이므로 주절의
「would+동사원형」은 적절하다.
② 할아버지가 아직 살아 계셔서 내가 당신의 책을 읽는 것을 보시면
좋을 텐데.

▶ 바라고 있는 현재와 같은 시점에서의 소망을 나타내고 있으므로
가정법 과거로 쓴 were는 적절하다.
③ 만약 그녀가 비행하는 것을 두려워하지 않는다면, 그녀는 세계를
여행할 텐데.
▶ 현재 사실에 대한 반대의 가정을 나타내는 가정법 과거 구문으로,
if가 생략되어 「동사+주어」의 순서로 도치된 것은 적절하다.
④ 행사에 자원봉사를 하고 싶다면 미리 신청해야 한다.
▶ 가정의 의미가 없는 단순 조건문이므로 인칭과 시제에 맞는 동사를
써야 한다. 따라서 현재시제로 쓴 것은 적절하다.

9 ③ 내가 너라면 그 곳에 혼자 가지 않을 텐데.
▶ 문맥상 현재 사실에 대한 반대의 가정이므로 가정법 과거를 써야
한다. 따라서 주절의 will은 would로 고쳐야 한다.
⑤ 내가 어제 그럴 시간이 있었다면 당신의 집을 방문했을 텐데.
▶ 과거 사실에 대한 반대의 가정을 나타내므로 가정법 과거완료를
써야 한다. 따라서 주절의 had는 had had로 고쳐야 한다.
① '내가 그것을 하지 않았으면 좋았을 텐데.'라는 반응을 넘어서라.
▶ 바라고 있는 시점보다 앞선 과거의 일에 대해 하지 말았어야
했다고 소망하는 맥락이므로 가정법 과거완료 I hadn't done
that은 적절하다.
② 당신의 안전이 최우선으로 유지되는 것이 중요하다.
▶ 주절에 essential이 쓰였고 that절에 당위성이 있으므로 that절의
should가 생략된 것으로 볼 수 있다. 따라서 동사원형 remain이
쓰인 것은 적절하다.
④ 만약 나의 선생님이 계시지 않았더라면, 나는 음악을 배우려고 하지
않았을 것이다.
▶ 과거 사실에 대한 반대의 가정을 나타낸 가정법 과거완료
구문이므로 '~가 없었다면'이라는 의미의 If it had not been
for와 주절의 wouldn't have tried는 적절하다.

10 만약 내가 다시 태어나서 어떤 직업을 갖고 싶은지 질문을 받는다면,
나는 가르치는 것을 다시 선택할 것이다.
▶ 가정법 과거 구문으로, If I were to be born again ~에서 If가
생략되고 주어와 동사가 도치되었으므로 Were I to be ~로 써야
한다.

11 인공조명의 가격이 거의 공짜 수준으로 떨어지지 않았다면 오늘날
우리가 누리는 것의 대부분은 거의 불가능했을 것이다.
▶ 과거의 일이 현재에 미치는 영향에 대해 가정하는 혼합 가정법
구문으로, if절에는 가정법 과거완료를 써야 하므로 have를 had로
고쳐야 한다.

12 그 환자는 긴급 전화를 통해 우리 병원에 왔다. 그녀는 작은 지역
병원에 있었고 그녀의 상태는 점점 악화되고 있었다. 그녀의 남편은
그녀를 우리 병원으로 옮겨 달라고 요청했다. 지금 생각해 보면 그때
옮겨지지 않았더라면 그녀는 생존하지 못했을 것이다.
▶ (1) 동사 request는 요구를 의미하고, that절에 당위성이 있으므로
that절의 동사를 (should) be transferred로 고쳐야 한다.
(2) 과거 사실에 대한 반대의 가정을 하고 있으므로 가정법 과거완료가
되도록 were not transferred를 had not been transferred로
고쳐야 한다.

13 ▶ 과거의 상황에 대한 반대의 가정을 하고 있으므로 가정법 과거완료
형태로 쓴다. 주절의 동사 accept는 would have accepted로
쓴다.

14 ▶ '마치 ~인 것처럼'이라는 의미의 as if절을 쓰되, 주절의 시제와 같은 시점의 일에 대한 가정을 나타내고 있으므로 가정법 과거를 쓴다. 따라서 be동사를 were로 바꿔 완성한다.

15 ▶ 과거의 행동이 현재에 미치는 영향에 대해 가정하는 혼합 가정법 구문으로, if절에는 과거완료 had married로 쓴다. 주절에는 가정법 과거를 써서 완성한다.

16 ▶ 가정법 과거 문장으로, 원래 If he should fail to ~에서 If가 생략되고 주어와 동사가 도치된 Should he fail to로 문장을 시작하여 완성한다.

17 해석 한 세대 또는 두 세대 전만 해도, 여러분이 '알고리즘'이라는 단어를 언급했다면 대부분의 사람들로부터 아무 반응을 얻지 못했을 것이다. 오늘날, 알고리즘은 일상생활에 연결되어 있다. 우리의 일상에서 알고리즘의 중요성이 심각하게 받아들여지는 것은 중요하다. 만약 모든 알고리즘이 갑자기 작동을 멈춘다면, 이는 우리가 알고 있듯 세상의 끝이 될 것이다.
▶ (1) 과거의 일에 대해 가정하는 맥락이므로 가정법 과거완료를 써야 한다. 따라서 주절의 would 뒤에는 have drawn으로 고쳐야 한다.
(2) 주절에 crucial이 있고 that절에 당위성이 있으므로 that절의 동사를 (should) be로 고쳐야 한다.
(3) 현재 사실에 대한 반대의 가정을 하고 있으므로 가정법 과거를 써야 한다. 따라서 if절의 동사는 stopped로 고쳐야 한다.

18 해석 환경은 인간에 의해 파괴되고 있다. 이제 우리가 지구 온난화를 막기 위해 무언가를 해야 할 때이다. 우리가 할 수 있는 일 중 하나는 물 낭비를 줄이는 것이다. 샤워를 더 짧게 하고 양치질을 하는 동안 수도꼭지를 잠그도록 하라.
▶ '이제 ~해야 할 때이다'라는 뜻의 「It is about time (that)+가정법 과거」 구문을 활용한다. something 뒤에는 목적을 나타내는 to부정사를 이용하여 완성한다.

19 지문 해석 Rachel의 부모님이 교통사고를 당했을 때, 그녀의 친구 Bobby가 그녀의 곁에 있었다. "나는 네가 무엇이든지 필요하면 내게 의지해도 된다는 것을 네가 그저 알아주길 바라."라고 Bobby가 말했고 그는 진심이었다. Rachel은 그가 마치 자신의 오빠인 것처럼 느꼈다. 의사가 나오기를 기다리며 그들은 조용히 있었다. Bobby는 계속 생각했다. '내가 그녀의 입장이라면, 나는 그녀가 어떻게 하기를 원할까? 만약 그녀가 부모님을 잃는다면, 그녀는 어떻게 계속 살아갈까?' 슬픔에 잠긴 Rachel은 부모님이 그날 저녁에 외출하지 않았더라면 좋았을 것이라고 생각했다. 만약 그들이 그날 저녁에 집에 있었더라면, 아무 일도 일어나지 않았을 것이다.
▶ ⓐ if는 단순 조건문이므로 현재시제가 알맞다. 따라서 need로 고쳐야 한다.
ⓑ 주절의 시제와 같은 시점의 일을 가정하는 맥락이므로 were로 고쳐야 한다.
ⓒ 동사 remain은 형용사를 주격보어로 취하므로 quiet은 적절하다.
ⓓ 현재 상황에 대한 반대의 가정이면서 If가 생략된 구문이므로 Were I는 적절하다.
ⓔ 바라고 있는 시점보다 더 먼저 일어난 일에 대한 소망을 나타내고 있으므로 가정법 과거완료인 had never gone은 적절하다.

20 지문 해석 검사는 Percy가 그 범죄에 연루되었다고 주장했다. 비록 Percy가 폭발에 연루되었다는 증거는 없었지만, 두 명의 목격자가

Percy가 두 남자와 이야기하고 그들과 함께 차를 몰고 가는 것을 보았다. Percy는 자신이 그 남자들을 태워줬다는 것을 인정했지만, 자신이 어떤 범죄에 대해서도 전혀 알지 못했다고 주장했다. 만약 그가 그렇게 심각한 일에 연루되었다면, 그는 이야기하는 데 시간을 낭비하여 자신에게 불리한 목격자를 만들지 않았을 것이다. 그는 그저 할 수 있는 한 빨리 차를 몰고 갔을 것이다. 그는 그 남자들이 걷기에 너무 피곤해 보였고 자신의 차에는 그들을 위한 충분한 공간이 있었다고 말했다.
▶ ⑤ 맥락상 앞 문장과 이어지는 가정법의 주절 역할을 하고 있으므로 가정법 과거완료 구문인 would have p.p.를 써야 한다. 따라서 have driven으로 고쳐야 한다.
① 주절의 동사가 insisted이지만 과거의 사실에 대해 언급하는 문장이므로 과거시제 was는 적절하다.
② 지각동사 saw의 목적어와 목적격보어가 능동 관계이므로 목적격보어로 원형부정사 talk가 온 것은 적절하다.
③ 주절의 동사가 argued이지만 과거의 사실에 대해 주장하는 것이므로 과거시제 had는 적절하다.
④ 과거의 상황에 대해 가정하고 있으므로 가정법 과거완료가 쓰였고, If가 생략되어 주어와 동사가 도치된 Had he는 적절하다.

Chapter Test
p. 97

1 Could 2 must 3 dance 4 knew
5 create 6 starve 7 sign 8 mean, were
9 Have → Had 10 wait → waited
11 would → used to
12 do → have done, forgive → forgiving
13 had not been → were not, not better → better not
14 ⑤ 15 ① 16 ③ 17 ⑤
18 If I had not sold the stock
19 shouldn't have thrown away
20 as if the dull speech lasted forever
21 If it had not been for your help
22 Had we investigated the rumors, we would not have
23 My cellphone case must have fallen off my lap
24 the students wish they had studied more
25 was used to reading science papers
26 (1) ⓑ → (should) participate (2) ⓓ → had listened
27 ①
28 were they replaced by machines, a touching speech to a jury would not be
29 ⑤ 30 ②

1 이 수학 문제 푸는 것 좀 도와주시겠어요?
▶ 상대에게 부탁하는 표현으로 주어 you와 함께 쓰이므로 Could가 적절하다.

2 땅이 젖었다. 어젯밤에 비가 왔음에 틀림없다.
▶ 맥락상 과거에 대한 강한 긍정적인 추측이어야 하므로 must have p.p.를 써야 한다.

3 내 발이 그렇게 아프지 않다면 너와 춤을 출 텐데, 그럴 수가 없어.
▶ 현재 사실에 대한 반대의 가정을 하고 있으므로 가정법 과거를 써야 한다. 따라서 주절의 would 뒤에는 동사원형 dance가 적절하다.

4 그는 지금 가족을 위해 요리할 수 있도록 자신이 요리에 대해 더 잘 안다면 좋을 것이라고 바란다.
▶ 바라고 있는 시점과 같은 시점에서의 소망을 나타내므로 가정법 과거를 써야 한다. 따라서 동사의 과거형 knew가 적절하다.

5 이 소프트웨어는 개인화된 문서를 만드는 데 사용될 수 있다.
▶ '~하는 데 사용되다'라는 표현은 「be used to+동사원형」이므로 동사원형 create가 적절하다.

6 그 병사는 적에게 붙잡히느니 차라리 굶어 죽기로 결심했다.
▶ 'B하느니 차라리 A하겠다'라는 뜻의 「would rather A(동사원형) than B(동사원형)」 구문이므로, 동사원형 starve를 써야 한다.

7 그는 그녀에게 동물 학대를 막기 위한 청원서에 서명해 달라고 요청했다. 그것은 작은 요청이어서 그녀는 그가 요청한 것을 했다.
▶ 주절의 동사가 requested이고 that절에 당위성이 있으므로 that절의 should가 생략된 것으로 볼 수 있으므로 동사원형 sign을 써야 한다.

8 'near'과 'far' 같은 단어들은 여러분이 어디에 있는지와 무엇을 하고 있는지에 따라서 여러 가지를 의미할 수 있다. 만약 여러분이 동물원에 있고 동물 우리의 창살 사이로 손을 뻗어 동물을 만질 수 있다면 여러분은 그 동물에 '가까이'에 있다고 말할지도 모른다.
▶ (1) 조동사 can 뒤에는 동사원형 mean을 써야 한다.
(2) 현재 사실과 반대로 가정하는 가정법 과거 구문이므로 if절에는 were를 써야 한다.

9 쇼핑몰이 아주 붐빌 줄 알았더라면 더 일찍 왔을 텐데.
▶ 과거 사실과 반대의 가정이므로 가정법 과거완료를 쓰되, If가 생략되면 「Had+주어+p.p.」 형태가 되므로 Have는 Had로 고쳐야 한다.

10 당신은 서류를 제출하기 위해 마지막 날까지 기다리지 말았어야 했다.
▶ 과거 사실에 대한 후회, 유감을 나타내는 표현은 should (not) have p.p.이므로 wait는 과거분사 waited로 고쳐야 한다.

11 10년 전에는 식당이 있었지만 지금은 비어 있다.
▶ would는 과거의 습관을 나타낼 수 있지만 과거의 상태는 나타낼 수 없으므로 would를 used to로 고쳐야 한다.

12 "오, Neville 고모," Kathleen이 울음을 터뜨리며 말했다. "저는 제가 한 일이 끔찍한 일인지 전혀 몰랐어요. 제가 알았더라면, 저는 결코 그것을 하지 않았을 거예요. 고모의 책을 훔치려고 한 건 아니었어요. 정말 죄송합니다."라고 그녀가 너무 겸손하게 말했기 때문에 Neville 고모는 그녀를 용서하지 않을 수 없었다.
▶ (1) Kathleen이 과거 행동에 대한 반대의 가정을 하므로 가정법 과거완료를 써야 한다. 따라서 주절의 would never 뒤의 do는 have done으로 고쳐야 한다.
(2) '~하지 않을 수 없다'라는 표현은 「cannot help+-ing」를 쓰므로, forgive를 forgiving으로 고쳐야 한다.

13 만약 물이 없다면, 여러분의 몸은 제대로 작동하는 것을 멈출 것이다. 물은 여러분 몸무게의 절반 이상을 차지하며, 그것이 없다면 사람은 며칠 이상 생존할 수 없다. 그러므로 만약 여러분이 운동 연습을 하러

간다면, 물병을 잊지 않는 것이 좋을 것이다.
▶ (1) 현재 상황에 대한 반대의 가정을 하고 있으므로 가정법 과거를 쓴다. 따라서 had not been은 were not으로 고쳐야 한다.
(2) '~하는 것이 좋다[낫다]'라는 표현은 「had better+동사원형」이고, 부정형은 had better not으로 써야 한다.

14 ⑤ 내가 그에게 감사했을 때 그는 스스로에 대해 좋게 느꼈을지도 모른다.
▶ 문맥상 과거에 대한 추측을 나타내므로 might have p.p.의 have felt는 적절하다.
① 그 환자가 적절한 치료를 받는 것은 필수적이다.
▶ 주절에 형용사 essential이 쓰였고 that절에 당위성이 있으므로 that절의 동사는 (should) receive로 고쳐야 한다.
② 이제 정부가 그것을 해결하기 위한 조치를 취해야 할 때이다.
▶ '이제 ~해야 할 때이다'라는 표현은 「It is high[about] time (that)+가정법 과거」로 나타내므로 과거형 took로 고쳐야 한다.
③ 그는 더 이상 아무것도 걱정할 필요가 없다.
▶ need가 조동사로서 동사원형 worry와 함께 쓰인 경우이므로 need로 고쳐야 한다.
④ 만약 우리가 지난주에 이겼다면, 우리는 오늘 결승전에 출전할 텐데.
▶ 과거의 일이 현재에 미치는 영향에 대한 가정을 표현하는 혼합 가정법이므로 if절에는 가정법 과거완료를 써야 한다. 따라서 had won으로 고쳐야 한다.

15 ⓐ 경찰이 좀 더 일찍 도착했더라면 희생자를 구할 수 있었을 텐데.
▶ 과거 사실에 대한 반대의 가정이므로 가정법 과거완료를 써야 한다. 따라서 if절의 arrived는 had arrived로 고쳐야 한다.
ⓑ 당신의 아버지는 당신의 용기와 결단력을 자랑스러워하실 것이다.
▶ '아마 ~일 것이다, ~하는 것이 당연하다'라는 표현은 「may well+동사원형」이므로 being은 be로 고쳐야 한다.
ⓒ 내가 노트북을 가지고 오는 것을 잊지 않았더라면 좋을 텐데.
▶ 바라고 있는 시점 보다 먼저 일어난 일에 대한 소망을 이야기하는 맥락이므로 종속절에 가정법 과거완료가 쓰인 것은 적절하다.
ⓓ 그는 자신을 돌보는 데 익숙했고 누구의 도움도 원하지 않았다.
▶ 「be used to+동명사」는 '~에[~하는 데] 익숙하다'라는 의미이므로 맥락상 적절하다.
ⓔ 여자의 눈은 마치 그녀가 잠든 것처럼 감겨 있었다.
▶ 주절의 시제와 같은 시점에서의 가정을 표현하고 있으므로 as if 절에 가정법 과거가 쓰인 것은 적절하다.

16 ⓑ 당신은 그녀에게 사과해야 한다고 생각하지 않나요?
▶ 문맥상 '~해야 한다'라는 의미를 나타내는 「ought to+동사원형」은 적절하다.
ⓒ 만약 그녀가 내 딸이라면, 나는 그녀가 학교를 중퇴하도록 두지 않을 것이다.
▶ 현재 사실에 대한 반대의 가정을 나타내는 가정법 과거 구문으로, If she were my daughter에서 If가 생략되고 주어, 동사가 도치되어 were가 문장 앞으로 왔으므로 적절하다.
ⓔ 게임이 반드시 현실적일 필요는 없지만, 이치에 맞아야 한다.
▶ 주어(A game)가 3인칭 단수이므로 doesn't have to(~할 필요가 없다)를 쓴 것은 적절하다. should는 '~해야 한다'는 뜻으로 문맥상 적절하다.
ⓐ 이 세상의 어떤 것도 그가 대학에 가는 것을 막지 못했을 것이다.

▶문맥상 could have p.p.가 적절하므로 stop은 stopped로 고쳐야 한다.

ⓓ 우리는 좀 더 단순한 삶으로 돌아가는 것이 더 낫다.
▶'~하는 것이 더 낫다'라는 표현은 「may as well+동사원형」이므로 returning은 return으로 고쳐야 한다.

17 해석 지금까지 우리의 십대들이 일반적으로 우리의 말을 들어 왔기 때문에, 우리는 그들이 계속 그렇게 할 것이라고 가정한다. 우리 쪽에서는 아무것도 변하지 않았으니, 우리 아이들은 계속 전처럼 반응해야 한다, 그렇지 않은가? 갑자기 그들이 전처럼 빠르게 복종하지 않는 변화가 생긴다. 여기서 솔직히 말해 보자. 만약 누군가가 당신에게 "지금 당장 해! 내가 그렇게 말했으니까"라고 말한다면 당신은 그와 소통하지 않을 것이다.
▶ⓒ 문맥상 과거의 상태를 나타내는 used to로 고쳐야 한다.
ⓓ 현재 사실에 대한 반대의 가정이므로 가정법 과거를 써서 주절에는 「would+동사원형」이 되도록 communicate로 고쳐야 한다.
ⓐ 조동사 will 다음에 동사원형 keep이 온 것은 적절하다.
ⓑ ought to는 '~해야 한다'라는 의미를 나타내므로 문맥상 적절하다.

18 ▶과거의 일이 현재에 영향을 미치는 것에 대한 가정인 혼합 가정법으로 주절은 과거에 대한 가정을 하고 있으므로 가정법 과거완료로 쓴다.

19 ▶과거 사실에 대한 후회를 나타내는 표현인 should have p.p.를 쓰되, 하지 말았어야 하는 행동에 대한 언급이므로 should 뒤에 not을 붙여 완성한다.

20 ▶'마치 ~인 것처럼'이라는 의미의 as if를 쓴다. 주절의 시제와 같은 시점에서의 가정을 나타내므로 가정법 과거를 써서 완성한다.

21 ▶과거 상황에 대한 가정을 나타내므로 가정법 과거완료를 쓴다. '~가 없었다면'이라는 표현은 If it had not been for ~로 쓴다.

22 ▶과거의 일이 현재에 미치는 영향에 대한 가정인 혼합 가정법 구문으로, If가 없으므로 종속절은 「Had+주어+p.p.」 형태로 써서 완성한다.

23 ▶과거에 대한 강한 추측을 나타내는 표현인 must have p.p.를 이용하여 쓴다.

24 ▶주절의 주어가 바라고 있는 시점은 현재이므로 동사 wish를 쓰고 종속절은 바라는 시점보다 더 먼저 일어난 일에 대한 것이므로 가정법 과거완료를 쓴다.

25 ▶'~에[~하는 데] 익숙하다'라는 표현 「be used to+동명사」를 쓰되, 과거의 일이므로 was used to reading으로 쓴다.

26 해석 우리 어른들은 종종 아이들에게 무엇을 원하는지를 묻지 않고 결정을 내린다. 하지만, 모든 아이들이 자신의 삶에 영향을 미치는 결정에 참여하는 것은 중요하다. 여러 번, 우리는 아이들을 지지했어야 했지만 그렇게 하지 못했다. 만약 우리가 아이들의 말을 더 정중히 들었더라면, 우리는 세상을 더 낫게 변화시켰을 것이다.
▶(1) ⓑ 주절에 essential이 쓰였고 that절에 당위성이 있으므로 that절의 동사는 (should) participate로 고쳐야 한다.
(2) ⓓ 과거 상황에 대한 반대의 가정으로 가정법 과거완료를 써야 하므로 if절에 had listened로 고쳐야 한다.
ⓐ 「의문사+주어+동사」의 어순인 간접의문문이 쓰인 것은 적절하다.

ⓒ '~했어야 했다'라는 뜻으로 과거의 후회를 나타내는 should have p.p.가 온 것은 문맥상 적절하다.

27 지문 해석 '나는 자동화하기에는 특히 어려운 일을 하기 때문에 내 직업은 자동화로부터 보호를 받는다'라고 주장하는 사람들은 함정에 빠지지 않을 수 없다. 어떤 직업도 하나의 과업으로 이루어져 있지 않다. 변호사는 법정에 출두하는 것만 하지 않고 외과의사는 수술만 하지 않는다. 그러한 특정 과업은 자동화하기 어려울 수 있지만, 그것이 동일한 전문가가 자신들의 직업에서 수행하는 다른 모든 활동에 반드시 적용되는 것은 아니다. 변호사들은, 예를 들어, 만약 자신들이 기계로 대체된다면, 배심원에게 감동적인 연설은 불가능할 것이라고 주장할 수도 있다. 그 말이 아마 맞을 것이다. 그러나 오늘날의 기계는 다양한 범위의 법률 문서를 검토하는 데 사용될 수 있다. 그것은 대부분의 변호사들이 하는 일의 큰 부분이다.
▶ⓐ '~하지 않을 수 없다'라는 표현은 「cannot but+동사원형」이므로 fall로 고쳐야 한다.
ⓑ job이 구성되는 대상이므로 수동태를 쓴 것은 적절하다.
ⓒ 형용사 hard를 수식하는 부사적 용법의 to부정사이므로 적절하다.
ⓓ 「may well+동사원형」은 '~하는 것이 당연하다, 아마 ~일 것이다'라는 뜻으로, may well 뒤에 동사원형 be가 왔으므로 적절하다.
ⓔ 「be used to+동사원형」은 '~하는 데 사용되다'라는 뜻으로 to review가 온 것은 문맥상 적절하다.

28 ▶현재 상황에 대한 반대의 가정이므로 가정법 과거를 쓰되, if가 없으므로 주어와 동사가 도치된 were they로 시작하여 문장을 완성한다.

29 지문 해석 만약 발코니에 서 있는 것을 두려워한다면 여러분은 더 낮은 층에서 시작해서 천천히 더 높은 층으로 올라갈 것이다. 완전히 제어된 방식으로 높은 발코니에 서 있는 두려움을 직면하기는 쉬울 것이다. 사람을 사귀는 것은 더 까다롭다. 사람은 익숙해지기 위해 그저 주변에 있어야 하는 건물과 같은 무생물의 특징과 같지 않다. 여러분은 그들과 상호작용해야 하며 그들의 반응은 예측하기 힘들 수 있다. 그들에 대한 여러분의 감정도 역시 더 복잡하다. 대부분의 사람들의 자존감은 그들이 발코니를 좋아하지 않으면 그리 많이 영향을 받지 않을 것이다. 하지만 당신이 효과적으로 사람들을 사귈 수 없다면 당신의 자신감은 상처 받을 수 있다.
▶⑤ 문맥상 단순 조건문이므로 현재시제에 맞춰 동사원형 socialize로 고쳐야 한다.
① 주절에 조동사 would가 있고, 현재 사실에 대한 반대의 가정이므로 가정법 과거 형태이다. 따라서 동사의 과거형 were는 적절하다.
② that 이하가 선행사 way(방식)를 수식하는 구조로, way가 제어되는 대상이므로 수동태(is controlled)가 쓰인 것은 적절하다.
③ 「get used to+명사」는 '~에 익숙해지다'라는 표현으로 문맥상 적절하다.
④ 단순 조건문이므로 현재시제와 주어의 수에 맞춘 don't는 적절하다.

30 지문 해석 여행 중에 식당에서 식사를 하는 것은 Chuck에게 드문 특별한 일이었다. 점심을 다 먹은 후, 그는 자신이 가진 적은 용돈에 대해 마음속으로 확인을 했다. Lydia를 저녁식사에 초대할 줄 알았더라면 좋았을 것이라고 그는 생각했다. 그는 그렇게 푸짐한 점심을 주문하지 않았을 것이다. 옥수수빵 한 조각이면 충분했을 것이다. 가족이 가난했기 때문에, 그의 아버지는 항상 Chuck이

신중하게 소비할 것을 중요하게 여겼다. 그의 아버지가 철도에서
일하지 않았다면 Chuck은 확실히 이런 여행을 할 수 없었을 것이다.
그의 아버지는 Chuck이 기억할 수 있는 동안 계속 철도에서
근무하고 있었다. 오랜 시간 동안 하는 힘든 일이었지만, 그의
아버지는 항상 적어도 그 일이 꾸준하다고 말했다.

▶② 이미 점심을 다 먹은 상황에서 과거의 일에 대해 반대로 가정하는
상황이므로, 가정법 과거완료의 주절 형태인 would (not) have
p.p.를 써야 한다. 따라서 have ordered로 고쳐야 한다.

① 주어가 동명사구(Eating ~ a trip)이고, 과거의 일이므로 단수동사
was를 쓴 것은 적절하다.

③ 형용사 important가 쓰였고 that절에 당위성이 있으므로
should가 생략되어 동사원형 spend가 온 것은 적절하다.

④ 과거의 일에 대한 가능성을 나타내는 표현으로 could not have
made는 적절하다.

⑤ 과거완료진행형은 과거 특정 시점까지 계속 진행되고 있던 일을
나타내는데, Chuck이 기억하는 동안 계속 아버지가 철도에서
일을 해왔으므로 과거완료진행형 had been working이 온 것은
적절하다.

Chapter 5

관계사 / 접속사

UNIT 9 관계사
p. 103

Warm-up
Q1 ○ Q2 ○ Q3 × Q4 완전한

Point 1
p. 104

예문 해석
1 부모님이 아프신 사람에게 내가 무슨 말을 할 수 있을까?
2 Judy는 이틀 전에 빌린 차를 반납해야 한다.
3 이것은 그가 구독한 웹사이트이다.
4 상황이 악화되었고, 그것은 믿기 힘들다.
5 그는 내게 몇 가지 아이디어를 줬는데, 나는 그 중 어떤 것도 마음에
들지 않았다.

Check Up
정답 1 which 2 whom 3 Ø, which
해석
1 나는 너를 훌륭한 커피를 제공하는 카페에 데리고 가고 싶어.
2 그녀는 그 간호사가 돌보는 사람 중 하나이다.
3 그가 지난달에 산 신발이 벌써 닳았다.

Point 2

예문 해석
1 중요한 것은 네가 살아 있다는 것이다.
2 우리는 그 식당에서 제공한 음식에 만족했다.

Check Up
정답 1 which 2 what
해석
1 네가 생각하고 있는 계획이 무엇이니?
2 가장 중요한 것에 집중하는 것이 낫다.

subscribe 구독하다

Basic Practice
p. 105

A 1 who 2 what 3 that, which 4 whose
  5 which 6 what 7 whom

B 1 ○ 2 that[which] 3 ○ 4 who(m)

C 1 whose name
  2 reject what
  3 People who
  4 that[which] the band played

A
1 나는 내 개를 봐줄 사람을 찾고 있다.
  ▶ 선행사가 사람이고, 관계사절에 주어가 없으므로 주격 관계대명사
  who를 써야 한다.

2 Alex는 그녀가 한 일을 보고 미소 지었다.
  ▶ 앞에 선행사가 없고, 동사 saw의 목적어 자리에 들어갈 명사절이
  필요하므로 선행사를 포함한 관계대명사 what을 써야 한다.

3 너는 지난주에 입었던 그 드레스를 어디서 샀니?
  ▶ 선행사가 사물이고, 관계사절에 목적어가 없으므로 목적격 관계대명사
  that이나 which를 써야 한다.

4 우리 엄마는 닭을 자유롭게 풀어놓고 키우는 농부로부터 달걀을 산다.
  ▶ 선행사 a farmer가 관계사절의 chickens를 수식하며 소유
  관계이므로 소유격 관계대명사 whose를 써야 한다.

5 너는 모두가 좋아하는 병 게임 해봤니?
  ▶ 선행사가 사물이고, 관계사절에 주어가 없으므로 주격 관계대명사
  which를 써야 한다.

6 George는 항상 최선을 다하고, 그 점이 내가 그에 대해 좋아하는
  것이다.
  ▶ 앞에 선행사가 없고, 동사 is의 목적어 자리에 들어갈 명사절이
  필요하므로 선행사를 포함한 관계대명사 what을 써야 한다.

7 사회에서 거지라고 여기는 한 남자가 그를 향해 다가갔다.
  ▶ 선행사가 사람이고, 관계사절에 목적어가 없으므로 목적격 관계대명사
  whom을 써야 한다.

B
1 선생님은 그 문제를 푼 학생을 높이 평가했다.
  ▶ 선행사가 사람이고, 관계사절에서 주어 역할을 하는 주격 관계대명사
  that은 적절하다.

2 나는 낡은 옷으로 가득 찬 상자를 치웠다.
- ▶ 선행사 the box가 있고, 관계사절에 주어가 없으므로 주격 관계대명사인 that 또는 which로 고쳐야 한다.

3 나는 두 명의 축구 선수를 보게 되었는데, 둘 모두 내가 가장 좋아하는 선수이다.
- ▶ 선행사는 two soccer players이고, 관계사절에서 선행사에 대해 부연 설명을 하고 있으므로 「부정대명사+of+목적격 관계대명사」는 적절하다.

4 이 여성은 내가 전에 결코 만난 적이 없는데 다가와서 내게 말을 걸었다.
- ▶ 선행사가 사람이고, 관계사절에 목적어가 없으므로 목적격 관계대명사 who(m)으로 고쳐야 한다.

C

1 ▶ boy가 name을 수식하는 소유 관계이므로 whose name을 써서 문장을 완성한다.

2 ▶ 동사 reject 다음에 목적어 역할을 하는 명사절이 필요하고, 선행사가 없으므로 관계대명사 what을 쓴다.

3 ▶ 주어는 People이고 주어를 수식하는 주격 관계대명사 who를 쓴다.

4 ▶ 선행사 the music을 수식하는 목적격 관계대명사 that 또는 which를 넣어 문장을 완성한다.

Point 3   p. 106

예문 해석

1 이곳은 우리 가족이 크리스마스에 식사했던 식당이다.
2 나는 댄스파티가 열릴 클럽 하우스를 안다.
3 그는 내게 자신이 손수 만든 잼을 만드는 방법을 보여줬다.
4 나는 친구들을 정오에 만났는데, 그때 비가 오기 시작했다.
5 나는 아직 일어나지 않은 여러 시나리오를 너무 많이 생각하는 사람이다.
6 음식은 많은 사람들이 전 세계를 여행하는 이유이다.

Check Up

정답 **1** where **2** when

해석

1 이 사진은 내가 수영하곤 했던 해변에서 찍었다.
2 내가 한 주에서 가장 좋아하는 날은 금요일인데, 그때가 주말이 시작하는 날이다.

Point 4

예문 해석

1 나는 처음으로 오는 사람 누구든지에게 이 선물을 줄 것이다.
2 나는 네가 가는 곳은 어디든 갈 것이고, 그곳에서 행복할 것이다.

Check Up

정답 **1** whomever **2** wherever

해석

1 당신은 파티에 초대하고 싶은 사람은 누구든지 초대할 수 있다.
2 미국에서 천연가스는 쓸 수 있는 곳 어디에서나 사용된다.

overthink 너무 많이 생각하다

Basic Practice   p. 107

A **1** when **2** that **3** Wherever **4** that
     5 Whatever **6** however **7** whoever

B **1** where **2** that으로 수정 또는 how 삭제
     3 ○ **4** ○

C **1** Whichever you decide **2** One reason why
     3 however much it costs **4** where he worked

A

1 이때는 새가 자신들의 짝을 선택한다고 여겨지는 때였다.
- ▶ 선행사가 the time이고, 뒤에 완전한 절이 오므로 관계부사 when을 써야 한다.

2 우리는 수백 년 동안 지속될 건축물을 지었다.
- ▶ 선행사 a structure가 있고, 뒤에 주어가 없는 불완전한 절이 오므로 관계대명사 that을 써야 한다.

3 그녀는 가는 곳마다 그의 시선이 자신을 향하고 있는 것을 느꼈다.
- ▶ 문맥상 '~하는 곳마다'라는 뜻의 부사절을 이끄는 복합관계부사 wherever가 적절하다.

4 그의 출현은 영국에서 축구를 하는 방식을 바꿨다.
- ▶ 선행사 the way와 how는 같이 쓸 수 없으므로 that을 써야 한다.

5 문제가 무엇이든, 그들 사이의 갈등이 남아 있었다.
- ▶ 문맥상 '~가 무엇이든'이 적절하므로 복합관계대명사 Whatever를 써야 한다.

6 아무리 시간이 오래 걸리더라도 우리는 이 문제를 해결하기로 결심했다.
- ▶ 문맥상 '아무리 ~하더라도'가 적절하므로 부사절을 이끄는 복합관계부사 however를 써야 한다.

7 설문지를 작성하는 사람 누구에게든지 사은품이 증정될 것입니다.
- ▶ 뒤에 주어가 없는 불완전한 절이 오므로, 복합관계대명사 whoever를 써야 한다.

B

1 나는 미술관에 갔는데 거기서 유명 화가를 봤다.
- ▶ 장소를 나타내는 the gallery가 있고, 계속적 용법의 구문이므로 that을 관계부사 where로 고쳐야 한다. 관계대명사 that은 계속적 용법으로 쓸 수 없다.

2 Cindy는 그저 옷을 입는 방식으로 자신의 열정을 보였다.
- ▶ 선행사 the way와 how는 같이 쓸 수 없으므로 how를 that으로 고쳐 쓰거나 how를 삭제하고 the way만 쓴다.

3 그는 공을 찰 때마다 무릎에 통증을 느꼈다.
- ▶ 문맥상 '~할 때마다'의 뜻의 부사절을 이끌고 있으므로 whenever는 적절하다.

4 내가 뉴욕에 방문했던 그날은 너무 춥고 눈이 많이 왔다.
- ▶ 선행사가 The day이고 뒤에 완전한 절이 오므로 관계부사 when 또는 「전치사+관계대명사」로 바꿔 쓸 수 있다. 따라서 on which는 적절하다. *cf.* I visited New York on the day.

C

1 ▶문맥상 '어느 것을 ~하든'이라는 뜻의 부사절을 이끄는 Whichever를 쓰고, 뒤에 주어와 동사를 연결하여 쓴다.

2 ▶선행사 One reason을 쓰고 이유를 나타내는 관계부사 why를 쓴다.

3 ▶문맥상 '아무리 ~하더라도'라는 뜻의 복합관계부사 however를 쓰고 뒤에 「형용사/부사+주어+동사」의 순으로 쓴다.

4 ▶앞에 장소를 나타내는 선행사 Virginia가 있고, 그 뒤에 선행사에 대한 부연 설명을 하므로 계속적 용법의 관계부사 where가 이끄는 문장을 완성한다.

Unit Test   p. 108

1 whom 2 when 3 what 4 Whatever

5 whose 6 whom 7 where 8 ① 9 ①, ④

10 who → whoever 11 both of that → both of which

12 that (you will gain) → what (you will gain),
   things what → things that[which]

13 a small village, where we stayed the night

14 be grateful for what you can give us

15 Whenever I hear that song, I think of my
   grandmother.

16 forget the year when the national soccer team went
   to the final

17 (1) what (2) what (3) which

18 The genie of the lamp provided whatever they
   wanted.

19 ④ 20 ④

---

1 내가 너에게 말한 그 사람은 그리스의 현인이라고 불린다.
▶전치사 of의 목적어 역할을 하므로 목적격 관계대명사인 whom을 써야 한다.

2 우리는 평화롭게 사는 때를 고대한다.
▶선행사 the time이 있고, 뒤에 완전한 절이 오므로 관계부사 when을 써야 한다.

3 그는 음식이 별로 없었지만 자신이 가진 것을 그 아이에게 주었다.
▶gave의 직접목적어 자리에 오는 명사절을 이끌어야 하고, 선행사 역할의 명사가 없으므로 관계대명사 what을 써야 한다.

4 무슨 일이 일어나더라도, 상황이 다시는 예전 같지 않을 것이다.
▶문맥상 '무엇이 ~하더라도'라는 뜻의 Whatever가 이끄는 양보의 부사절이 적절하다.

5 얼굴이 지워진 남자의 사진이 있었다.
▶a man이 관계사절의 face를 수식하며 소유 관계이므로, 소유격 관계대명사 whose를 써야 한다.

6 현관에서 그는 두 명의 변호사를 만났는데, 그중 한 명은 그가 알고 있었다.
▶두 절을 이어주는 접속사가 없고, he knew 뒤에 목적어가 없으므로 목적격 관계대명사 whom을 써야 한다.

7 그는 하버드 대학으로 옮겼는데, 거기서 그는 심리학에 대한 연구를 계속했다.
▶선행사가 장소를 나타내는 Harvard University이고, 뒤에 선행사를 부연 설명하는 완전한 절이 오므로 계속적 용법으로 쓰인 관계부사 where가 적절하다.

8 ① 당신이 그것을 아무리 살펴봐도, 이것은 매우 걱정스러운 소식이다.
▶문맥상 '아무리 ~하더라도'라는 뜻의 부사절이 자연스러우므로 How를 복합관계부사 However로 고쳐야 한다.

② Evans 박사는 의사로서 평판이 좋은데, 그가 그녀를 수술할 것이다.
▶선행사 Dr. Evans를 부연 설명하고 있으므로 계속적 용법의 주격 관계대명사 who는 적절하다.

③ 마늘은 따뜻한 기후가 있는 곳이면 어디든지 자라는 식물이다.
▶문맥상 '하는 곳은 어디든지'라는 뜻의 복합관계부사 wherever는 적절하다.

④ 기업들은 결국에는 결코 사용되지 않을 귀중한 고객 정보를 수집한다.
▶선행사가 customer information이고 관계사절에서 주어 역할을 하므로 주격 관계대명사 that은 적절하다.

⑤ 이는 미국인의 85퍼센트가 충분한 과일을 먹지 않는 이유가 될지도 모른다.
▶선행사 the reason이 있고, 뒤에 완전한 절이 오므로 관계부사 why는 적절하다.

9 ① 내가 알고 싶었던 것은 그것이 얼마나 걸릴지였다.
▶앞에 선행사가 없고 동사 was의 주어 역할을 할 명사절이 필요하므로, That을 선행사를 포함한 관계대명사 What으로 고쳐야 한다.

④ 화재에 파괴되었던 그 집이 최근에 다시 지어졌다.
▶the house가 선행사이고 관계사절에 주어가 없으므로 whose는 주격 관계대명사 which 또는 that으로 고쳐야 한다.

② 당신이 무엇을 결정하든 우리의 전폭적인 지지를 받을 것이다.
▶문맥상 '~하는 것은 무엇이든지'를 나타내는 복합관계대명사 whatever는 적절하다.

③ 그들에게는 두 명의 다 큰 자녀가 있는데, 둘 다 외국에 살고 있다.
▶two grown children이 선행사이고, 이에 대한 부연 설명을 「부정대명사+of+목적격 관계대명사」로 하고 있으므로 적절하다.

⑤ 당신이 아무리 성취했을지라도 당신 또한 도움이 필요하다.
▶문맥상 '아무리 ~하더라도'라는 뜻의 양보의 부사절을 이끄는 No matter how(= however)가 쓰인 것은 적절하다.

10 마지막으로 나가는 사람은 누구든지 불을 꺼주시겠어요?
▶문맥상 '~하는 사람은 누구든지'가 자연스러우므로 who를 whoever로 고쳐야 한다.

11 1759년에 두 번의 탐험이 계획되었고, 둘 다 성공적이었다고 판명되었다. 첫 번째 탐험은 캐나다의 수도로 갔다.
▶전치사 뒤에는 관계대명사 that을 쓰지 못하므로, both of that을 both of which로 고쳐야 한다.

12 당신이 성취하려고 하는 것의 큰 그림을 봐라. 당신이 정말로 그만두고 싶은 날, 그 큰 그림은 당신이 계속한다면 당신이 얻게 될 것을 상기시켜 줄 것이다. 그것은 당신이 원하는 것을 향해 계속 노력하도록 도와줄 것이다.

▶ (1) 두 번째 문장에서 gain의 목적어가 없으므로, that you will gain을 선행사를 포함한 what you will gain으로 고쳐야 한다.

(2) 선행사 the things가 있으므로, what을 관계대명사 that[which]으로 고쳐야 한다.

13 ▶ 선행사 a small village 다음에 관계부사 where를 쓰되, 선행사에 대한 부연 설명을 하고 있으므로 콤마(,)를 넣어 계속적 용법으로 완성한다.

14 ▶ '~에 대해 감사하다'라는 뜻의 be grateful for를 쓰고, 전치사 for의 목적어 역할을 하는 관계대명사 what이 이끄는 절을 완성한다.

15 ▶ '~할 때마다'라는 뜻의 복합관계부사 whenever가 이끄는 부사절을 쓴 후, 주절에 I think of my grandmother를 쓴다.

16 ▶ forget the year를 쓴 후, 선행사가 때를 나타내므로 관계부사 when이 이끄는 관계부사절을 쓴다.

17 해석 사회가 노인을 위해 할 수 있는 것과 함께 노인들이 스스로 할 수 있는 것을 강조할 필요가 있다. 사람들은 자신이 속한 사회에서 자신의 역할을 스스로 발견했을 때 가장 성공적으로 나이를 먹는다.

▶ (1) 앞에 선행사가 없고 동사 stress의 목적어 역할을 할 명사절이 필요하므로 선행사를 포함한 관계대명사 what을 써야 한다.

(2) 앞에 선행사가 없고 전치사 along with의 목적어 역할을 할 명사절이 필요하므로 선행사를 포함한 관계대명사 what을 써야 한다.

(3) 내용상 they are a part of the societies가 되어야 하는데, 전치사 of가 앞으로 이동했으므로 뒤에는 관계대명사 which를 써야 한다.

18 해석 램프의 요정은 그들이 원하는 것은 무엇이든 제공했다. Aladdin이 공주와 사랑에 빠졌을 때 그는 그녀와 결혼하고 그녀를 데려가 아름다운 궁전에 살게 할 만큼 충분히 부유했다. Aladdin과 그의 공주는 오랫동안 행복하게 살았다.

▶ The genie of the lamp를 주어로 하여 동사 provided 뒤에 '~하는 것은 무엇이든'의 의미를 나타내는 복합관계대명사 whatever를 사용하여 명사절을 완성한다.

19 지문 해석 철학적인 대화에서 참가자들은 자신이 알지 못하거나 이해하지 못하는 것이 있다는 것을 인식한다. 대화의 목표는 자신이 사전에 몰랐거나 이해하지 못했던 개념에 도달하는 것이다. 철학이 존재하지 않는 전통적인 학교에서는 학생들이 흔히 사실적 질문으로 공부하고, 교육과정에 열거된 구체적인 내용을 배우며, 철학적 문제를 풀도록 요구되지 않는다. 하지만 우리는 모르는 것에 대한 인식이 지식을 얻는 좋은 방법이 될 수 있다는 것을 알고 있다. 지식과 이해는 사고와 대화를 통해 발전된다. 그러므로 학생들은 그들이 옳다는 것을 먼저 확신하지 않은 채 말하는 것을 두려워해서는 안 된다.

▶ ⓒ 앞에 나온 traditional schools는 장소를 나타내므로 관계부사 where로 고쳐야 한다.

ⓓ 앞에 선행사가 없고, 전치사 of의 목적어 역할을 하는 선행사를 포함한 관계대명사 what으로 고쳐야 한다.

ⓐ 뒤에 완전한 절이 오므로 접속사 that은 적절하다.

ⓑ 주격보어로 쓰인 to부정사 to arrive는 적절하다.

ⓔ Knowledge and understanding은 발전되는 대상이므로 수동태를 쓴 것은 적절하다.

20 지문 해석 많은 사람들이 지금 빠져들고 있는 한 가지 실수는 자신을 다른 사람들과 비교하는 것이다. 인터넷은 우리에게 어떤 경계도 없이 모두가 함께 할 수 있는 기회를 주었다. 우리는 다른 사람들과 상호작용할 수 있고 그들이 하고 있는 것을 볼 수 있기 때문에, 우리는 그들이 가진 것은 무엇이든지 받을 자격이 있다고 생각한다. 우리는 그들이 수년간 쏟아부은 노력을 쏟지 않고도 그들의 청중과 그들이 온라인에서 얻는 사랑을 받을 자격이 있다고 생각한다. 여러분이 자신과 비교하는 누구든지 그들의 과정 내내 충실해 왔다. 그리고 그들이 성공으로 가는 길의 여정은 노고, 실패, 그리고 가슴 아픈 일들로 가득 차 있었다. 여러분은 이 사람이 성공하려고 노력하는 동안 어떤 일을 겪어야 했는지 알지 못한다.

▶ ④ 주어 역할을 하는 명사절을 이끌기 위해서는 whomever를 써야 한다. Whomever you are comparing yourself to는 문장의 주어이고, Whomever는 전치사 to의 목적어에 해당한다.

① 문맥상 많은 사람이 스스로를 다른 사람과 비교한다는 것이므로 재귀대명사 themselves는 적절하다.

② 선행사 the opportunity를 수식하면서, 뒤에 완전한 절이 오므로 관계부사 where는 적절하다.

③ 동사 deserve의 목적어 역할을 하는 명사절을 이끄는 복합관계대명사로 whatever는 적절하다.

⑤ 분사구문 앞에 접속사 while이 생략되지 않고 쓰인 구조로, 분사구문의 의미상 주어 this person은 노력하는 주체이므로 현재분사 trying은 적절하다.

UNIT 10 접속사 p. 111

Warm-up

Q1 ○ **Q2** 완전한 **Q3** ×

Point 1 p. 112

예문 해석

1 날씨가 나빠서 축제가 취소되었다.

2 소비자들은 상품의 느낌 때문에 일부 상품을 좋아한다.

Check Up

정답 **1** despite **2** while **3** because

해석

1 나는 그녀의 친절에도 불구하고, 그녀가 불편했다.

2 그녀는 남편이 직장에 있는 동안 아이들을 돌봤다.

3 아마도 당신은 피곤하기 때문에 초과 근무를 피하고 있는 것 같다.

Point 2

예문 해석

1 그 운전자는 자신이 경찰에게 거짓말했다는 것을 시인했다.

2 희소식은 그 선수의 부상이 심각하지 않다는 것이다.

3 그 예술가가 의도했던 것을 이해하기가 꽤 어렵다.

4 그가 죽었다는 거짓 뉴스는 진짜 이야기보다 더 빠르게 이동했다.

정답 **1** that **2** what **3** that

해석

1 나는 그녀가 자유로워져서 자신만의 삶을 살기를 원한다.

2 어떻게 사람들이 아주 명백하게 잘못된 것을 원할 수 있지?

3 그는 그녀가 가출했다는 그 소문을 믿지 않았다.

acknowledge 시인하다

Basic Practice
p. 113

A **1** during **2** what **3** because of **4** that
5 while **6** that **7** although

B **1** ○ **2** ○ **3** during **4** what

C **1** In spite of her rude behavior
2 what could be achieved with the project
3 since many companies went bankrupt
4 indicates that emoticons are useful tools

A

1 여행 성수기 동안에는 비행기를 예약하기가 어렵다.
▶ 뒤에 명사구가 오므로 전치사 during을 써야 한다.

2 Steve는 딸이 생일 선물로 원했던 것을 딸에게 주었다.
▶ 뒤에 목적어가 없는 불완전한 절이 오므로 관계대명사 what을 써야 한다.

3 경기가 폭우로 인해 내일까지 연기되었다.
▶ 뒤에 명사구가 오므로 전치사 because of를 써야 한다.

4 학교 과제는 일반적으로 학생들이 혼자서 하도록 요구했다.
▶ 뒤에 절이 오므로 접속사 that을 써야 한다.

5 다른 사람들이 점심을 먹는 동안 나는 숙제를 끝내야 했다.
▶ 뒤에 절이 오므로 접속사 while을 써야 한다.

6 인간은 선천적으로 선하게 태어난다는 생각에 너는 동의하니?
▶ 뒤에 the idea를 보충 설명하는 완전한 절이 오므로 동격절을 이끄는 접속사 that을 써야 한다.

7 나의 할아버지는 자신의 건강에 신경 쓰지 않음에도 불구하고 여전히 건강하시다.
▶ 뒤에 절이 오므로 접속사 although를 써야 한다.

B

1 웃음이 최고의 약이라고 여겨진다.
▶ that 뒤에 완전한 절이 이어지므로 접속사 that은 적절하다.

2 아무도 그것을 좋아하지 않았다는 사실 때문에 이 접근법은 실패했다.
▶ 뒤에 명사구가 오므로 전치사 because of는 적절하다. the fact 다음에 이어지는 that절은 동격의 that절이다.

3 다양한 기반 시설들이 로마 제국 동안 지어졌다.
▶ 뒤에 명사구가 오므로 '~ 동안'을 나타내는 전치사 during으로 고쳐야 한다.

4 많은 사람들은 인생이 당신이 원하는 것을 얻는 것에 관한 것이라고 믿지 않는다.

▶ 뒤에 목적어가 없는 불완전한 절이 오고, 앞에 선행사가 없으므로 관계대명사 what을 써야 한다.

C

1 ▶ '~에도 불구하고'라는 뜻의 전치사 in spite of 뒤에 명사구 her rude behavior를 이어 쓴다.

2 ▶ show의 목적어 역할을 하는 명사절이 뒤에 이어져야 하므로 관계대명사 what이 이끄는 절로 완성한다.

3 ▶ 이유를 나타내는 접속사 since 다음에 주어와 동사를 이어 쓴다.

4 ▶ 주어 다음에 동사가 없으므로 indicates를 쓴 후 that절을 이어 쓴다.

예문 해석

1 그 호텔에 조식이 제공되는지 나는 잘 모르겠다.

2 고대인들은 지구가 우주의 중심이라고 믿었다.

3 그는 그녀에게 이메일을 보낼지 말지를 고려하고 있다.

4 내 언니는 포기하지 않고 최선을 다했다는 점에서 성공적이다.

Check Up

정답 **1** that **2** Whether **3** whether

해석

1 그들은 결과가 바로 잡아졌다고 생각한다.

2 그가 돈을 저축할 수 있는지 아닌지는 중요하지 않다.

3 그들의 운명은 그들이 비밀을 지킬 수 있는지 여부에 달려 있다.

예문 해석

1 충분한 수면이 없으면, 여러분은 집중하고 주의를 기울이거나 빠르게 대응할 수 없다.

2 나는 그 여행을 위한 돈도 시간도 여유가 없다.

Check Up

정답 **1** burn **2** but **3** wealth

해석

1 왜 사람들은 화석 연료를 시추하고 태우는가?

2 경기에서 중요한 것은 이기는 것이 아니라 참가하는 것이다.

3 그 여배우가 정말 원하는 것은 명성과 부이다.

fate 운명 drill 시추하다

Basic Practice
p. 115

A **1** that **2** Whether **3** so **4** buy
5 that **6** or **7** desired

B **1** pushed **2** ○ **3** for her family **4** ○

C **1** both art and science
2 but could not[couldn't] find it
3 whether I should accept the job
4 neither Harry nor Voldemort

A

1 나는 내가 정시에 기사를 마칠 수 있다는 것을 확실히 알았다.
　▶ 뒤에 오는 내용이 문맥상 확실한 내용이므로 접속사 that을 써야 한다.

2 이 조리법이 책에 들어갈지 여부가 아직 결정되지 않았다.
　▶ 문맥상 조리법이 책에 들어갈 '여부'가 아직 결정되지 않았다는
　　것이 적절하고, if절은 목적어 자리 외에는 쓸 수 없으므로 접속사
　　Whether가 와야 한다.

3 그는 실직해서 돈이 지금 매우 부족하다.
　▶ 뒤에 실직(원인)의 결과가 제시되므로 so(그래서)가 와야 한다.

4 우리는 쇼핑몰에 가서 식료품을 좀 사기로 결정했다.
　▶ decided to 뒤에는 동사원형이 와야 하며, 등위접속사 and로 두
　　동사가 연결된 구조이므로 동사원형 buy를 써야 한다.

5 그 교통 표지판은 여기에 주차할 수 없다는 것을 의미한다.
　▶ 주차할 수 없다는 것은 확실한 사실이므로 접속사 that을 쓴다.

6 이 상품은 식탁 매트나 냅킨으로 사용될 수 있다.
　▶ either 뒤에 as a table mat와 as a table napkin이 병렬 구조를
　　이루므로 상관접속사 「either A or B」의 or가 와야 한다.

7 이런 변화의 유형은 가능할 뿐만 아니라 바람직하다.
　▶ 상관접속사 「not only A but also B」로 연결된 구조로 A, B가 병렬
　　구조를 이루어야 하므로 형용사 desired를 써야 한다.

B

1 그녀는 천천히 몸을 돌려 얼굴을 풀밭으로 들이밀었다.
　▶ 등위접속사 and로 두 동사구가 연결된 병렬 구조여야 하므로
　　pushed로 고쳐야 한다.

2 내 장미꽃들이 겨울을 견딜지 견디지 못할지 모르겠다.
　▶ 문장 마지막에 불확실함을 나타내는 or not이 나왔으므로 접속사 if가
　　적절하다.

3 그 친절한 간호사는 Lydia뿐만 아니라 그녀의 가족도 돌봤다.
　▶ 상관접속사 「not only A but also B」에서 A, B는 병렬 구조를
　　이루어야 하므로 her family를 for her family로 고쳐야 한다.

4 많은 부모들은 휴대 전화가 십대들에게 사회적인 생명선이라는 것을
　이해하지 못한다.
　▶ 뒤에 오는 내용이 문맥상 확실한 내용이므로 접속사 that은 적절하다.

C

1 'A와 B 둘 다'를 나타내는 상관접속사 「both A and B」를 이용하여
　쓴다.

2 문맥상 '~하지만'의 뜻의 등위접속사가 이어져야 하므로 but을 쓰고,
　'찾을 수 없었다'라는 부정의 내용이므로 could not[couldn't]을
　이용하여 쓴다.

3 '~인지 (아닌지)'를 나타내는 접속사 whether를 이용하여 문장을
　완성한다. 전치사 on의 목적어 역할을 하는 명사절을 써야 하므로 if는 쓸
　수 없다는 점에 주의한다.

4 'A도 B도 아닌'을 뜻하는 상관접속사 「neither A nor B」를 이용하여
　쓴다.

Unit Test

1 because of　**2** that　**3** keep　**4** while
5 whether　**6** that　**7** but　**8** ④　**9** ①, ④
10 If → Whether　**11** trying → (to) try
12 by that → by what, but → and
13 learn what is most important from failure
14 Neither blankets nor my coat could keep me warm
15 The right spelling is not "desert", but "dessert."
16 sad to hear the news that the queen had passed
　away
17 (1) during　(2) because　(3) Despite[In spite of]
18 Our mother can sense whether or not we are lying.
19 ⑤　**20** ③

1 대대적인 세일 때문에 쇼핑몰은 사람으로 붐볐다.
　▶ 뒤에 명사구가 나오므로 전치사 because of를 써야 한다.

2 Erin이 회사에서 해고되었다는 소식은 나를 놀라게 했다.
　▶ 뒤에 완전한 절이 오고, The news를 부연 설명하므로 접속사 동격의
　　that을 써야 한다.

3 당신의 건강에 결코 자신하지 말고 계속 점검하라!
　▶ 등위접속사 and로 두 명령문이 연결된 구조가 적절하므로, and
　　뒤에는 동사원형 keep을 써야 한다.

4 그 저자는 아이들이 자는 동안 소설을 썼다.
　▶ 뒤에 절이 오므로 접속사 while을 써야 한다.

5 우리는 사람들이 우리를 좋아하는지 걱정하는 것을 멈춰야 한다.
　▶ 문맥상 '~인지 (아닌지)'의 불확실한 내용을 이끄는 접속사
　　whether가 적절하다.

6 지진 직후에 누군가 바다가 오고 있다고 소리쳤다.
　▶ 뒤에 완전한 절이 오므로 접속사 that을 써야 한다.

7 그 질환은 완치될 수 없지만 증상은 치료할 수 있다.
　▶ 두 절의 내용이 상반되므로 접속사 but이 적절하다.

8 ④ 청중들은 영화가 즐겁고 감동적이라고 생각했다.
　▶ 문맥상 청중들이 영화가 즐겁고 감동적이라고 생각했다는 것이
　　자연스러우므로, if를 접속사 that으로 고쳐야 한다.
　① 많은 사람들이 폭설에도 불구하고 행사에 참석했다.
　▶ 뒤에 명사구가 오므로 전치사 in spite of는 적절하다.
　② John과 Judy가 말다툼을 해서 그들의 친구들은 빨리 떠났다.
　▶ 뒤에 이유를 나타내는 절이 오므로 접속사 because는 적절하다.
　③ 나는 그 제품이 피부에 바르기에 안전하다는 그들의 의견에
　　동의하지 않는다.
　▶ 뒤에 완전한 절이 오고 opinion을 부연 설명하는 동격 관계를
　　이루므로 접속사 that은 적절하다.
　⑤ 많은 도시들은 유행병을 겪어 왔고 살아남았을 뿐만 아니라
　　번영했다.
　▶ 상관접속사 「not only A but also B」가 쓰인 구조로 have

survived와 (have) thrived가 같은 형태로 병렬 구조를 이루므로 적절하다.

9 ① 그녀는 행복하고 자랑스럽게 마케팅 전문가로 일한다.
▶등위접속사 and로 연결된 두 단어가 병렬 구조를 이루어야 하고 동사 works는 부사가 수식해야 하므로 proud는 proudly로 고쳐야 한다.

④ 당신은 QR코드를 스캔하거나 온라인으로 양식을 작성함으로써 기부할 수 있다.
▶상관접속사 「either A or B」가 전치사 by에 연결된 구조이므로 fill out도 scanning과 동일한 형태인 동명사 filling out으로 고쳐야 한다.

② 그는 뉴욕에 머무는 동안 단독 전시회를 열었다.
▶전치사 during 뒤에 명사구가 나온 구조로 적절하다.

③ 반려동물이 대여 차량 안에 허용이 되는지를 확인해라.
▶문맥상 '~인지 (아닌지)'의 불확실한 내용을 접속사 whether가 이끌고 있으므로 적절하다.

⑤ 이것이 여러분의 작업 환경의 질을 향상시키는 것을 알게 될 것이다.
▶동사 find 뒤에 that절이 목적어 역할을 하며, '~라는 것'의 의미로 확실한 내용을 이끌고 있으므로 적절하다.

10 당신이 비자가 필요한지는 여러 요인들에 달려 있다.
▶문맥상 '~인지 (아닌지)'의 의미이고, 주어 역할을 하는 명사절이므로 If를 Whether로 고쳐야 한다. If가 이끄는 명사절은 주어 자리에 쓸 수 없다.

11 호기심은 우리가 어려움에 대해 더욱 얘기하게 하고 문제를 푸는 데 있어서 새로운 접근법을 시도하도록 동기를 부여한다.
▶「motivate+목적어+to부정사」의 형태에서, 등위접속사 and로 to부정사구가 이어진 구조이다. 따라서 trying은 (to) try로 고쳐야 한다.

12 지금부터 20년 후 당신은 자신이 한 것보다 하지 않은 것에 더 실망할 것이다. 안전한 항구를 떠나서 당신이 원하는 것을 잡아라. 세상을 탐험하면 의미 있는 삶을 살 것이다.
▶(1) 뒤에 목적어가 없는 불완전한 절이 오므로 that은 선행사가 포함된 관계대명사 what으로 고쳐야 한다.

(2) 문맥상 '~하면, …하다'라는 내용이 적절하므로 등위접속사 but을 and로 고쳐야 한다.

13 ▶동사 learn 뒤에 목적어가 필요하므로 선행사를 포함한 관계대명사 what이 이끄는 명사절로 쓴다.

14 ▶「neither A nor B(A도 B도 아닌)」의 상관접속사를 이용하여 문장을 완성한다.

15 ▶「not A but B(A가 아니고 B)」의 상관접속사를 이용하여 문장을 쓴다.

16 ▶형용사 sad 뒤에 to부정사의 원인을 나타내는 to hear the news를 쓰고, the news를 부연 설명하는 동격의 접속사 that을 이용하여 나머지 문장을 완성한다.

17 해석 우리 반은 꽃이 피는 계절 동안 아름다운 해바라기를 보러 가기로 했다. 방문 당일에는 비가 오기 시작했기 때문에 나는 우리가 방문을 취소해야 한다고 생각했다. 많은 비에도 불구하고, 우리 반은

밖에 나가 다른 실외 활동을 하기로 동의했다.
▶(1) 뒤에 명사구가 오므로 전치사 during으로 고쳐야 한다.

(2) 뒤에 절이 오므로 접속사 because로 고쳐야 한다.

(3) 뒤에 명사구가 오므로 전치사 Despite나 In spite of로 고쳐야 한다.

18 해석 내 남동생이 자신의 친구를 옹호하다가 싸움을 하게 됐지만 엄마가 어떻게 멍이 들었냐고 물었을 때, 그는 거짓말을 했다. 우리 엄마는 우리가 거짓말을 하고 있는지 아닌지를 알아챌 수 있다. 나는 그가 거짓말을 해서 더 곤란해질 것이라고 확신한다.
▶'~인지 아닌지'는 「whether/if ~ or not」으로 쓸 수 있는데, or not이 문장의 마지막에 오지 않으려면 whether or not을 이용하여 써야 한다.

19 지문 해석 좋은 선생님들은 학생들이 이미 알고 있는 것을 선생님이나 교과서에 의해 제시된 새로운 아이디어와 비교할 때 배움이 일어난다는 것을 알고 있다. 자신의 개념을 재구성할 것인지 아닐지를 결정하는 것은 바로 학생들이다. 그래서 가르치는 것은 교사 중심이 아닌 학생 중심이어야 한다. 이것은 학생들이 유추를 만들고 해석하는 데 적극적으로 참여해야 한다는 것을 의미한다. 만약 우리가 유추 사용이 학생들이 생각하고 배우도록 돕는 효과적인 방법이라고 믿는다면, 학생들이 자신의 유추를 생성하도록 돕는 것이 이치에 맞는다.
▶ⓒ 문맥상 'A가 아닌 B'가 적절하므로, 「not A but B」로 써야 한다. 따라서 or를 but으로 고쳐야 한다.

ⓔ 뒤에 완전한 절이 오므로 what을 접속사 that으로 고쳐야 한다.

ⓐ new ideas가 제시되는 대상(수동)이므로 과거분사 presented가 온 것은 적절하다.

ⓑ 뒤에 or not이 오므로 whether가 쓰인 것은 적절하다.

ⓓ involved in 뒤에 등위접속사 and로 동명사가 연결된 형태이므로 interpreting은 적절하다.

20 지문 해석 조직의 성과에 영향을 미치는 것은 바로 회사 문화이다. 그것은 주로 조직의 가치를 반영하지만, 조직의 리더십을 직접적으로 반영하는 것이다. 좋은 회사 문화를 만드는 것은 매우 중요한데 직원들이 속한 문화는 그들이 자신의 직업을 좋아하거나 싫어하는 이유이고, 고객들이 존중받거나 무시당한다고 느끼는 이유이기 때문이다. 평판과 마찬가지로, 좋은 문화를 구축하는 데는 수년이 걸린다 하지만 그것을 모두 망치는 데는 몇 가지 실수만 하면 된다. 따라서 직원들이 회사에 충성할 수 있도록 좋은 문화가 조성되어야 한다. 하지만 회사 문화를 어떻게 만드는가?
▶③ 뒤에 절이 오므로 접속사 because로 고쳐야 한다.

① It ~ that 강조 구문으로, 주어 company culture가 강조된 형태이다. 따라서 that은 적절하다.

② 등위접속사 but으로 연결된 동사 mirrors와 is가 병렬 구조를 이루므로 적절하다.

④ 가주어 it 뒤에 to부정사가 진주어를 이끌므로 적절하다.

⑤ 「make+목적어+목적격보어」 형태로 목적격보어로 쓰인 형용사이므로 적절하다.

1 if 2 what 3 whomever 4 both

5 during 6 that 7 where 8 what, why

9 that → what 10 Although → Despite[In spite of]

11 that → which 12 what → that[whom], what → that[if]

13 that → what, reliably → reliable

14 ①, ④ 15 ④ 16 ③ 17 ⑤

18 , who encouraged him to be a painter

19 that we want what is best for us

20 whether he had any control over the event

21 both of which were adopted

22 However busy he is, he never refuses to help others.

23 Being different means neither better nor inferior.

24 The passenger whose flight has been canceled can get a refund.

25 caught some sleep in the sunshine whenever I could

26 (1) ⓐ → During (2) ⓒ → that

27 ⑤

28 What you can't find in someone's voice

29 ④ 30 ④

1 우리가 올바른 방향으로 가고 있는지 확신이 없다.
▶ 주절에 not sure와 문장 끝에 or not이 있으므로 불확실한 내용을 이끄는 접속사 if를 써야 한다.

2 나는 당신이 말한 것을 믿지 않으며, 당신의 말을 듣지 않을 것이다.
▶ 앞에 선행사가 없고, 뒤에 목적어가 없는 불완전한 절이 오므로 관계대명사 what을 써야 한다.

3 파티 진행자가 만나고 싶은 사람은 누구든지 우리에게 소개해 줄 것이다.
▶ 문맥상 선행사를 포함한 복합관계대명사 '~하는 사람은 누구든지'의 뜻인 whomever를 쓰는 것이 적절하다.

4 주차 대행 서비스는 거주자와 방문객 모두에게 제공될 것이다.
▶ 접속사 and가 있으므로 「both A and B(A와 B 모두)」의 형태가 적절하다.

5 그녀는 자신이 없는 시간 동안 우리를 돌보도록 보모를 고용했다.
▶ 뒤에 the time이 이끄는 명사구가 오므로 전치사 during을 써야 한다.

6 그들은 학생들이 교실에서 기술적인 도구를 사용해야 한다는 생각에 동의했다.
▶ the idea 뒤에 이를 보충 설명하는 완전한 절이 오므로 동격절을 이끄는 접속사 that을 써야 한다.

7 걱정하지 마라, Michael이 곧 합류할 것이다. 그는 당신의 가족이 당신을 기다리고 있을 오두막까지 동행할 것이다.
▶ 장소를 나타내는 선행사 the cottage가 있고 뒤에 완전한 절이 오므로, 관계부사 where를 써야 한다.

8 절대로 당신이 하는 일에서 다른 사람들을 위해 일하지 마라, 그리고

당신이 일을 시작한 이유는 당신 안에 열정이 있었기 때문이라는 것을 기억하라.
▶ (1) 뒤에 목적어가 없는 불완전한 절이 오고 선행사가 없으므로, 관계대명사 what을 써야 한다.
(2) the reason을 수식하면서 뒤에 완전한 절을 이끌기 위해서는 관계부사 why를 써야 한다.

9 그녀는 마침내 그로 하여금 자신의 마음에 무겁게 놓여 있던 것을 말하게 했다.
▶ 동사 tell의 목적어 역할을 하는 명사절이 와야 하고, 뒤에 주어가 없는 불완전한 절이 오므로 선행사를 포함한 관계대명사 what으로 고쳐야 한다.

10 자유 시장 제도의 수용에도 불구하고 시장이 완전히 자유로운 상태로 맡겨지는 것은 드물다.
▶ 뒤에 명사구가 오므로 접속사 Although는 전치사 Despite[In spite of]로 고친다.

11 작년에 그 농부는 쌀과 감자를 재배했는데, 그것들은 그가 직접 쓰고 팔기에 풍족했다.
▶ 관계대명사 that 앞에는 전치사가 오지 못하므로, that을 관계대명사 which로 고쳐야 한다.

12 여러분은 여러분의 의사 결정 과정에 신뢰할 수 있는 친구와 가족을 포함시키는 것이 낫다. 그들은 여러분이 생각하지 못했던 질문을 할 수 있고 여러분이 자신에게 맞는 것을 선택하고 있다고 확인하도록 도와줄 수 있다.
▶ (1) you can trust는 목적어가 없는 불완전한 절이고 앞에 사람인 선행사가 있으므로, 목적격 관계대명사 that 또는 whom으로 고쳐야 한다.
(2) make sure what 뒤에 완전한 절이 나오므로 관계대명사 what은 접속사 that으로 고쳐야 한다. 문맥상 if도 가능하다.

13 외모가 중요한가? 사람들은 모두 서로를 외모(보이는 것)로 판단하지 말라고 배우지만, 많은 사람들은 여전히 이 바보 같은 짓을 한다. 그들은 여전히 사람의 신체적 외모를 판단하는데, 이것은 안전하지도 믿을 수도 없다.
▶ (1) that 뒤에 동사 look like의 목적어가 없는 불완전한 절이 오고 선행사가 없으므로 관계대명사 what으로 고쳐야 한다.
(2) 상관접속사 「neither A nor B」로 연결되는 A, B는 형태가 같은 병렬 구조를 이루어야 하므로 부사 reliably는 형용사 reliable로 고쳐야 한다. 부사는 보어 역할을 할 수 없다.

14 ① 이제 Emma는 자신이 진정으로 찾던 것을 찾았다.
▶ 뒤에 목적어가 없는 불완전한 절이 오고 앞에 선행사가 없으므로 관계대명사 what으로 고쳐야 한다.
④ 그들은 사는 것이 아니라 빌리기 위해 너 큰 집을 찾고 있다.
▶ to부정사가 「not A but B」에 연결된 구조로, but 뒤에 renting은 (to) rent로 고쳐야 한다.
② 그녀는 엄마가 수술이 필요한지 여부를 의사에게 물었다.
▶ 문맥상 불확실한 것을 묻는 것이므로 접속사 whether가 쓰인 것은 적절하다.
③ 소셜 미디어는 우리가 의사소통하는 방식을 바꾸었다.
▶ 선행사 the way와 관계부사 how는 같이 쓸 수 없으므로 that이 쓰인 것은 적절하다.
⑤ 당신이 고른 음료가 어느 것이든 바텐더가 만들어 줄 것이다.

▶문맥상 '~하는 것은 어느 것이든지'를 의미하는 복합관계대명사 whichever는 적절하다.

15 ⓑ 나는 아무리 애써도 내 슬픔을 억누를 수 없다.
　▶문맥상 '아무리 ~하더라도'라는 뜻의 부사절이 자연스러우므로 how를 복합관계부사 however로 고쳐야 한다.
ⓓ 그녀는 자신이 맡으려는 것의 위험성을 알고 있다.
　▶전치사 of의 목적어 역할을 하는 명사절을 이끌어야 하고, 뒤에 목적어가 없는 불완전한 절이 오므로 which를 관계대명사 what으로 고쳐야 한다.
ⓔ 그는 인내심과 이해심을 가지고 나에게 교훈을 주었다.
　▶상관접속사 「both A and B」로 연결된 구조로, 전치사 with 뒤의 A, B 둘다 명사 형태여야 하므로 understandable은 understanding으로 고쳐야 한다.
ⓐ 우리는 그들이 우리에게 베푼 호의를 잊지 않았다.
　▶선행사가 the favor이고, 관계사절에서 목적어 역할을 하므로 관계대명사 that은 적절하다.
ⓒ 그 축제는 하루 종일 계속되었는데 불꽃놀이로 끝이 났다.
　▶선행사는 the festival이고, 관계사절에서 주어 역할을 하므로 주격 관계대명사 which는 적절하다.

16 ⓐ 나는 그가 가진 것이 아니라 있는 그대로의 모습 때문에 그를 존경한다.
　▶전치사 for의 목적어로 「not A but B」가 연결된 구조로 A, B의 형태가 what이 이끄는 명사절로 동일하므로 적절하다.
ⓒ 슈퍼 영웅들은 자신이 맞서 싸우고 있는 어느 누구의 힘도 흡수한다.
　▶'~하는 사람은 누구든지'의 의미로 전치사 of의 목적어 역할을 하는 whomever가 온 것은 적절하다.
ⓓ 그 강좌들은 학생들뿐만 아니라 성인들에게도 열려 있다.
　▶상관접속사 「not only A but also B」가 쓰인 구조로 A, B의 형태가 같으므로 적절하다.
ⓑ 나는 룸메이트가 일주일간 없는 내 친구와 지내기로 결심했다.
　▶선행사 my friend가 roommate를 수식하는 소유 관계이므로 소유격 관계대명사 whose로 고쳐야 한다.
ⓔ 단 한 종류의 식물만 있는 숲을 상상해 보면 그 숲은 유일한 식량원이다.
　▶관계사 뒤에 주어가 없고, 선행사는 only one type of plant이므로 관계부사 where를 관계대명사 which로 고쳐야 한다.

17 해석 가족은 발달 중인 '생활 주기'를 가지고도 있다는 점에서 개인과 같다. 생활 주기는 가족이 시간이 지나 이동함에 따라 발생하는 예측 가능한 단계를 가지고 있다. 집을 떠나는 것이 가족 생활 주기의 시작점이라고 생각되는데, 이는 독신 청년들이 자신에 대한 책임을 받아들이는 시기이다. 그 주기는 여러 단계로 계속되지만, 모든 단계가 모든 가족에게 적용되는 것은 아니다.
　▶ⓒ 뒤에 완전한 절을 이끌면서 선행사 a time을 수식하되, 전치사 at이 있으므로 when은 which로 고쳐야 한다.
　ⓓ 전치사 뒤에는 관계대명사 that이 오지 못하므로, that을 which로 고쳐야 한다.
　ⓐ 뒤에 완전한 절이 오고, in that은 '~라는 점에서'라는 뜻의 접속사이므로 적절하다.
　ⓑ 선행사는 predictable stages이고, 관계사절에서 주어 역할을

하므로 관계대명사 that은 적절하다.

18 ▶선행사가 his homeroom teacher이고, 선행사에 대한 부연 설명을 하는 내용이므로 주격 관계대명사 who 앞에 콤마를 넣어 계속적 용법으로 문장을 완성한다. that은 계속적 용법으로 쓸 수 없다.

19 ▶가주어 It으로 문장이 시작하므로 진주어는 접속사 that이 이끄는 명사절로 쓴다. 동사 want의 목적어는 관계대명사 what이 이끄는 명사절로 이어서 쓴다.

20 ▶doubtful(의심스러운)이 나오므로 뒤에 이어지는 절은 that이 아닌 whether가 이끄는 명사절로 쓴다.

21 ▶선행사는 two solutions이고 이에 대한 부연 설명을 하는 절을 연결해야 하므로, both of which를 사용하여 문장을 완성한다.

22 ▶'아무리 바쁠지라도'를 나타내기 위해 how를 복합관계사 however로 고쳐 쓴 후 busy he is를 이어서 쓴다.

23 ▶문맥상 부정의 의미이므로 either를 neither, or를 nor로 고쳐서 문장을 완성한다.

24 ▶주어는 The passenger이고 승객의 비행기가 취소되었다는 내용이 주어를 수식해야 하므로 who를 소유격 관계대명사 whose로 고쳐 flight를 연결하여 주어를 완성한다.

25 ▶when을 '~할 때마다'라는 뜻의 복합관계부사 whenever로 고쳐 문장을 완성한다.

26 해석 부통령 부인이었던 시기 동안, 그녀는 또한 2009년부터 2017년까지 Northern Virginia Community College에서 영어를 가르쳤다. 그리고 지금, 그녀는 백악관 밖에서 정규직으로 일할 것이라고 발표했다. 그녀는 그녀가 해 온 것을 정말로 계속하고 싶어 한다.
　▶(1) ⓐ 뒤에 the time이 이끄는 명사구가 나오므로, 전치사 During으로 고쳐야 한다.
　(2) ⓒ 뒤에 완전한 절이 오므로, 접속사 that으로 고쳐야 한다.
　　ⓑ 뒤에 완전한 절이 오므로, the time을 수식하는 that은 적절하다.
　　ⓓ continue의 목적어 역할을 하는 명사절을 이끌고, 뒤에 목적어가 없는 불완전한 절이 오므로 관계대명사 what이 온 것은 적절하다.

[27~28] 지문 해석
'당신이 누군가의 목소리에서 찾을 수 없는 것은, 누군가의 글에서 찾을 수 있을 것이다.' 나는 독학으로 무언가를 공부해야 할 때면 항상 비디오 강의를 보는 것을 좋아한다. 여러분 중 일부와 마찬가지로, 나는 책을 읽는 고통을 겪고 싶지 않다. 하지만 최근에, 나는 책에서 '지루함'이라는 요소를 제거하고 그것들을 매우 더 흥미롭게 만드는 몇몇 작가를 발견했다. 이것은 나의 정말 똑똑한 친구 중 한 명이 내게 책을 읽기 시작하라고 했을 때 시작되었다. 책을 읽는 것은 정말 중요한 기술을 여러분에게 주는데, 그것은 이해력이다.

27 ▶ⓔ 선행사가 사물이고 계속적 용법으로 쓸 수 있는 관계대명사는 which이므로, that을 which로 고쳐야 한다.
　ⓐ 문맥상 '~할 때마다'라는 뜻의 복합관계부사 whenever가 부사절을 이끄는 것은 적절하다.

ⓑ 선행사가 some writers이고 관계사절에서 주어 역할을 하므로 who는 적절하다.

ⓒ 두 개의 동사구 eliminated ~ books, made ~ interesting이 등위접속사 and로 연결된 형태이므로 적절하다.

ⓓ 뒤에 완전한 절이 오고, 문맥상 시점 또는 때를 나타내는 말이 와야 하므로 두 개의 절을 연결하는 관계부사 when은 적절하다.

28 ▶ 동사 find의 목적어 역할을 하는 관계대명사 What이 이끄는 문장을 완성한다.

29 지문 해석 때로는 사업에 경쟁 우위를 제공하는 것은 바로 더 단순한 제품이다. 최근까지, 자전거가 최고급으로 여겨지기 위해서는 많은 기어가 있어야 했는데, 종종 15개나 20개였다. 하지만 최소한의 기능을 갖춘 고정 기어 자전거는 그것들을 사는 사람들이 훨씬 적은 것에 대해 기꺼이 돈을 더 지불함에 따라 점점 더 인기를 얻게 되었다. 이 자전거들의 전반적인 수익성은 더 복잡한 것들보다 훨씬 더 높은데, 왜냐하면 그것들이 추가된 복잡함의 비용 없이 하나의 일을 정말 잘한다는 사실 때문이다. 기업들은 더 많은 기능 추가를 두고 경쟁사와의 전쟁에 들어가지 않도록 주의해야 하는데, 이것이 가격에 대한 경쟁적인 압박 때문에 비용을 증가시키고 수익성을 감소시킬 것이다.

▶ ④ 뒤에 the fact가 이끄는 명사구가 오므로, 접속사 because를 전치사 because of로 고쳐야 한다. fact 다음에 나오는 that은 동격절을 이끄는 접속사 that이다.

① 「It is ~ that」 강조 구문에서 주어 the simpler product가 강조된 형태로 that은 적절하다.

② 자전거가 최고급으로 여겨진다는 문맥이므로 수동태 be considered는 적절하다.

③ them은 앞에 나온 fixed-gear bikes with minimal features를 가리키므로 복수대명사가 온 것은 적절하다.

⑤ 뒤에 불완전한 절이 오고, 앞 절에 대한 부연 설명을 하므로 계속적 용법으로 쓰인 관계대명사 which는 적절하다.

30 지문 해석 여러분이 초등학생일 때 질문을 받는 것 중 하나는 '자라서 무엇이 되고 싶니?'이다. 대부분의 대답은 당시 환경에서 본 것을 기반으로 하는데, 대개 공주, 소방관, 학교 교사 등이다. 여러분이 깨닫지 못하는 것은 여러분이 성장하기 시작하면서 그 질문에 대한 답이 바뀌기 시작한다는 것이다. 나중에, 여러분은 대학이나 직장에 들어갈 수도 있다. 여러분의 선택이 어느 것이든, 여러분은 어른이 되는 것이 진정으로 무엇을 의미하는지 생각하기 시작한다. 여러분이 삶에서 성공하기 위해 올바른 선택을 했기를 바라면서 하나님, 우주, 또는 믿는 누구에게나 기도하는 것이 바로 이 순간이다.

④ 문맥상 '어느 것이 ~이든'이라는 뜻의 복합관계대명사 whichever가 이끄는 부사절로 고쳐야 한다.

① 주어가 질문을 받는 대상이므로 수동태 are asked는 적절하다.

② 뒤에 목적어가 없는 불완전한 절이 오고, 앞에 선행사가 없으므로 관계대명사 what이 나온 것은 적절하다. what이 이끄는 명사절이 전치사 on의 목적어 역할을 한다.

③ be동사의 보어 역할을 하면서, 뒤에 완전한 절이 오므로 접속사 that은 적절하다.

⑤ 앞 절의 주어와 분사구문의 의미상 주어가 동일하므로 주어가 생략되었고, 바라는 행위의 주체이므로 현재분사 hoping이 이끄는 분사구문은 적절하다.

📍**Chapter 6**

형용사·부사/비교 구문/대명사

UNIT 11 형용사 · 부사   p. 125

Warm-up

Q1 ○ Q2 ○ Q3 a lot of

Point 1   p. 126

예문 해석

1 Johnson씨는 자신의 가족을 부양하기 위해서 열심히 일하는 부지런한 사람이었다.

2 이 채소 수프는 맛이 없다.

3 캠핑하는 사람들은 캠핑 동안 음식을 신선하게 유지하는 법을 안다.

4 자연스럽게, 그녀가 울고 있었을 때 나는 매우 우울했다.

Check Up

정답 **1** quiet **2** badly

해석

1 우리는 도서관에서 조용히 있어야 한다.

2 그는 심한 감기에 걸려서 기침을 심하게 했다.

Point 2

예문 해석

1 여러분은 오늘 센트럴 파크에서 라이브 공연을 즐길 수 있다.

2 무언가가 살아 있다면, 그것은 계속해서 존재한다.

3 Ted는 주말에 혼자서 시간 보내는 것을 좋아한다.

4 부모는 자신의 모든 자녀를 동등하게 대해야 한다.

Check Up

정답 **1** ○ **2** ○

해석

1 그 개는 아기를 깨어 있게 하고 있다.

2 매니저는 상황을 깨닫고 도움을 요청했다.

Basic Practice   p. 127

A **1** pale **2** totally **3** alike **4** Regrettably
5 shameful **6** sour **7** carefully

B **1** asleep **2** quietly **3** ○ **4** ○

C **1** eats lunch alone **2** The very large man
3 Too much sunlight is harmful
4 very expensive, is worth

A

1 그녀가 그 소식을 들었을 때, 얼굴이 창백해졌다.
▶ 동사 grew의 보어 자리이므로 형용사 pale을 써야 한다.

2 곤충은 식용으로 아주 적합하다.

▶형용사 suitable을 수식하므로 부사 totally를 써야 한다.

3 두 아이돌은 외모가 닮았다.
▶'닮다'라는 문맥이고, 동사 look의 보어 자리이므로 형용사 alike (비슷한, 서로 닮은)를 써야 한다.

4 유감스럽게도, 교육은 제대로 자금 지원을 받아 오지 못했다.
▶문장 전체를 수식하므로 부사 Regrettably를 써야 한다.

5 저희 제작진의 부끄러운 행동에 대해 귀하께 사죄를 드립니다.
▶형용사 ashamed는 서술 용법으로만 쓰이므로 명사 behavior를 수식할 수 있는 shameful을 써야 한다.

6 버터밀크는 신맛이 나지만 일부러 그렇게 만들어졌다.
▶동사 tastes의 보어 자리이므로 형용사 sour를 써야 한다.

7 여러분의 아이들이 가져오는 모든 음식의 성분을 세심하게 확인하세요.
▶동사 check를 수식해야 하므로 부사 carefully으로 고쳐야 한다.

B

1 아기가 차 뒷좌석에서 잠이 들었다.
▶동사 fell의 보어 자리이므로 형용사 asleep으로 고쳐야 한다.

2 그 팀은 무대 뒤에서 조용히 일했다.
▶동사 worked를 수식해야 하므로 부사 quietly로 고쳐야 한다.

3 Sarah는 초콜릿 케이크를 아주 좋아해서 자주 디저트 가게에 들른다.
▶형용사 fond는 서술 용법으로 쓰이므로 동사 뒤에 온 것은 적절하며, 부사 very가 fond를 수식한 것도 적절하다.

4 때로 우리는 아무리 많은 사람이 우리 주위에 있더라도 외로움을 느낀다.
▶동사 feel의 보어로 쓰여 '외로움을 느끼다'라는 의미이므로 형용사 alone은 적절하다.

C

1 ▶alone은 '혼자서'라는 의미의 부사로 쓰여 eats lunch 뒤에 쓴다.

2 ▶「정관사+부사+형용사+명사」의 순으로 쓴다.

3 ▶명사 sunlight 앞에 부사 too, 형용사 much의 순으로 쓴다. 보어 자리에는 harmful을 쓴다.

4 ▶형용사 worth는 서술 용법으로 쓰이므로 동사 is 뒤에 쓴다.

Point 3 부분

Point 3 p. 128

예문 해석
1 그녀는 Thomson이 항상 늦게 일어나서 그에게 화가 나 있다.
2 새로운 무언가를 시도하고 그것을 하는 것을 두려워하지 마라.
3 그 집은 우리 가족이 살기에 충분히 크다.

Check Up
정답 **1** lately **2** enough time
해석
1 그 무덤은 최근에 골짜기에서 발견되었다.
2 우리는 역에 도착하기에 딱 충분한 시간이 있었다.

Point 4

예문 해석
1 그는 대학을 졸업하고 몇 년 동안 행복한 삶을 살았다.
2 이 식물은 물이 많이 필요하지 않고 관리 없이 건강하게 유지된다.

Check Up
정답 **1** little **2** some, lots of
해석
1 안타깝게도 그녀는 즐길 시간이 거의 없었다.
2 Michelle은 지난 한 해 동안 많은[약간의] 글을 써오고 있었다.

Basic Practice
p. 129

A **1** hardly **2** enough air **3** late **4** friendly
5 a few **6** something sharp **7** number
B **1** ○ **2** mature enough **3** ○ **4** a little
C **1** doing anything interesting
2 Plenty of things can go wrong
3 We need a highly skilled person
4 few people participated in the event

A

1 여기는 공기가 너무 안 통해서 나는 숨을 거의 쉴 수가 없다.
▶동사 breathe를 수식하고, 문맥상 '거의 ~않다'라는 뜻의 부사 hardly를 써야 한다.

2 우주선은 생존을 위해 필요한 충분한 공기를 운반해야 한다.
▶명사 air를 수식해야 하므로, enough가 형용사로 쓰여 air 앞에 와야 한다.

3 너는 서두르지 않으면 비행기 시간에 늦을 것이다.
▶be동사의 보어 자리이고, 문맥상 '늦은'의 의미가 적절하므로 형용사 late를 써야 한다.

4 Salvador는 자신을 상냥한 방식으로 소개했다.
▶명사 way를 수식하므로 형용사 friendly를 써야 한다.

5 해가 지기 전까지 몇 시간만이 남아 있다.
▶hours가 셀 수 있는 명사로 쓰였으므로 a few를 써야 한다.

6 내 신발에 뭔가 날카로운 것이 있다. 그것이 내 발을 찌르고 있다.
▶-thing으로 끝나는 대명사는 형용사가 뒤에서 수식한다.

7 많은 노벨상 수상자들은 이전 수상자들의 제자들이었다.
▶셀 수 있는 명사 Nobel Prize winners 앞에 '많은'이라는 뜻을 나타내려면 a large number of를 써야 한다.

B

1 나는 아이들이 불쌍하다. 그들은 힘든 시간을 보냈다.
▶문맥상 '힘든, 어려운'의 의미로 형용사 hard가 명사 time 앞에 온 것은 적절하다.

2 Amy는 그 문제를 다룰 만큼 충분히 성숙하지 않다.
▶형용사 mature를 수식해야 하므로 부사 enough는 형용사 뒤에 위치해야 한다.

3 그 쇼는 너무 웃겨서 우리는 웃다가 거의 죽을 뻔했다.

52 SOLID 어법 기본

▶ 문맥상 '거의'라는 의미의 부사 nearly가 동사를 수식하므로 적절하다.

4 Jack은 새 휴대 전화기를 사기 위해서 매달 약간의 돈을 모은다.
  ▶ 문맥상 '약간의 돈'이라는 의미가 적절하므로 a little로 고쳐야 한다. little은 '거의 없는'의 의미이다.

C

1 ▶ -thing으로 끝나는 대명사는 뒤에 형용사를 쓴다.

2 ▶ 셀 수 있는 명사 things 앞에 plenty of(많은)를 쓴다.

3 ▶ 「관사(a)+부사(highly)+형용사(skilled)+명사(person)」의 순으로 써서 완성한다.

4 ▶ '거의 없는'의 뜻인 수량 형용사 few를 people 앞에 써서 주어를 쓰고 나머지 문장을 완성한다.

Unit Test   p. 130

1 healthy 2 bad 3 a few 4 everything possible
5 near 6 mostly 7 well 8 ③ 9 ②, ④
10 apparently → apparent 11 a little → a few[some]
12 noble something → something noble,
  spectacularly → spectacular
13 rarely spoke[spoke rarely], was ashamed of his
  accent
14 takes a great amount of time and effort
15 The actress is quite fond of posting her pictures
16 Fortunately, the missing dog was found alive.
17 (1) carefully (2) emotional (3) calm
18 I found everything perfect
19 ⑤ 20 ④

---

1 규칙적으로 먹고 자는 것은 여러분을 건강하게 만들 것이다.
  ▶ 동사 make의 목적격보어 자리이므로, 형용사 healthy를 써야 한다.

2 나는 그가 경기에 참가하지 않는 것이 유감이다.
  ▶ 동사 feel의 주격보어 자리이므로, 형용사 bad를 써야 한다.

3 그 연설은 청중 속의 몇몇 사람들로 인해 중단되었다.
  ▶ 셀 수 있는 명사 people 앞에는 a few를 써야 한다.

4 Shawn은 자신의 병을 치료하기 위해서 가능한 모든 것을 했다.
  ▶ -thing으로 끝나는 대명사는 형용사가 뒤에서 수식한다.

5 로봇이 가까운 미래에 위험한 임무를 수행할 것이다.
  ▶ 명사 future를 수식하므로 형용사 near(가까운)를 써야 한다.

6 목성은 주로 헬륨과 수소로 이루어져 있다.
  ▶ 문맥상 '주로'라는 의미인 부사 mostly를 써야 한다. most는 부사로 '가장'이라는 뜻이다.

7 당신은 미리 잘 준비함으로써 회의를 좀 더 유용하게 만들 수 있다.
  ▶ 동사 prepare를 수식해야 하므로 부사 well을 써야 한다.

8 ③ Kyle의 부모님은 그와 함께 보낼 시간이 거의 없었다.
  ▶ moments가 셀 수 있는 명사로 쓰였으므로 little은 few(거의 없는)로 고쳐야 한다.
  ① 그녀는 혼자 그 프로젝트 작업을 하도록 남겨졌다.
  ▶ 문맥상 '혼자'라는 뜻의 부사로 동사 was left를 수식하므로 적절하다.
  ② 그는 경기 후에 정신적, 육체적으로 지쳤다.
  ▶ and로 연결된 두 부사가 동사를 수식하고 있으므로 적절하다.
  ④ 그녀는 뉴욕의 자신의 새로운 직장에 아주 만족해한다.
  ▶ content는 서술 용법으로 쓰는 형용사로 동사 뒤에 온 것은 적절하며, 부사 very가 content를 수식하므로 적절하다.
  ⑤ 아이슬란드의 많은 곳들은 일생에 한 번은 볼만한 가치가 있다.
  ▶ worth는 서술 용법으로 쓰는 형용사로 동사 뒤에 왔으므로 적절하다.

9 ② 불행히도 그녀는 편한 삶을 살지 않았다.
  ▶ 명사 life 앞에는 형용사가 와서 수식해야 하므로 부사 easily는 easy로 고쳐야 한다.
  ④ Daniel은 드디어 롤러코스터를 탈 수 있을 만큼 충분히 키가 크다.
  ▶ enough가 부사일 때 형용사를 뒤에서 수식하므로 tall enough로 고쳐야 한다.
  ① 그 마을은 2020년에 태풍으로 완전히 파괴되었다.
  ▶ 부사 totally가 동사 was devastated를 수식하고 있으므로 적절하다.
  ③ 아이들은 텔레비전과 유튜브를 보는 데 너무 많은 시간을 보낸다.
  ▶ 셀 수 없는 명사 time 앞에서 부사(too)와 형용사(much)의 순으로 수식하므로 적절하다.
  ⑤ 나는 피겨 스케이트 선수가 빙판 위에서 아름답게 스케이트 타는 것을 봤다.
  ▶ 부사 beautifully가 동사 skate를 수식하므로 적절하다.

10 오늘 일어날 수 없는 일은 없다는 것이 명백하다.
  ▶ 동사 is의 보어 자리이므로 부사 apparently를 형용사 apparent로 고쳐야 한다.

11 어떤 위기도 어떤 식으로든 여러분의 삶을 대단하게 만들 수 있는 기회이다. 바라건대, 몇 가지 좋은 일이 그 위기에서 나오기를 바란다.
  ▶ 셀 수 있는 명사 things 앞이므로 a little을 a few 또는 some으로 고쳐야 한다.

12 영웅 영화에서, 주요 갈등은 한 명의 영웅과 몇 명의 악당 사이의 갈등이다. 영웅은 고귀한 무언가를 위해서 자신의 목숨을 거는 것을 주저하지 않는다. 클라이맥스는 보통 영화가 끝날 무렵에 영웅과 악당 사이의 화려한 전투이다.
  ▶ (1) -thing으로 끝나는 대명사는 형용사가 뒤에서 수식하므로 something noble로 고쳐야 한다.
  (2) 명사 battle 앞에는 형용사가 수식해야 하므로 spectacular로 고쳐야 한다.

13 ▶ 동사 spoke 앞이나 뒤에 부사 rarely를 쓰고, 형용사 ashamed는 서술 용법으로 쓰므로 동사 was 뒤에 쓴다.

14 ▶ 셀 수 없는 명사로 쓰인 time and effort 앞에 a great amount of를 쓴다.

15 ▶형용사 fond는 서술 용법으로 쓰므로 동사 is 뒤에 쓴다. 부사 quite는 fond 앞에서 수식한다.

16 ▶형용사 alive는 서술 용법으로 쓰므로 동사 was found 뒤에 쓴다.

17 해석 Jason은 Carlan 부인을 바라보았다. "나는 당신이 King 씨가 방에서 걸어 나갔을 때의 태도를 주의 깊게 생각해 주었으면 합니다. 첫째, 그가 감정적으로 보였나요?" Carlan 부인은 눈물을 닦았다. "글쎄요, 그는 침착해 보였습니다. 그는 방에서 천천히 걸어 나갔습니다."
▶(1) 동사 think를 수식하므로 부사 carefully로 고쳐야 한다.
(2) 동사 seem 다음에 보어가 와야 하므로 형용사 emotional로 고쳐야 한다.
(3) 동사 look이 '~해 보이다'라는 뜻일 때는 형용사를 주격보어로 취해야 하므로 calm으로 고쳐야 한다.

18 해석 어떻게 삶이 그 순간보다 더 완벽할 수 있었을까? 나는 아름다운 분수 옆에 아름다운 소녀와 함께 거기에 서 있었다. 나는 모든 것이 완벽하다는 것을 알게 되었고, 내 꿈은 실현되었다.
▶「find+목적어+목적격보어」의 구문에서 목적격보어 자리에는 형용사 perfect가 들어가야 한다.

19 지문 해석 Annette은 Reiner를 한 시간 넘게 기다리고 있었다. 그의 모습은 여전히 보이지 않았다. 그녀는 그에게 무슨 나쁜 일이 일어났을지도 모른다고 생각하기 시작했다. 불안해져서 그녀는 Reiner에게 전화를 걸었지만 받지 않았다. 그 순간, 그녀는 한 목소리가 자신의 이름을 부르는 것을 들었다. 그녀는 Reiner가 자신을 향해 오는 것을 발견했다. 그녀는 그가 무사하다는 것을 알았다. 그는 경미한 차 사고가 있었다고 말했다. 설상가상으로 그는 전화기를 집에 두고 왔다. "정말 미안해."라고 그가 말했다. 이제 그녀는 안도감을 느꼈다. "나는 이제 괜찮아. 네가 여기 있고 무사하기만 하면 돼."
▶ⓒ 상태 변화를 나타내는 동사 get은 형용사를 주격보어로 취하므로 anxious로 고쳐야 한다.
ⓔ 「find+목적어+목적격보어」 구문에서 목적격보어 자리에는 형용사가 와야 하므로 safe로 고쳐야 한다.
ⓐ 과거에 진행 중이었던 일을 나타내므로 과거완료진행형 「had been+-ing」는 적절하다.
ⓑ 과거에 대한 추측을 나타내므로 「조동사+have p.p.」가 온 것은 적절하다.
ⓓ 목적격 a voice가 그녀의 이름을 부르는 주체이므로 지각동사의 목적격보어로 현재분사 calling이 온 것은 적절하다.

20 지문 해석 Marc Isambard Brunel은 템스 터널의 설계와 건설로 가장 잘 알려져 있다. 원래 프랑스에서 태어난 Brunel은 프랑스 혁명 동안 미국으로 탈출했다. 그는 나중에 런던으로 이주했고 부츠를 만드는 기계를 발명했다. 나폴레옹 전쟁 동안 Brunel의 공장은 영국군에 부츠를 공급했다. 그러나 전쟁이 끝난 후, 정부는 그의 부츠를 사는 것을 중단했고 그는 폐업했다. 몇 년 후, Brunel은 빚 때문에 몇 달 동안 투옥되었다. 1825년 Brunel은 템스 강 아래에 터널을 설계했다. 템스 터널은 1843년 3월 25일에 공식적으로 개통했다. 그는 몸이 좋지 않았지만 개막식에 참석했다.
▶④ 동사 opened를 수식해야 하므로 부사 officially로 고쳐야 한다.
① 분사구문의 의미상 주어 Brunel은 태어난 대상이므로 과거분사가 쓰였고, (Being) born을 부사가 수식하므로 적절하다.

② 뒤에 명사구가 오므로 전치사 During은 적절하다.
③ Brunel은 수감된 대상이므로, 수동태 was imprisoned가 온 것은 적절하다.
⑤ 동사 feel은 형용사를 주격보어로 취하며, well은 '건강한, 몸이 좋은'이라는 의미의 형용사이므로 적절하다.

UNIT 12 비교 구문 p. 133

Warm-up

Q1 ○ **Q2** much **Q3** ○

Point 1 p. 134

예문해석
1 바람이 어제만큼 강하지 않을 것이다.
2 성인의 5분의 1이 못 되는 수가 광고의 정보를 신뢰한다고 말한다.
3 그것은 내 인생에서 저지른 것 중에 가장 큰 실수였다.
4 나의 언니는 그 가수만큼 아름답게 노래한다.

Check Up
정답 **1** big **2** colder **3** best
해석
1 그 황소는 작은 코끼리만큼 크다.
2 서울은 부산이나 제주와 같은 도시보다 더 춥다.
3 그것은 내가 올해 본 것 중에 최고의 영화이다.

Point 2

예문해석
1 달은 지구보다 훨씬 더 어둡다.
2 크리스마스는 미국과 영국에서 단연코 가장 큰 공휴일이다.

Check Up
정답 **1** a lot **2** the very
해석
1 오늘 날씨가 어제 날씨보다 훨씬 더 좋다.
2 우리는 고객을 위해 단연코 최고의 품질을 원한다.

Basic Practice p. 135

A 1 well **2** bigger **3** by far **4** more
5 largest **6** a lot **7** tightly
B 1 heavy **2** ○ **3** ○ **4** far higher
C 1 a lot darker than
2 the least risky investment
3 as far back as the period
4 one of the most thrilling stories

A

1 그 하키 팀은 평소에 하는 것만큼 경기를 잘하지 못했다.
▶as ~ as 사이에 동사 play를 수식하는 부사 well을 써야 한다.

2 과학자들은 새로 발견된 별이 태양보다 더 크다고 말한다.

▶ 뒤에 than이 있으므로 비교급 bigger를 써야 한다.

3 어제는 내 인생에서 단연코 가장 행복한 날이었다.

▶ 최상급을 강조하므로 by far를 써야 한다.

4 그는 경쟁자보다 더 강하게 공을 쳤다.

▶ 뒤에 than이 있으므로, 부사 powerfully를 수식하는 비교급 more를 써야 한다.

5 이스탄불은 유럽에서 인구상 가장 큰 도시로 여겨진다.

▶ 앞에 정관사 the가 있고, 문맥상 '인구상 유럽에서 가장 큰'이 적절하므로 최상급 largest를 써야 한다.

6 그 치즈케이크는 이 사과 파이보다 훨씬 더 맛있어 보인다.

▶ 비교급을 강조하므로 a lot을 써야 한다. very는 비교급을 강조할 수 없다.

7 그 남자는 긴장해서 좌석을 할 수 있는 한 꽉 잡았다.

▶ as ~ as 사이에 동사 grab을 수식하는 부사 tightly를 써야 한다.

B

1 교통이 내가 예상했던 것만큼은 극심하지 않다.

▶ as ~ as 사이에 동사 is의 보어가 와야 하므로 형용사 heavy로 고쳐야 한다. 부사는 보어 자리에 올 수 없다.

2 도시들은 산업혁명 후에 훨씬 더 빠르게 성장했다.

▶ 비교급에서 비교 대상이 명시되지 않았으나 의미상으로 추론이 가능하므로, 비교급 faster와 이를 강조하는 much가 온 것이 적절하다.

3 Emily는 그들 중에서 시험을 가장 잘 준비했다.

▶ 뒤에 한정하는 among them이 있고, 문맥상 '그들 중 시험을 가장 잘 준비한'의 의미가 적절하므로 최상급 best는 적절하다.

4 뉴욕의 물가는 그 나라 평균보다 훨씬 높다.

▶ 뒤에 than이 있고, far는 비교급을 강조하므로 far higher로 고쳐야 한다.

C

1 ▶ 문맥상 비교급을 써야 하므로, 강조 부사 a lot 다음에 darker than을 쓴다.

2 ▶ 문맥상 최상급을 써야 하므로, 형용사 risky 앞에 the least(가장 덜 ~한)를 넣어 쓴다.

3 ▶ 문맥상 원급을 써야 하므로, as ~ as 사이에 far back을 넣어 쓴다.

4 ▶ 문맥상 '가장 ~ 한 중 하나'를 나타내야 하므로 「one of the+최상급+복수명사」의 형태로 쓴다.

Point 3   p. 136

예문 해석

1 나는 가능한 한 빨리 다른 장소를 찾아야만 한다.

2 직사각형의 세로는 가로보다 2배만큼 길다.

3 그들이 더 높이 올라가면 갈수록 더 추워졌다.

4 그는 그 팀에서 다른 어떤 선수보다도 더 훌륭하다.
(= 그는 그 팀에서 다른 모든 선수들보다 더 훌륭하다.)

Check Up

정답 **1** as many **2** more **3** all

해석

1 우리는 파티를 위해 가능한 한 많은 쿠키를 만들어야 한다.

2 더 빨리 운전하면 할수록 더 위험하다.

3 목성은 태양계에서 다른 어떤 행성들보다 더 빨리 회전한다.

Point 4

예문 해석

1 내 수입은 내 아내의 것보다 더 적다.

2 시를 쓰는 것은 소설을 쓰는 것만큼 어렵다.

3 그는 일 년 전에 했던 것보다 테니스를 더 잘 친다.

Check Up

정답 **1** yours **2** those **3** is

해석

1 네게 솔직하게 말하자면, 그의 아이디어가 네 것보다 더 좋다.

2 토끼의 귀는 호랑이의 귀보다 더 길다.

3 그 배우는 그의 남동생만큼 잘생겼다.

Basic Practice   p. 137

A **1** as possible **2** Peter's **3** second **4** earlier
     5 three times as **6** running **7** any

B **1** schools **2** ○ **3** cooking **4** did

C **1** as important as how to earn money
     2 three times faster than forests
     3 the more confident you become
     4 the second longest river in Asia

A

1 당신의 고객들을 가능한 한 편안하게 하는 것이 중요하다.

▶ '가능한 한 ~하게'는 「as+원급+as possible」로 나타낸다.

2 내 공책이 Peter의 것보다 더 가볍고 얇다.

▶ 비교 대상이 My notebook이므로, Peter's notebook의 의미가 되도록 Peter's를 써야 한다.

3 Daniel은 자신의 반에서 두 번째로 가장 키가 크다는 것에 자랑스러워한다.

▶ '~ 번째로 가장 …한'의 뜻은 「the+서수+최상급」으로 나타내므로, 서수 second를 써야 한다.

4 내가 더 일찍 떠날수록 집에 더 일찍 도착할 것이다.

▶ 「the+비교급 ~, the+비교급 …」 구문이므로, earlier를 써야 한다.

5 기차로 물품을 운반하는 것은 선박으로 하는 것보다 3배만큼 비용이 든다.

▶ '~보다 …배만큼 -한[하게]'의 뜻은 「배수사+as+원급+as」로 나타낸다.

6 빨리 걷는 것이 달리는 것보다 네 건강에 훨씬 더 좋다.

▶ 비교 대상이 Walking fast이므로 병렬 구조가 되도록 동명사 running을 써야 한다.

7 Sandy는 미국의 다른 어느 도시보다 시카고에서 더 오래 살았다.
▶ 뒤에 단수명사 city가 있으므로 「비교급+than any other+
단수명사」의 any를 써야 한다.

B

1 우리 학교는 우리 마을의 다른 모든 학교들보다 학생이 더 많다.
▶ 「비교급+than all the other+복수명사」의 구조이므로, 복수명사
schools로 고쳐야 한다.

2 쇼핑몰에 내가 예상한 만큼 사람이 많지는 않았다.
▶ '~만큼 많이'의 뜻의 「as much[many]+명사+as」 구조로, 셀 수
있는 명사 people 앞에 many가 쓰였으므로 적절하다.

3 완벽한 영화를 만드는 것은 완벽한 리조토를 만드는 것만큼 어렵다.
▶ 비교 대상이 동명사구 Making a perfect film이므로 병렬 구조가
되도록 cooking으로 고쳐야 한다.

4 Julie는 몇 달 전보다 프랑스어를 더 유창하게 한다.
▶ 비교 대상이 speak French이므로 이를 대신하는 대동사 do로 쓰되,
than 이하가 과거시제이므로 did로 쓴다.

C

1 ▶ 문맥상 「as+원급+as」을 써야 한다. 비교 대상은 병렬 구조를 이뤄야
하므로 how to earn money로 쓴다.

2 ▶ '~보다 …배 더 -한[하게]'의 뜻은 「배수사+비교급+than」으로 쓰되,
3배는 three times로 쓴다.

3 ▶ '~하면 할수록 더 …하다'의 뜻은 「the+비교급 ~, the+비교급 …」
으로 쓰되, the more 뒤에 confident를 쓴다.

4 ▶ '~ 번째로 가장 …한'의 뜻은 「the+서수+최상급」으로 쓰되, 두 번째는
the second로 쓴다.

Unit Test — p. 138

1 bigger 2 could 3 more fat 4 mother's
5 by far 6 the least 7 best 8 ② 9 ④, ⑤
10 much → more 11 most → more
12 cheapest → cheaper, two → twice
13 three times faster than the rest of the world
14 more competent than all the other candidates
15 carry the luggage as carefully as possible
16 the very best performance the musician has ever
made
17 (1) the most important (2) any other program
(3) lower
18 the more attractive people find you
19 ⑤ 20 ②

---

1 이 시장은 우리가 어제 방문했던 곳보다 더 크다.
▶ 뒤에 than이 나오므로 비교급 bigger를 써야 한다.

2 그는 등록금을 내기 위해서 할 수 있는 한 많은 돈을 저축했다.
▶ 주절의 과거시제에 맞춰 과거형 could를 써야 한다.

3 몸이 더 많은 지방을 태우면 태울수록 당신은 더 날씬해진다.
▶ 「the+비교급 ~, the+비교급 …」 구문이므로, the 다음에는 more
fat을 써야 한다.

4 아버지의 사랑은 어머니의 사랑만큼 깊다.
▶ 비교 대상은 병렬 구조를 이루어야 하므로, the father's love와 같은
형태인 the mother's를 써야 한다.

5 나의 할아버지는 직장에서 단연코 가장 연세가 많으시다.
▶ 최상급 the oldest를 강조해야 하므로 by far를 써야 한다.

6 축구는 미국에서 가장 인기가 없는 스포츠 중 하나이다.
▶ 문맥상 '가장 ~한 중 하나'를 나타내므로 「one of the+최상급+
복수명사」의 형태로 쓴다.

7 그 소설은 20세기의 최고의 소설로 선정되었다.
▶ 앞에 정관사 the, 뒤에 of the 20th century라는 한정하는 말이
있으므로 최상급 best를 써야 한다.

8 ② 가능한 한 분명하게 메시지를 전달하려고 노력하라.
▶ 「as+원급+as possible(가능한 한 ~하게)」 구문으로, 동사
deliver를 수식하는 부사 clearly가 as ~ as 사이에 온 것이
적절하다.
① 이것은 내가 들어 본 것 중에 정말 가장 슬픈 이야기이다.
▶ 최상급을 강조해야 하므로 by far the saddest 등으로 고쳐야
한다. even은 비교급 강조 부사이다.
③ 인도양은 세계에서 세 번째로 가장 큰 대양이다.
▶ '~ 번째로 가장 …한'의 뜻은 「the+서수+최상급」으로
나타내므로, the third largest로 고쳐야 한다.
④ 하지 않을 것을 결정하는 것은 해야 할 것을 결정하는 것만큼
중요하다.
▶ 비교 대상은 서로 병렬 구조를 이루어야 하므로, as 뒤의
decide는 동명사 deciding으로 고쳐야 한다.
⑤ 온라인 쇼핑이 가게에서 사는 것보다 훨씬 더 싸지는 않다.
▶ very는 비교급을 수식할 수 없는 부사이므로, much, far, even,
a lot, still 등으로 고쳐야 한다.

9 ④ 그녀는 내가 만난 사람 중에서 단연코 가장 놀라운 사람이다.
▶ 최상급을 강조해야 하므로 by far로 고쳐야 한다.
⑤ 각각의 이유는 그 둘을 합친 것보다 두 배만큼 효과적이었다.
▶ 동사 was의 주격보어가 「as+원급+as」에 쓰인 형태로, 부사는
보어로 쓸 수 없으므로 effectively는 형용사 effective로 고쳐야
한다.
① 그의 운동화는 내 것보다 더 가볍고 디자인상으로 멋지다.
▶ 「비교급+than」 구조로, than 뒤에 비교 대상을 앞의 His
sports shoes의 형태와 같게 소유대명사 mine(= my sports
shoes)으로 나타낸 것은 적절하다.
② 이번 겨울 날씨는 작년보다 훨씬 더 춥다.
▶ 비교급 비교 구문으로 colder 앞에 a lot이 강조하는 것과 than
뒤의 시제가 과거이므로 was로 쓴 것 모두 적절하다.
③ 새로운 그림은 원래 것보다 더 선명한 색을 보여준다.
▶ 「비교급+than」의 비교급이 쓰인 문장으로 적절하다.

10 식물은 동물보다 더 빠르게 재난으로부터 회복하는 경향이 있다.
▶ 뒤에 than이 있으므로 비교급 구문이 되어야 한다. 따라서 much
quickly를 more quickly로 고쳐야 한다.

11 겨울이 추우면 추울수록 봄은 더 따뜻해진다. 슬픔이 깊으면 깊을수록 우리의 마음은 더 노래한다.
▶ 「the+비교급 ~, the+비교급 …」 구문이므로, most는 more로 고쳐야 한다.

12 나는 그 차가 너무 비싸서 그것을 사지 않았다. 하지만 그것이 조금만 더 저렴했더라면, 나는 그것을 샀을 것이다. 나는 그 판매업자가 차의 가치보다 두 배만큼 더 원했다고 생각한다.
▶ (1) 문맥상 가격이 더 저렴했더라면 샀을 것이라는 내용이므로, cheapest를 비교급 cheaper로 고쳐야 한다.
(2) 마지막 문장에서 원급 비교 앞에 배수사를 써야 하므로, two로 twice로 고쳐야 한다.

13 ▶ '~보다 …배 더 -한[하게]'의 뜻의 「배수사+비교급+than」의 형태를 이용하여 쓰되, 비교급 faster를 추가하여 완성한다.

14 ▶ 「비교급+than all the other+복수명사」로 쓰되, competent 앞에 more를 추가하여 완성한다.

15 ▶ 「as+원급+as possible」 구문을 이용하여 쓰되, as를 추가하여 완성한다.

16 ▶ very 앞에 the를 추가하여 최상급을 강조하는 문장을 쓴다. '~가 지금까지 …한 것 중에서 가장 ~한'은 「the+최상급 ~ that+주어+have[has] ever p.p.」를 써서 나타낸다.

17 해석 사회 보장 제도는 가장 중요한 빈곤 퇴치 프로그램이다. 그것은 미국의 다른 어떤 프로그램보다 더 많은 사람들을 빈곤선 위로 끌어올린다. 그것은 유색인종에게 특히 중요한데, 왜냐하면 그들의 평생 소득은 백인 근로자들보다 더 낮기 때문이다.
▶ (1) 형용사 important의 최상급은 앞에 most를 붙인다.
(2) than any other 다음에는 단수명사가 오므로, program으로 고쳐야 한다.
(3) 뒤에 than이 있으므로 비교급 lower로 고쳐야 한다.

18 해석 사회는 같은 책을 열 번 읽는 사람과 많은 책들을 권 당 한 번씩 읽는 사람 중 누구를 더 가치 있게 여기는가? 분명히, 여러분이 더 많은 책을 읽으면 읽을수록, 더 많은 존경을 받게 된다. 당신이 더 잘 읽을수록, 사람들은 당신을 더 매력적으로 생각한다.
▶ the more attractive를 먼저 쓴 후, 「주어+동사+목적어」의 순으로 쓴다.

19 지문 해석 토성은 태양계의 중심에서 여섯 번째 행성이다. 그것은 약 14억 킬로미터의 거리에서 태양 주위를 돈다. 토성은 지구보다 태양으로부터 약 9.6배만큼 멀다. 토성은 태양계의 다섯 번째 행성인 목성보다 태양에서 거의 두 배만큼 더 멀리 떨어져 있다. 크기와 관련하여 토성은 우리 태양계에서 두 번째로 가장 큰 행성이다. 비록 토성이 지구보다 훨씬 더 무겁지만, 토성의 질량은 지구보다 훨씬 더 큰 부피로 퍼져 있다. 그래서 토성은 지구보다 밀도가 더 낮다. 토성은 태양계의 모든 행성들 중에서 가장 밀도가 낮다!
▶ ⓒ 문맥상 '~ 번째로 가장 …한'의 뜻의 「the+서수+최상급」으로 나타내야 하므로 large는 largest로 고쳐야 한다.
ⓔ 문맥상 '태양계의 모든 행성들 중에서 가장 밀도가 낮은'이 되어야 하므로 the least로 고쳐야 한다.
ⓓ '~ 번째'로 순서를 나타낼 때는 서수로 표기하므로 적절하다.

ⓑ 비교 대상은 서로 병렬 구조를 이루어야 하므로 as 뒤에 is Earth가 쓰였고, as 뒤에 주어와 동사가 도치된 형태로 적절하다.
ⓓ 두 절의 내용이 대조를 이루므로 '비록 ~이지만'의 뜻의 접속사 Even though는 적절하다.

20 지문 해석 지적 겸손은 당신이 가진 지식에는 한계가 있다는 것을 인정하는 것이다. 그것은 여러분이 인지적 편견과 개인적인 편견을 가지고 있다는 것을 인정하는 것을 포함한다. 지적으로 겸손한 사람들은 자신의 의견이 다른 사람들의 의견보다 더 타당하다고 생각하지 않는다. 그들은 객관적이 되려고 노력한다. 그들은 다르게 생각하는 다른 사람들로부터 배우는 것을 더 잘 받아들이는 것 같다. 그들은 더 많이 배우고 싶어 하며 다양한 출처에서 정보를 찾는 것에 개방적이다. 그들은 다른 사람들보다 우월해 보이려고 노력하는 것에 관심이 없다. 그러므로 그들이 지적으로 겸손하면 할수록, 그들은 다른 사람들에게 더 많은 존경을 받는다.
▶ ② 비교 대상이 their opinions이므로 병렬 구조가 되도록 others'로 고쳐야 한다.
① 동명사 admitting이 동사 is의 보어 역할을 하므로 적절하다.
③ be likely to는 '~할 것 같다'라는 뜻으로 to 뒤에는 동사원형이 오므로 적절하다.
④ superior는 비교 대상 앞에 than 대신 to를 쓰므로 적절하다.
⑤ 「the+비교급 ~, the+비교급 …」 구문으로 respected 앞에 the more가 온 것은 적절하다.

UNIT 13 대명사
p. 141

Warm-up
Q1 재귀대명사 **Q2** ○ **Q3** ○

Point 1
p. 142

예문 해석
1 공주는 놀라서 그녀를 바라보았다.
2 Mary는 이를 닦으면서 거울 속 자신을 바라보았다.
3 나는 급해서 직접 세차를 했다.

Check Up
정답 **1** myself **2** ourselves
해석
1 나는 애플리케이션으로 이탈리아어를 독학하려고 노력 중이다.
2 우리는 외출할 필요가 없다. 우리가 직접 저녁을 준비할 수 있다.

Point 2

예문 해석
1 여자아이들 중 한 명이 학교에서 자신의 휴대 전화를 잃어버렸다.
2 벨이 울리고 아이들은 자신들의 첫 수업에 달려갔다.
3 너의 꿈을 말로 적으면, 그것들을 행동으로 옮기기 시작하는 것이다.
4 그 밴드는 공연 끝에 히트곡을 연주했다.
5 그 밴드 구성원들은 자신들의 악기를 챙겨서 떠났다.

정답 **1** their **2** it

해석

1 남자아이들은 함께 자신들의 시험공부를 했다.

2 나는 문자 메시지를 보내기 전에 확인했다.

Basic Practice
p. 143

A 1 themselves **2** his **3** ourselves
4 it **5** their **6** they **7** yourselves

B 1 their **2** ○ **3** them **4** ○

C 1 Help yourself to **2** walk to school by herself
3 turned itself off **4** cut myself

A

1 신은 스스로 돕는 자를 돕는다.
▶ 관계사절의 동사 help의 목적어와 선행사 those가 동일한 대상이므로 재귀대명사 themselves를 써야 한다.

2 그 배우만이 팀 중에서 자신의 역할을 잘 수행했다.
▶ the actor를 대신하므로 단수형 his를 써야 한다.

3 우리는 목표를 달성하기 위해서 우리 자신을 더 믿어야 한다.
▶ 주어(We)와 believe의 목적어가 동일한 대상이므로, 재귀대명사 ourselves를 써야 한다.

4 당신의 이름이 뭐죠? 죄송하지만 그것이 기억이 안 나요.
▶ your name을 지칭하므로 단수형 it을 써야 한다.

5 그 왕족은 마차에 자신들의 자리를 잡았다.
▶ The royal family의 구성원 각각을 지칭하고, 뒤에 명사가 있으므로 소유격 their를 써야 한다.

6 모든 사람들은 법에 따라 자신들이 누릴 수 있는 자유를 존중한다.
▶ 주어 All people을 지칭하므로 복수형 they를 써야 한다.

7 당신 두 분이 직접 집을 다시 꾸미시는 건가요?
▶ 주어(you two)가 복수이므로, 재귀대명사의 강조 용법으로 복수형 yourselves를 써야 한다.

B

1 직원들이 매니저에게 자신들 각자의 보고서를 제출했다.
▶ 문맥상 각 직원들이 보고서를 제출한 것이므로, 복수형인 their로 고쳐야 한다.

2 그녀는 팔이 부러져서 쉽게 씻을 수 없었다.
▶ 주어(she)와 wash의 목적어가 동일한 대상이므로 재귀대명사 herself는 적절하다.

3 유아들은 자신들 주변의 환경에 영향을 주고 자신의 발달을 형성한다.
▶ 주어 Infants를 지칭해야 하므로 복수형 them으로 고쳐야 한다.

4 저 상자들은 뚜껑이 깨지지 않았지만, 이것들은 뚜껑이 교체되어야 한다.
▶ these를 지칭하므로 복수형인 their는 적절하다.

C

1 ▶ help oneself to((음식 등을) 마음껏 먹다)를 이용하여 쓴다.

2 ▶ by oneself(혼자, 도움 받지 않고)를 이용하여 쓴다.

3 ▶ 주어(My phone)과 목적어가 동일한 대상이므로 itself를 쓰되, 목적어는 turn과 off 사이에 둔다.

4 ▶ 주어(I)와 cut의 목적어가 동일한 대상이므로 재귀대명사 myself를 써서 완성한다.

Point 3
p. 144

예문 해석

1 나는 다섯 장의 셔츠가 있다. 하나는 녹색, 다른 하나는 노란색, 나머지 모두는 파란색이다.

2 일부는 온라인 수업을 선호하는 반면, 다른 일부는 교실 수업을 선호한다.

3 내 언니들 모두는 금발이다.

4 시장에 있는 모든 해산물은 신선하다.

Check Up

정답 **1** the other **2** was

해석

1 그는 한 손에 장미를 들고 다른 한 손에는 책을 들었다.

2 냉장고 속의 대부분의 음식이 상했다.

Point 4

예문 해석

1 내 노트북이 작동하지 않는다. 나는 하나 사야 한다.

2 Janet은 자신의 반지를 찾아봤지만 그것을 찾지 못했다.

3 영어가 모국어인 사람의 수가 스페인어가 모국어인 사람의 수보다 작다.

4 그녀는 주말에 산책하는 것을 좋아하고, 나 또한 그것을 즐긴다.

Check Up

정답 **1** it **2** ones **3** those

해석

1 그 펜이 마음에 든다면 그것을 네게 줄게.

2 파란색 바지를 살래, 초록색 살래?

3 말의 눈은 타조의 눈보다 더 크다.

Basic Practice
p. 145

A 1 the others **2** it **3** don't **4** them
5 have **6** that **7** the other

B 1 was **2** ones **3** ○ **4** it

C 1 vegetables to ugly ones
2 Some are, the others are
3 one, another, the other
4 Most of the planet is

A

1 그 지역의 일부는 알려져 있고, 반면 나머지 모든 곳들은 잊혀졌다.
▶ 앞 절이 Some ~으로 시작하고, while이 이끄는 절에 복수동사 are가 있으므로 the others를 써야 한다.

2 너는 내 스웨터가 마음에 드니? 나는 어제 세일 중에 그것을 샀어.
▶특정 명사 my sweater를 지칭하므로 지시대명사 it을 써야 한다.

3 대부분의 희생자들은 홍수 피해에 대비한 보험을 가지고 있지 않다.
▶「Most of+복수명사」는 복수 취급하므로 don't를 써야 한다.

4 내 신발을 못 찾겠다. 나는 그것들을 더 이상 신을 수 없다.
▶특정 명사 my shoes를 지칭하므로 복수형 them을 써야 한다.

5 두 행성은 모두 생명체가 발달했을 수도 있다.
▶「both of+복수명사」는 복수 취급하므로. 복수동사 have를 써야 한다.

6 벨기에의 의료 지출은 프랑스와 영국의 의료 지출 사이에 있다.
▶health spending을 대신하므로, 단수형 that을 써야 한다.

7 그들은 내게 두 가지 질문을 했다. 하나는 내 가족에 관한 것이고, 나머지 하나는 내 경력에 관한 것이었다.
▶두 개 중의 하나는 one, 나머지 하나는 the other로 나타낸다.

B

1 모든 쓰레기가 없어지고 모든 것이 깔끔해졌다.
▶「all of+단수명사」는 단수 취급하므로 was로 고쳐야 한다.

2 네 안경을 어디에서 샀니? 나는 새 것을 사고 싶어.
▶불특정한 안경을 의미하고 안경(glasses)은 복수형이므로 ones로 고쳐야 한다.

3 사람들은 각기 다른 재능이 있다. 일부는 스포츠를 잘한다. 다른 사람들은 음악을 잘한다.
▶다수 중에 일부는 Some, 다른 일부는 Others로 나타내므로 적절하다.

4 삼촌이 내게 새 스마트 시계를 사주셨다. 나는 정말 그것이 마음에 든다.
▶삼촌이 사준 특정 스마트 시계를 지칭하므로 it으로 고쳐야 한다.

C

1 ▶'B보다 A를 선호하다'는 prefer A to B로 나타낸다. 불특정 채소이므로 ones로 쓴다.

2 ▶다수 중 일부와 나머지 모두를 나타낼 때는 some과 the others로 쓴다.

3 ▶셋 중에서 하나, 다른 하나, 나머지 하나를 나타낼 때는 각각 one, another, the other로 쓴다.

4 ▶Most of 다음에 단수명사가 오면 단수 취급하므로 단수동사를 쓴다.

Unit Test   p. 146

1 yourself **2** its **3** were **4** their
5 were **6** them **7** those **8** ④ **9** ①, ⑤
10 its → their **11** The other → The others
12 me → myself, them → it
13 stare at myself in the mirror

14 Each of the guests brings food
15 than that of other species
16 one is black and the other is white
17 (1) us (2) one (3) it
18 Help yourself to the mustard!
19 ⑤ **20** ⑤

1 기다리시는 동안 편히 계세요.
▶명령문이므로 주어 you가 생략된 형태로, make의 목적어와 동일한 대상이므로 재귀대명사를 써야 한다. (make oneself at home: 편히 쉬다)

2 직원들은 마라톤에서 5천 달러를 모으겠다는 목표를 달성했다.
▶집합명사가 집합체를 의미하면 단수 취급하므로, 단수형인 its를 써야 한다.

3 정원에 있는 대부분의 나뭇잎들이 바람에 흩어졌다.
▶「most of+복수명사」는 복수 취급하므로 were를 써야 한다.

4 배우들은 총연습 전에 자신들의 의상을 입어 보았다.
▶The actors를 지칭하므로 복수형 their를 써야 한다.

5 학생들 모두가 숙제를 준비했다.
▶「all of+복수명사」는 복수 취급하므로 were를 써야 한다.

6 과학자들은 자신 주변의 세상을 이해하는 법을 배우는 데 일생을 보낸다.
▶문맥상 주어 scientists를 지칭하므로 them을 써야 한다.

7 선박에서 나오는 이산화탄소 배출량이 자동차에서 나오는 것보다 더 많았다.
▶the CO2 emissions를 대신하므로 복수형 those를 써야 한다.

8 ④ Ted는 Jasmin에게 감동을 주고 싶어서 그녀를 위해서 케이크를 구웠다.
▶문맥상 Jasmin을 위한 것이므로 인칭대명사 her로 고쳐야 한다.
① Kate에 대한 Andrew의 감정은 그에 대한 그녀의 감정보다 훨씬 더 깊었다.
▶hers는 Kate's feelings를 의미하는 소유대명사로 비교 대상인 Andrew's feelings와 병렬 구조를 이루므로 적절하다.
② 일부에게는 증상이 경미하지만, 다른 일부에게는 증상이 심각하다.
▶문맥상 다수 중 일부인 some과 다른 일부를 가리키므로 others는 적절하다.
③ 그 가족의 이름은 Woolcott라는 근처의 마을에서 따왔다.
▶The family는 하나의 집합체로 사용되었으므로, 단수형 its는 적절하다.
⑤ 이루어지는 유일한 좋은 아이디어들은 기록해 두는 것들이다.
▶불특정한 ideas를 나타내므로 ones는 적절하다.

9 ① 그는 도전들을 피하지 않고 극복하기로 선택했다.
▶avoid 뒤에 오는 대명사는 challenges를 지칭해야 하므로, it은 복수형 them으로 고쳐야 한다.
⑤ 길은 두 갈래로 나눠져 있었다. 하나는 깨끗하고 평탄했고, 다른 하나는 통나무들이 쓰러져 있었다.

▶ 두 개 중에서 하나는 one, 나머지 하나는 the other로 나타내므로 the others는 the other로 고쳐야 한다.

② 문은 확실히 잠겨 있었다. 내가 직접 잠갔다.
　▶ it은 the door를 가리키고, 재귀대명사 myself는 강조 용법으로 쓰였으므로 적절하다.

③ 내 친구들 대부분은 액션 영화를 좋아하지만, 나는 그것이 너무 격렬하다고 생각한다.
　▶ 「most of+복수명사」는 복수 취급하므로 like는 적절하며, them은 action movies를 지칭하므로 적절하다.

④ 인생 그 자체가 선물이어서 우리는 그것을 결코 당연하게 받아들여서는 안 된다.
　▶ in itself는 '본래, 그 자체'라는 뜻이며, it은 life를 가리키므로 적절하다.

10 두 참가자 모두 일요일 저녁에 자신들의 마지막 공연을 선보일 것이다.
　▶ 「both of+복수명사」는 복수 취급하므로, its는 their로 고쳐야 한다.

11 나는 6명의 친구를 저녁식사에 초대했다. Henry는 6명이 앉을 수 있을 만큼 충분히 큰 탁자에 혼자 앉았다. 초대받은 다른 사람들은 제시간에 도착하지 않았다.
　▶ 문맥상 6명 중 Henry를 제외한 나머지 모두를 가리키므로, The other를 나머지 모두를 나타내는 The others로 고쳐야 한다.

12 이곳의 어떤 봄날은 비가 내리지만 다른 날들은 햇살로 가득 차 있다. 어제 날씨가 맑고 아름다워서 나는 Rock Creek 공원에서 즐거운 시간을 보냈다. 거기서 내가 무엇을 봤냐고? 왜가리 한 마리였다. 나는 그것의 사진을 찍고 싶었지만, 그것은 너무 멀리 있었다. 그래서 나는 더 가까이 달려가 사진 한 장을 찍었다.
　▶ (1) 주어가 I이고, enjoy의 목적어도 동일한 대상이므로 me를 재귀대명사 myself로 고쳐야 한다. enjoy oneself는 '즐거운 시간을 보내다'라는 뜻의 표현이다.
　　(2) 앞에 나온 왜가리 한 마리(a blue heron)의 사진을 찍고 싶은 것이므로 take a picture of them의 them을 it으로 고쳐야 한다.

13 ▶ 내가 내 자신을 바라보는 것이므로, me를 myself로 바꿔 써서 완성한다.

14 ▶ Each of로 시작하는 주어는 단수 취급하므로 동사 bring을 단수형 brings로 완성한다.

15 ▶ 「비교급+than」의 구문으로 완성하고, 앞 절의 brain을 대신하는 that을 써서 완성한다.

16 ▶ 두 마리의 고양이 중 하나는 one, 나머지 하나는 the other로 나타낸다.

17 [해석] 우리의 문화는 우리에게 어떤 것이든 대체할 수 있다는 것을 가르쳐 주었다. 개가 죽으면, 우리는 아이들에게 다른 개를 사주겠다고 말한다. 차가 고장 나면 우리는 다른 차를 산다. 우리는 특정 이웃에서 살고 싶지 않으면 다른 곳으로 이사한다. 이러한 개념들은 상실이라는 현실을 다루는 우리의 방식에 영향을 끼쳤다. 우리는 상실을 다른 것으로 대체함으로써 상실에 대응하는 사람들을 발견한다.
　▶ (1) 주어(Our culture)와 동사 has taught의 목적어는 동일한 대상이 아니므로 인칭대명사 us로 고쳐야 한다.

(2) 단수형인 our car를 받는 부정대명사가 와야 하므로, ones를 one으로 고쳐야 한다.

(3) 특정 명사(their loss)를 다른 것으로 바꾼다는 문맥이므로, 지시대명사 it으로 고쳐야 한다.

18 [해석] '겨자를 먹지 마라, 그렇지 않으면 발에서 냄새가 날 것이다'라는 것은 누군가에게 그 조미료에 대한 혐오감을 키우기에 충분했다. 사실, 그것은 나쁜 평판을 가지고 있었다. 여자아이나 남자아이가 자기 앞에 놓인 것을 먹으려 하지 않을 때, 흔히 하는 말은 "겨자를 마음껏 먹어라!"였다.
　▶ '(음식 등을) 마음껏 먹다'라는 뜻의 표현인 help oneself to를 이용하여 쓴다.

19 [지문 해석] 그 아이들은 일출에 할머니 집에 도착했다. 그들은 항상 매년 이맘때 그녀의 옥수수 수확을 돕기 위해 모였다. 그 보답으로, 할머니는 그들에게 보답으로 선물을 주셨고 그녀는 그들을 위해 맛있는 진수성찬을 요리했다. 아이들은 모두 기분이 매우 좋았지만 Sally는 아니었다. 그녀는 더위와 먼지를 싫어했기 때문에 옥수수 밭에서 일하는 것을 싫어했다. 다른 아이들이 각각 자루를 들고 노래를 부르며 들판으로 가는 동안, 그녀는 조용히 앉아 있었다. 그들은 들판에 도착해서 즐겁게 일하기 시작했다. 곧이어 Sally는 자신의 자루를 가지고 그들과 합류했다.
　▶ ⓒ 문맥상 할머니가 아이들을 위해 요리한다는 의미이므로, themselves를 them으로 고쳐야 한다.
　　ⓓ '나머지 모두'라는 의미가 되어야 하므로, other를 others로 고쳐야 한다.
　　ⓐ '~하기 위해서'라는 뜻으로 to부정사가 앞의 동사를 수식하고 있으므로 적절하다.
　　ⓑ would가 '~하곤 했다'라는 뜻으로 과거의 습관을 나타내므로 적절하다.
　　ⓔ Sally가 '나머지 아이들'에게 합류하는 것을 나타내므로 them은 적절하다.

20 [지문 해석] 당신이 있었으면 좋겠다고 바라는 곳에 온종일 자신을 '던지지' 마라. 미래에 대한 상상은 훌륭하다, 왜냐하면 그것은 당신의 미래를 창조하기 위해 사용하는 것이기 때문이다. 하지만 현재는 큰 가치가 있다. 행동하고 현재를 살아감으로써만 미래에 도달할 수 있다. 미래의 시간에 대해 공상하며 온종일을 보내지 마라. 이것은 실제로 당신이 더 나은 내일로 가는 여행을 늦출 것이다. 나아가길 원한다면 미래의 목표를 설정하는 것이 필요하지만 나아가기 위해서 현재를 경험하는 것이 필요하다. 기억하라, 우주는 발전할 기회들을 당신에게 보내기 위해 현재의 순간만을 사용할 수 있다. 당신은 자신에게 현재의 가치를 상기시켜야 한다.
　▶ ⑤ 주어는 the universe이고 send의 목적어와 동일한 대상이 아니므로, 재귀대명사 yourself는 you로 고쳐야 한다.
　　① it은 앞 절의 Imagination about the future를 가리키므로 적절하다.
　　② Only가 포함된 부사구가 이끄는 문장은 주어와 동사가 도치되므로 조동사 can이 주어 you 앞에 온 것은 적절하다.
　　③ '늦추다'라는 뜻의 동사구 slow down 사이에 목적어 you가 온 것은 적절하다. 또한 주어와 목적어가 동일한 대상이 아니므로 재귀대명사는 올 수 없다.
　　④ '나아가기 위해서'라는 뜻으로 쓰인 to부정사이므로 적절하다.

1 few 2 possible 3 live 4 hardly

5 others 6 happy enough 7 The others 8 one, well

9 very → much[far/even/a lot/still] 10 calmly → calm

11 him → himself

12 much → more, that → those

13 many → more, little → less

14 ③, ⑤ 15 ⑤ 16 ③ 17 ④

18 is deep green and tastes good

19 kept him awake most of the night

20 All of his books have been translated

21 considered to be far more valuable than money

22 I'm becoming so scared that I can hardly sleep.

23 I don't think that her solution is more creative than mine.

24 Envy is the trickiest of all the human emotions.

25 The longer you delay, the more you decrease your chances of succeeding.

26 (1) ⓑ → herself (2) ⓓ → themselves

27 ③ 28 more than 6 out of 10 students used tablets

29 ⑤ 30 ⑤

1 몇 주 후에 그녀는 그만두고 샌타페이로 이사했다.
▶ 뒤에 셀 수 있는 명사 weeks가 있으므로 a few를 써야 한다.

2 그녀는 붐비는 곳에서 가능한 한 적은 시간을 보냈다.
▶ '가능한 한 ~한[하게]'의 표현은 「as+원급+as possible」로 써야 한다.

3 그들은 생방송 경기를 무료로 볼 수 있는 기회를 팬들에게 제공할 것이다.
▶ alive는 서술 용법으로만 쓰는 형용사이므로 live를 써야 한다. live는 형용사로 '생방송의'라는 의미이나.

4 그 소식은 거의 놀랍지는 않지만 꽤 흥미롭다.
▶ 문맥상 '거의 놀랍지 않다'라는 의미가 자연스러우므로, 부정의 의미를 가진 부사 hardly(거의 ~않다)를 써야 한다.

5 어떤 이들에게는 이것들은 현실이고, 다른 이들에게는 그것들은 열망으로 남아 있다.
▶ 다수 중 일부는 some, 다른 일부를 나타낼 때는 others로 나타낸다.

6 영화가 좋기만 하면 나는 보통 충분히 행복하다.
▶ enough가 부사로 쓰여 형용사를 수식할 때는 형용사 뒤에 위치하므로 happy enough가 적절하다.

7 은행나무는 그것이 속한 과(科)의 유일한 생존 구성원이기 때문에 살아있는 화석으로 여겨진다. 다른 것들은 화석 기록으로만 알려져 있다.
▶ 은행나무가 속한 과(科)에서는 은행나무가 유일하게 생존했다고 했으므로, '다른 나머지 모두'를 지칭하는 The others를 써야 한다.

8 Tony는 학교 축제에 참석하기 위해 와이셔츠가 필요했다. 다행히도,

그는 와이셔츠를 겨우 빌려서 와이셔츠를 살 필요가 없었다. 그는 그것을 입었고, 그것이 잘 맞았다.
▶ (1) 특정 와이셔츠를 지칭하는 것이 아니므로, it이 아닌 부정대명사 one을 써야 한다.
  (2) '잘 어울리다'라는 의미가 되어야 하므로 동사 fit을 수식하는 부사 well을 써야 한다.

9 그 호수는 내가 생각했던 것보다 훨씬 더 큰 것 같다.
▶ very는 비교급을 수식할 수 없으므로, much, far, even, a lot, still 등으로 고쳐야 한다.

10 나는 그에게 부탁을 하고 싶었고, 그렇게 하기 위해서 나는 침착해야 했다.
▶ 동사 keep 뒤의 보어 자리에는 형용사 calm을 써야 한다.

11 갈릴레오 갈릴레이는 역사상 가장 뛰어난 물리학자 중 한 명이었다. 어렸을 때, 그는 자연의 법칙에 대해 스스로 생각했다.
▶ for oneself는 '혼자 힘으로, 스스로'라는 뜻으로, 문맥상 for himself가 적절하므로 himself로 고쳐야 한다.

12 마요르카와 메노르카는 세계에서 가장 인기 있는 섬이다. 마요르카는 메노르카보다 훨씬 더 많은 관광객을 받아 왔기 때문에, 그 해변은 메노르카의 해변보다 더 붐빌 수 있다.
▶ (1) tourists 뒤에 비교 대상을 나타내는 than이 있으므로, much를 비교급 more로 고쳐야 한다.
  (2) 비교 대상이 각 섬의 해변이고 복수이므로, that을 those로 고쳐야 한다.

13 여러분이 영어를 더 연습하면 더 잘 기억할까? 만약 여러분의 대답이 '그렇다'라면, 여러분은 "내가 더 연습하면 할수록 나는 더 기억한다"라고 말할 수 있다. 그러나 여러분의 대답이 '아니요'라면 여러분은 "내가 더 연습하면 할수록, 나는 더 적게 외운다"라고 말할 수 있다.
▶ 「the+비교급 ~, the+비교급 …」 구문이 쓰였으므로, many를 more로 고쳐야 한다. 그다음 문장에서도 같은 구문이므로 little을 less로 고쳐야 한다.

14 ③ 승진을 위한 충분한 기회가 있다.
  ▶ plenty of는 셀 수 있는 명사와 셀 수 없는 명사를 모두 수식할 수 있으므로 적절하다.
⑤ 그 지역의 어린이 백신 접종률이 유럽의 어린이 백신 접종률보다 낮았다.
  ▶ that은 The percentage of vaccinated children을 대신하므로 적절하다.
① 그녀는 기진맥진했고 눈물이 말랐다.
  ▶ 동사 ran 나음의 주격보어 자리에는 형용사가 와야 하므로, dry로 고쳐야 한다. run dry는 '마르다'라는 뜻이다.
② 네가 그것을 찾을 가능성은 나보다 더 희박하다.
  ▶ 비교 대상이 your chances이므로, 이와 병렬 구조를 이루도록 소유대명사 mine으로 고쳐야 한다.
④ 꽃병은 아름다운 물건으로서 단독으로 세워 놓기에 충분히 좋아 보여야 한다.
  ▶ enough가 부사로 쓰여 형용사를 수식할 때는 형용사 뒤에 위치하므로, good enough로 고쳐야 한다.

15 ⓒ 대부분의 감각기들은 당신의 손끝과 혀에서 발견된다.

▶「most of+복수명사」는 복수 취급하므로, 동사 is를 are로 고쳐야 한다.

ⓔ 그 바이러스에 감염된 사람들의 수가 공식 숫자보다 두 배만큼 높다.
▶'~보다 …배만큼 -한'은 「배수사+as+원급+as」로 나타내므로 as twice는 twice as로 고쳐야 한다.

ⓐ 충격이 그를 강타했고 그의 얼굴이 백지장처럼 하얗게 변했다.
▶동사 turned 뒤의 주격보어 자리에 형용사 white가 온 것은 적절하다.

ⓑ 그녀는 바다처럼 고요하고, 바다의 파도처럼 사납다.
▶as ~ as 사이에 is의 주격보어로 형용사 calm, fierce가 쓰였으므로 적절하다.

ⓓ 그는 운전 면허증을 잃어버려서 새 것을 온라인으로 신청했다.
▶one은 불특정한 운전 면허증을 나타내므로 적절하다.

16 ⓑ 그 소년의 머리는 그녀의 머리보다 약간 더 높다.
▶비교 대상이 the boy's head와 her head가 되어야 하므로, 소유대명사 hers를 쓴 것은 적절하다.

ⓒ 그것은 그의 혀에서 달콤하고 쓴맛이 동시에 났다.
▶동사 tasted 뒤의 주격보어 자리에 형용사 sweet과 bitter가 온 것은 적절하다.

ⓓ 상당히 많은 나무가 불에 탄 숲을 복원하기 위해서 심어졌다.
▶셀 수 있는 명사 trees를 수식하는 a great number of가 쓰였으므로 적절하다.

ⓐ 그곳은 내가 가 본 중에서 단연코 가장 평화로운 해변이었다.
▶최상급 most 앞에 정관사 the를 써야 한다.

ⓔ 신발은 자체는 더럽지는 않지만, 탁자 위에 그것을 올려 두는 것은 더럽다.
▶탁자 위에 올려 두는 것이 신발이므로, shoes를 지칭하도록 it이 아닌 them으로 고쳐야 한다. shoes 뒤의 themselves는 강조 역할을 한다.

17 해석 만약 여러분이 타고난 재능을 발견할 수 있다면, 여러분은 다른 누구보다도 더 특별할 수 있다. 그렇다면, 여러분은 어떻게 자신만의 독특한 기술을 식별할 수 있을까? 여러분의 독특한 재능을 발견하는 것은 여러분이 잘하는 모든 것을 적고 여러분이 쓴 것에서 패턴을 찾는 것만큼 간단할 수 있다. 여러분의 재능을 알고 난 후에, 여러분은 재능을 다른 사람들을 돕기 위해 사용하고 있는지 생각해 봐야 한다.
▶ⓑ 동사 can be 뒤의 주격보어 자리이므로, 부사 simply를 형용사 simple로 고쳐야 한다.
ⓓ 문맥상 '다른 사람들'을 가리키므로 other은 others로 고쳐야 한다.
ⓐ 「비교급+than any other」 다음에는 단수명사가 나오므로 person은 적절하다.
ⓒ as ~ as 뒤의 writing down ~과 등위접속사 and로 연결되는 동명사 finding이므로 적절하다.

18 ▶동사 taste는 형용사를 보어로 취하므로, 부사 well이 아닌 형용사 good을 써서 완성한다.

19 ▶'~를 …하게 (유지)하다'의 「keep+목적어+목적격보어」의 구문을 써서 표현한다. 목적격보어로는 서술 용법으로 쓰는 형용사 awake를 쓴다.

20 ▶「all of+복수명사」는 복수 취급하므로 뒤에 have를 써서 문장을 완성한다.

완성한다.

21 ▶비교급을 강조할 때 very는 쓸 수 없으므로, far를 이용하여 비교급 강조 문장을 완성한다.

22 ▶hard는 '열심히', hardly는 '거의 ~않다'라는 뜻의 부사이므로, hardly로 바꿔 쓴다. '너무 ~해서 …하다'의 뜻을 나타내는 「so+형용사/부사+that절」을 사용한다.

23 ▶비교 대상이 her solution과 my solution이므로, 소유격 my를 소유대명사 mine으로 바꿔서 문장을 완성한다.

24 ▶「the+최상급+of」로 나타내고, tricky는 최상급 trickiest로 바꿔서 문장을 완성한다.

25 ▶'~하면 할수록 더 …하다'는 「the+비교급 ~, the+비교급 …」 구문으로 나타내므로, long을 longer로 바꿔서 문장을 완성한다.

26 해석 아기들은 매일 거울 앞에서 다소의 시간이 필요하다. 여러분은 아기가 거울에 비친 자신을 바라볼 때 눈이 밝아지는 것을 알아챘을지도 모른다. 그들은 웃고 자신들의 표정을 보는 것을 좋아한다. 여러분은 아기들이 실제로 6개월 만에 자신을 알아보기 시작할 수 있다는 것을 알고 있었는가?
▶(1) ⓑ 거울 속의 자신을 바라보는 것이므로, 재귀대명사 herself로 고쳐야 한다.
(2) ⓓ 자기 자신을 인식한다는 의미이므로, 재귀대명사 themselves로 고쳐야 한다.
ⓐ some은 셀 수 없는 명사 앞에도 쓸 수 있으므로 적절하다.
ⓒ 주어가 They이므로, 소유격으로 their가 온 것은 적절하다.

[27~28] 지문 해석
그래프는 2016년과 2019년에 디지털 교육 콘텐츠에 접속하기 위해 기기를 사용한 유치원부터 12학년까지의 학생들의 비율을 보여 준다. 노트북은 두 해 동안 학생들이 디지털 콘텐츠에 접근하는 데 가장 많이 사용된 장치였다. 2016년과 2019년 모두 학생 10명 중 6명 이상이 태블릿을 사용했다. 2016년에 디지털 콘텐츠에 접근하기 위해 데스크톱을 사용한 학생들의 수는 2019년에 비해 더 많았다. 2016년에 스마트폰 비율은 2019년과 같았다. 전자책 단말기는 2016년에 11퍼센트, 2019년에 5퍼센트로 두 해 동안 가장 낮은 순위를 기록했다.

27 ▶ⓒ than 뒤의 비교 대상은 2016년 학생 수(the number of ~)이므로, 복수형 those는 단수형 that으로 고쳐야 한다.
ⓐ 관계대명사 who는 선행사 students from kindergarten to 12th grade를 수식하는 관계사절을 이끄는 주격 관계대명사로 적절하다.
ⓑ 최상급 most 앞에 the가 온 것은 적절하다.
ⓓ 주어의 핵심이 되는 명사는 percentage이므로, 단수동사 was가 온 것은 적절하다.
ⓔ 앞에 정관사 the가 있고, 문맥상 가장 낮은 수치를 나타내야 하므로 최상급 the lowest는 적절하다.

28 ▶more than은 '~보다 많은, ~ 이상'의 뜻으로 숫자 6 앞에 써서 문장을 완성한다. '~ 중에'는 out of로 쓴다.

29 지문 해석 격려는 육아의 가장 중요한 측면 중 하나이다. 그것은 우리 아이들에게 용기, 자존심, 정신, 자신감, 희망, 그리고 협동심을

불어넣는다. 격려는 우리 아이들로 하여금 자기 자신이나 자신의
상황에 대해 더 나은 기분을 느끼게 하는 모든 행동이나 몸짓이다.
격려는 당신의 아이들이 스스로를 자랑스러워하도록 도와준다.
부모들은 어떤 아이도 꾸중을 듣거나 가혹한 처벌을 받은 결과로
격려를 받은 적이 없다는 것을 깨달을 필요가 있다. 분노, 화, 그리고
낙담은 이러한 종류의 부모의 행동에 따라오는 일반적인 감정이다.
여러분은 자녀들이 자신에 대해 부정적으로 느끼도록 만들고 싶지
않을 것이라고 나는 확신한다.

▶⑤ 동사 feel 뒤의 목적격보어 자리이므로 형용사 negative로 고쳐야
한다.

① 대명사 It은 앞 문장의 Encouragement를 가리키므로 적절하다.

② 선행사 any act or gesture를 수식하는 관계사절의 주어 역할을
하는 관계대명사 that으로 적절하다.

③ 아이들이 자기 자신에 대해 자랑스러워하는 것이므로 재귀대명사
themselves는 적절하다.

④ 아이들이 격려를 받는 대상이므로 과거분사 encouraged는
적절하다.

30 <u>지문 해석</u> 다른 문화에 대한 존중과 지식을 발달시키는 방법을
이해하는 것은 다음과 같은 황금률을 재점검해보는 일에서 시작된다.
'나는 내가 대우 받고자 하는 대로 다른 사람들을 대우한다.' 이 법칙은
어느 수준에서는 말이 된다. 만약 우리가 대우 받고 싶은 만큼 다른
사람들을 대우한다면 우리는 보답으로 좋은 대우를 받게 될 것이다. 이
법칙은 단일 문화 환경에서 잘 통하는데, 거기에서는 모든 사람이 같은
문화적 틀 안에서 일을 한다. 그러나 단어, 제스처, 신념과 관점이 다른
의미를 지닐지도 모르는 다문화 환경에서는 이 법칙이 의도치 않은
결과를 낳는다. 그것은 나의 문화가 당신의 것보다 낫다는 메시지를 줄
수 있다.

▶⑤ 비교 대상이 my culture와 your culture가 되어야 하므로,
소유대명사 yours로 고쳐야 한다.

① 주어가 Understanding으로 시작하는 동명사구이므로 단수
취급한다. 따라서 단수동사 begins는 적절하다.

② others는 부정대명사의 복수형으로, 문맥에서 '다른 사람들'의
의미로 쓰였으므로 적절하다.

③ 'treat others well(다른 사람들을 잘 내우하다)'에서 부사 well을
「as+원급+as」으로 나타낸 것이므로 적절하다.

④ 관계부사 where 앞에 콤마(,)가 쓰여, 계속적 용법으로 앞의
monocultural setting에 대한 부연 설명을 하고 있으므로
적절하다.

한발 빠르게 시작하는 **내신 · 수능 대비**

SOLID 어법기본